내게 유리한

경쟁의 낡은
원칙 깨기

판을

만들라

변하지 않는 가치와 본질을 전하는
홍선표 기자의 소셜 콘텐츠

| 유튜브 | 홍선표의 고급지식 | |

| 브런치 | 홍선표 기자의 써먹는 경제경영 | |

| 팟캐스트 | 홍선표 기자의 써먹는 경제경영 | |

| 뉴스레터 | 홍선표의 홍자병법 | |

| 이메일 | rickeygo@naver.com |

내게 유리한 판을 만들라

경쟁의 낡은 원칙 깨기

홍선표 지음

시크릿하우스

고수라면 누구나 안다, 이기는 싸움의 비밀을

"만 가지 발차기를 할 줄 아는 사람은 두렵지 않다. 내가 두려운 건 한 가지 발차기를 만 번 연습한 사람이다."

액션 배우로 한 시대를 주름잡았던 이소룡(영어명 브루스 리)의 말입니다. 액션 영화나 무도(武道)에 전혀 관심이 없더라도 그 이름은 누구나 들어봤을 텐데요. 절권도라는 자신만의 무술을 만들어낸 인물인 만큼 무도에 관해서는 고수(高手)라고 부를 만했죠.

한 분야에서 수준 높은 경지에 오른 사람들은 자신과 전혀 연관 없는 다른 분야에도 충분히 적용할 수 있는 통찰력을 선보이곤 하는데요. 이소룡도 마찬가지입니다. "만 가지 발차기를 할 줄 아는 사람은 두렵지 않다"는 그의 말을 비즈니스와 커리어, 자기계발의 관점에서 풀어보면 '남이 만든 판에서, 남과 똑같은 방식으로 혹은 남보다 조금 더 잘해서는 결코 이길 수 없다'는 말입니다. '남들이 다 하는 여러 발차기를 이것 조금, 저것 조금 연습해봐야 결코 고수가 될 수 없다'는 뜻이죠. 또한 "내가 두려운 건 한 가지 발차기를 만 번 연습한 사람이다"라는 말은 '내가 만든 판에서, 남과 다른 나만의 방식으로 이기려 하는 자만이 결국 승리를 거머쥘 수 있다'는 말이고요.

남들이 만드는 것과 별 차이 없는 평범한 상품을 내놓은 뒤 남들과 똑같은 방식으로 팔아봤자 손에 남는 이익은 얼마 되지 않습니다. 다른 경쟁자들과 품질, 브랜드에서 큰 차이가 없는 상품이라면 소비자들에게 어필할 수 있는 유일한 기준은 '가격'이 될 수밖에 없죠. 이는 다른 수많은 경쟁자들도 똑같을 테니 경쟁은 점점 더 심해지고, 결국 줄어드는 이익 앞에서 언제나 쩔쩔맬 수밖에 없습니다.

개인도 마찬가지입니다. 스펙을 높이려고 아무리 노력해봤자 남들과 똑같은 방식으로 경쟁해서 얻을 수 있는 건 한계가 있습니다. 내가 아무리 학점과 토익점수가 높고, 좋은 자격증이 여러 개 있더라도 세상에는 나만큼 스펙 좋은 사람들이 넘쳐나기 마련이죠. 세상은 넓고, 똑똑하면서 치열하게 노력까지 하는 사람들도 그만큼이나 많으니까요.

이 책의 부제는 '경쟁의 낡은 원칙 깨기'입니다. 그동안 대부분의 사람들이 순응하며 따랐던 '게임의 규칙'은 이미 낡아버린 지 오래됐고, 게임의 규칙을 따르지 않는 자만이 이길 수 있다는 걸 강조하기 위해 붙인 부제인데요. 사실 최고의 인물들은 아주 오래전부터 이 같은 사실을 매우 잘 알고 있었습니다.

지금으로부터 약 2,500년 전인 중국의 춘추시대에 손무가 쓴 《손자병법》은 동양과 서양, 과거와 현재를 통틀어 최고의 전략서라고 불리는 책입니다. 빌 게이츠, 손정의, 마크 저커버그, 도널드 트럼프, 마오쩌둥, 더글러스 맥아더, 보나파르트 나폴레옹, 당 태종 이세민, 위 무제 조조 등 당대 최고의 인물들이 《손자병법》을 읽었고 다른 이들에게도 꼭 읽어볼 것을 추천했죠. 빌 게이츠는 "오늘날의 나를 만든 것은 손자병법이다"라고 말했죠.

《손자병법》 중에서 우리에게 가장 유명한 문구는 "적을 알고 나를 알면 백 번을 싸워도 위태롭지 않다"일 겁니다(이 문장을 "적을 알고 나를 알면 백 번 싸워 백 번 이길 수 있다"로 잘못 알고 계시는 분들이 의외로 많습니다.). 앞서 말했던 최고의 인물들은 이보다 한발 더 나아간 곳에서 손자병법의 핵심을 찾아냈습니다.

《손자병법》은 모두 13편으로 이뤄진 책인데요. 최고의 전략가들은 그중에서도 여섯 번째의 허실(虛實) 편이야말로 책 전체를 꿰뚫는 핵심이라고 말합니다. "손자병법의 13편에서 다루는 내용은 모두 허실 편에서 다루는 내용에서 벗어나지 않는다" 말을 타고 전쟁터를 누비면서 천하를 통일한 당 태종 이세민 역시 이렇게 말했죠.

허실 편의 내용을 압축적으로 담고 있는 문장은 "전쟁을 잘하는 자는 적을 끌어들이지, 적에게 끌려가지 않는다"입니다. 내가 만든, 내게 유리한 판에서 싸우는 것이야말로 이기는 지름길이라는 뜻입니다. 개인이든 기업이든 국가든 주도권을 잡아야만 싸움에서 이길 수 있다는 말이죠.

이 책은 이토록 중요한 주도권을 잡을 수 있는 구체적인 방법에 대해 설명하고 있습니다. 좀 더 정확히 말씀드리면, 남과 다른 자신만의 방식으로 주도권을 장악해서 결국 자신이 원하는 것을 얻어낸 사람들과 기업들의 사례를 담아낸 책입니다. 사례는 이론보다 강할 수밖에 없습니다. 구구절절 이론을 풀어내는 대신, 자신만의 방식으로 승리를 이뤄낸 23가지 사례를 추려냈습니다.

《내게 유리한 판을 만들라》를 써내려간 과정은 제가 오래전부터 갖고 있던 한 가지 질문에 대한 답을 찾는 도전의 여정이었습니다.

2013년 가을, 대전에 있는 군데군데 페인트칠이 벗겨진 낡은 건물 3층에 자리 잡은 어느 소박한 회사의 사무실을 찾았습니다. 저와 동갑인 창업자를 인터뷰하기 위해서였지요. 그는 홈페이지와 스마트폰 앱을 만드는 회사를 창업해 1년 남짓 이끌어오고 있었는데요. 전동 휠체어에 의지해 생활한다는 것 말고는 저와 제 또래의 친구들과 아무것도 다를 게 없는 스물일곱 살 청년이었죠. 그는 시간이 지날수록 점점 근육이 약해지는 퇴행성 근육병을 앓고 있었습니다.

그동안 회사는 100여 건의 일감을 수주했고, 그를 포함한 직원 8명 중 5명이 장애인이었죠.

쉽게 짐작할 수 있듯이 회사를 차리기까지 그가 걸어야 했던 길은 결코 순탄하지 않았습니다. 전문대학교 웹디자인과를 수석으로 졸업하고 사회에 나왔지만 그가 원서를 냈던 100여 개의 회사 중 그에게 면접 기회를 준 곳은 단 세 곳뿐이었습니다. 그래도 다행히 그의 성실함과 재능을 알아본 한 회사에서 일할 수 있게 됐고, 웹디자이너로서 6년간 경험을 쌓은 뒤 사회적 기업 형태로 자신만의 회사를 시작할 수 있었습니다.

나만의 방식으로 세상을 살아가겠다는 그의 결단이 없었더라면 그가 이렇게 남들보다 불리한 환경을 이겨내고 사회에 잘 자리 잡을 수는 없었을 거라는 생각이 인터뷰 내내 들었습니다. 대학 진학을 결정하던 무렵 그의 부모님은 거의 대부분의 학생들이 비장애인인 일반 전문대학에 진학하겠다는 그를 강하게 만류했습니다. 그간 장애인들이 다니는 특수학교만을 다녔던 아들이 일반 학교에 들어가고 싶다고 하니 걱정이 돼서 말리셨던 거죠.

만약 그가 자신과 비슷한 상황에 있던 사람들 대부분이 선택했던 평범한 길을 그대로 따랐다면 아마도 그의 인생은 지금과는 많이 다르지 않았을까 하는 생각이 들었습니다.

"대표가 직접 영업을 나가면 홈페이지 주문을 더 많이 받아 온다"며 인터뷰를 끝내기 무섭게 곧바로 거래처에 나갈 준비를 하던 그가 무척 존경스러웠습니다. 저와 같은 나이에 그는 이미 자신뿐 아니라 다른 사람들의 생활까지 책임지는 자리에 서 있었으니까요.

'겉보기에는 비슷한 조건을 갖춘 사람들인데 왜 누구는 계속해서 앞으로 치고 나가고, 왜 다른 누구는 한 번 넘어진 뒤 다시 일어나지 못하는 걸까?' '남들보다 훨씬 더 불리한 환경에서 시작해 누구보다 뛰어난 성과를 이뤄낸 사람들만의 공통점은 무엇일까?'

그 만남 이후로 이러한 질문들이 계속해서 제 머릿속 깊은 곳에 자리 잡게 되었습니다. 그리고 앞서 말씀드렸듯 이 책은 이 질문에 대한 제 나름의 해답을 찾기 위한 도전이었습니다.

지금부터 '고수들만이 알고 있는 이기는 싸움의 비밀'을 찾아 함께 여행을 떠나보겠습니다. 마치 전설로만 전해져 내려오는 무공비급을 찾아 긴 여정을 떠나는 무협지 속 주인공처럼 말이죠. 과거와 현재, 한국과 외국, 동양과 서양을 넘나드는 꽤나 긴 여행이 되겠지만 여행에서 돌아왔을 땐 분명 지금과는 다른 나를 만나게 될 거라고 자신합니다.

마지막으로 한 가지 더 드릴 말씀이 있습니다. 저의 첫 책인《홍선표 기자의 써먹는 경제상식》과 마찬가지로 이 책 인세의 20퍼센트는 어려운 환경 속에서도 꿈과 희망, 용기를 잃지 않고 생활하는 어린이와 청소년을 위해 사용합니다. 부족한 점이 많은 첫 책이었음에도 불구하고 많은 분들이 선택해주셨고, 덕분에 시각장애인 학교에 다니는 한 고등학생을 조금이나마 도울 수 있었습니다.

이제 곧 시작되는 여행에서 만날 위대한 리더들과 뛰어난 창업자들에 대해 공부하는 동안 세상에서 가장 크고 좋은 투자는 사람에 대한 투자, 그중에서도 자라나는 어린이들에 대한 투자라는 사실을 배울 수 있었습니다. 저 역시 이처럼 좋은 투자에 참여할 수 있는 기회를 놓치고 싶지 않습니다.

수많은 책들 사이에서 이 책을 선택한 분들에게 언제나 행운이 가득하길 바랍니다.

자, 그럼 지금부터 저와 함께 이기는 싸움의 비밀을 찾아 떠나볼 까요?

홍선표

성공은
주도권
싸움이다

당신은 남이 만든 판에서 싸울 것인가?
아니면 스스로 만든 판에서 싸울 것인가?

1장

경쟁의
원칙을 깨라
_차별력

차별력

원칙과 변칙을
조화롭게 활용하라

기업의 마케팅·브랜딩 전략을 고민하는 사람들 사이에서 유명한 두 브랜드가 있습니다. 바로 일본의 최고급 과일 전문점인 센비키야와 프랜차이즈 서점인 츠타야입니다. 한국인들에게도 널리 알려진 브랜드인데요. 일본 여행을 위해 관광 명소들을 찾아본 적이 있는 사람들이라면 아마도 이 이름을 한두 번쯤은 접해보았을 겁니다. 츠타야 같은 경우는 '마케터의 성지'라는 별칭으로 불리기도 하죠.

이 두 회사가 유명한 이유는 오랜 세월을 두고 쌓아온 차별화된 브랜드 이미지를 통해 고객들 스스로 매장 안으로 걸어 들어오게끔 하기 때문입니다.

센비키야에서 판매되는 과일들은 상품의 질과 가격 모두 사람들을 깜짝 놀라게 하는데요. 멜론 한 통이 30만 원이 넘고, 망고 한

알이 15만 원이 넘습니다. 자그마한 과일 바구니 하나를 사려면 3,40만 원은 훌쩍 나가버리는 곳입니다.

츠타야는 일본 전역에 1,500여 개의 매장을 두고 있는 프랜차이즈 서점인데요. 대형 서점 브랜드라고 해서 한국의 교보문고나 영풍문고와 비슷한 모습일 거라고 생각하면 안 됩니다.

츠타야는 1980년대 초반에 그때까지만 해도 각각 다른 매장에 가야 구할 수 있던 책과 음반, 비디오를 한 곳에 모아 두고 팔아보자는 아이디어에서 시작된 브랜드입니다. 처음 시작부터 '단순히 상품을 파는 게 아니라 고객에게 라이프 스타일을 제시하자'는 목적을 갖고 시작한 회사로, 고객 한 명 한 명의 취향을 만족시킬 수 있는 다양한 상품을 색다른 방식으로 진열해서 판매하는 것으로 유명하죠. 최근 한국 유통업계에서 많은 관심을 보이는 '공간 비즈니스'를 이미 수십 년 전부터 해오고 있는 회사라고 볼 수 있습니다.

이렇듯 두 회사는 각각 '일본에서 가장 고급스러운 과일을 판다(센비키야)'는 것과 '상품이 아닌 취향을 판매한다'(츠타야)는 차별점을 바탕으로 꾸준히 성장하고 있습니다.

그렇다면 센비키야와 츠타야는 실제로 돈을 어떻게 벌고 있을까요? 이 두 회사의 수익 구조, 비즈니스 모델에 대해 파고들다 보면 이 회사들에 진짜로 이익을 안겨다 주는 상품은 우리가 흔히 생각했던 것과는 다르다는 것을 알 수 있습니다.

이 두 회사의 비즈니스 모델을 분석하는 분석틀로는 《손자병법》의 기정(奇正) 전략을 가져왔습니다. 기정 전략은 허실(虛實) 전략과 함께 《손자병법》의 양대 축을 이루는 주요 전략인데요. 거품 경제가 꺼지면서 매출 감소라는 위기를 겪은 센비키야가 어떻게 《손자병법》의 기정 전략을 활용해 되살아날 수 있었는지, 그리고 츠타야가 커피 전문점 스타벅스와의 협력을 통해 매출을 크게 늘릴 수 있었던 이유가 무엇인지에 대해 알 수 있습니다.

《손자병법》과 다른 전략 서적들을 읽으면서 배운 기정 전략의 내용과 이 회사들의 매장을 방문해 눈으로 직접 관찰한 내용 등을 바탕으로 이야기를 풀어볼까 합니다.

측면을 공략해 위기를 탈출하다

기정 전략이라고 말할 때의 '기(奇)'는 기이하다, 진기하다, 특별하다, 뜻밖이다, 느닷없다는 뜻을 갖고 있습니다. 다른 이들의 예상을 뒤엎는 특별함과 변칙을 가리킬 때 사용하죠. 이에 비해 '정'은 바르다, 정당하다, 올바르다, 정직하다는 뜻의 '바를 정(正)'을 사용합니다. 예상에서 벗어나지 않은 일반적인 존재와 원칙을 뜻하는 글자죠.

이로써 기정이라는 단어 안에 특별함과 일반적인 것의 조합, 변칙과 원칙의 조합이라는 의미가 담겨 있다는 걸 쉽게 알 수 있는데요. 가지고 있는 뜻처럼 기정 전략의 핵심은 변칙과 원칙을 번갈아가면서 그때그때의 상황에 맞게 자유자재로 사용하는 것입니다.

정(正)과 기(奇)는 원칙과 변칙이라는 표현 외에도 다른 많은 표현으로 바꿔 나타낼 수 있는데요. 예를 들어 회사를 운영할 때 주력 사업은 정(正)이라고 할 수 있고요. 그 외 다른 부가 사업은 기(奇)라고 표현할 수 있습니다. 군대로 치면 주력 부대가 정(正)이 되고, 주력 부대와 별도로 움직이는 별동대는 기(奇)가 됩니다.

보다 쉽게 말하자면 본업과 주력 수단은 정(正)이고, 부업과 보조 수단은 기(奇)라고 말할 수 있는데요. 예를 들어 빠른 직구를 무기로 삼는 강속구 투수에게 강속구는 정(正)이 되고 체인지업, 커브, 슬라이더 같은 변화구는 기(奇)가 됩니다.

《손자병법》에 나오는 기정 전략의 핵심은 적과 전투를 벌일 때 나의 주력 부대와 상대의 주력 부대가 정면으로 맞서 싸우는, 그러니까 나의 정(正)으로써 상대의 정(正)을 대적하는 게 아니라 별동대, 즉 나의 기(奇)로써 적의 주력 부대 측면을 치는 겁니다.

근대 이전을 시대 배경으로 한 전쟁 영화를 보면 자주 나오는 장면이 있는데요. 한창 보병들끼리 격전을 벌이던 중에 갑자기 한쪽의 기병대가 상대편 측면을 치고 들어가 전투를 끝내버리는 장면이죠. 측면이 뚫린 쪽은 병사들이 뿔뿔이 흩어지면서 결국 전투에서 지게 됩니다.

실제로 전쟁의 역사를 살펴보면 유명한 회전(會戰, 양측의 군대가 대규모로 평원에 모여 싸우는 전투)의 승리는 기병대와 같은 별동대를 활용해 상대의 측면을 무너뜨린 쪽에 돌아갔습니다. 이 같은 전투들에서 정면으로 맞부딪힌 양측의 보병 부대가 정(正)이고 측면을 치고 들어간 기병대와 별동대는 기(奇)라고 이해하면 됩니다.

주력 부대가 아닌 별동대를 활용해 승부를 결정짓는 기정 전략은 오늘날에도 기업 경영 전략에 폭넓게 적용되고 있습니다. 주력 사업이 아닌 부가 사업을 통해 더 큰 매출과 이익, 더 높은 이익률을 올릴 수 있다는 말이죠.

간단히 예를 들어보겠습니다. 어떤 미술 갤러리가 하나 있습니다. 미술 갤러리의 수익은 전시 공간을 빌려주고 받는 임대료와 작품이 팔렸을 때 받는 수수료인데, 미술 시장 경기가 안 좋아서 이 같은 임대료와 수수료 수입만으로는 직원들 월급조차 주기 힘들게 됐습니다. 고민하던 갤러리 사장은 갤러리 공간 일부를 레스토랑으로 바꿔보면 어떨까 하는 아이디어를 냅니다. 미술 작품들이 전시된 우아한 분위기 속에서 고급스러운 음식을 먹을 수 있는 프렌치 레스토랑을 생각해낸 것이죠. 그리고 이 아이디어는 대성공을 거두게 됩니다. 음식 값이 꽤나 비쌌음에도 불구하고 몇 달 치 예약이 다 찼을 정도로 인기를 끌게 되었죠. 어느 순간부터 레스토랑에서 얻는 수입이 작품을 전시하고, 판매를 중개해서 버는 돈을 훌쩍 뛰어넘었고요. 갤러리보다 고급 레스토랑으로 이름을 떨치게 되었습니다.

물론 이 사례는 이해를 돕기 위해 만들어낸 이야기입니다(실제로 최근 서울 종로구 일대에서 이처럼 음식점을 함께 운영하는 갤러리가 늘어나고 있습니다). 기업 경영에 기정 전략을 응용한다는 게 어떤 의미인지 설명하기 위해서였는데요. 만약 갤러리 사장이 기존의 주력 사업(正)을 통해 경영 위기를 해결하려 했다면 어땠을까요? 그러기 위해서는 더욱더 유명한 작가의 전시를 섭외하고, 실제로 미술품을 구매할 가능성이 높은 고객층을 확보하기 위한 마케팅에 더 많은 노력과 비용을 투입해야 했을 겁니다.

하지만 이렇게 주력 사업에 대한 투자를 강화한다고 해서 반드시 위기를 극복할 수 있는 것은 아닙니다. 미술 시장의 경기가 안 좋아지면서 어려움을 겪는 건 다른 갤러리들도 마찬가지고 다른 경쟁자들도 대부분 내가 생각하는 것과 같은 방식으로 문제를 해결하려 할 것이기 때문입니다. 자칫하면 경쟁만 더 치열해지고 비용 부담이 늘어나 오히려 적자 폭이 더 커질 수 있습니다.

사례로 든 갤러리 사장은 이런 상황에서 정(正)이 아닌 기(奇)로써 난관에서 벗어날 수 있었습니다. 미술품을 전시하는 갤러리가 가지고 있는 독특하고 우아한 분위기를 바탕으로 갤러리 공간의 일부를 레스토랑으로 바꿨고 여기서 많은 수익을 거두면서 경영 위기에서 빠져나오게 되었죠.

기업 경영에 기정 전략을 사용한다는 건 이런 의미입니다. 기존의 주력 사업·상품에만 얽매이는 게 아니라 여기서 뻗어 나온 부가 사업·상품을 통해 위기를 극복하고 수익률을 올리는 게 핵심이죠.

자, 그러면 지금부터는 가상의 사례가 아닌 실제로 센비키야와 츠타야가 어떻게 기정 전략을 자신들의 경영에 도입했는지 살펴보겠습니다. 사례는 이론보다 강하니까요.

_____ 주력 사업이 아닌 곳에서
활력을 찾다

1833년에 시작된 센비키야는 이후 100년이 훌쩍 넘는 시간을 거치며 일본 최고의 과일 전문점으로 자리를 잡았습니다. 특히 1970~80년대 '거품 경제' 시기는 센비키야가 절정을 누리던 때였는데요. 경제가 빠른 속도로 성장하면서 호황이 이어졌고, 덕분에 대기업뿐 아니라 중소기업들도 아무 망설임 없이 고객들에게 보내는 선물로 한 개에 수십만 원이 넘는 센비키야의 과일 바구니를 한꺼번에 수십, 수백 개씩 주문하던 시기였습니다.

하지만 1990년대 초반 일본 경제의 거품이 꺼지고, '잃어버린 20년'으로 불리는 장기 불황이 시작되면서 센비키야는 회사가 휘청거릴 정도의 위기를 맞게 됩니다. 거품 경제의 달콤함에 취해 여러 곳에 신규 지점을 열면서 사세를 빠르게 키웠던 탓에 매출 급감으로 인한 타격이 더욱 컸습니다.

센비키야가 이 같은 위기를 겪던 1995년 당시 새롭게 사장으로 취임한 인물이 오늘날에도 회사를 이끌고 있는 오시마 히로시인데요. 창업자의 6대손입니다.

2018년 센비키야가 거둔 매출은 92억 엔(985억 원)에 달하는데요. 그가 처음 사장으로 취임하던 해 거둔 매출의 다섯 배에 해당됩니다. 거품 경제의 붕괴와 장기간의 경기 침체라는 어려운 경영 환경 속에서도 23년 동안 회사의 매출 규모를 다섯 배로 키운 것이죠.

센비키야가 위기 속에서 살아남는 것을 넘어 계속해서 성장할 수 있었던 비결은 무엇일까요?

오시마 사장은 150년 넘게 센비키야의 주력 사업이던 과일 판매에서 회사의 살길을 찾지 않았습니다. 즉 정(正)에서 활로를 찾지 않았다는 말인데요. 그 역시 센비키야의 과일이 소비자들에게 '지나치게 비싸다' '내 돈 내고는 절대 사 먹지 못할 과일이다'라는 평가를 받는다는 사실을 잘 알고 있었습니다. 품질이 아무리 좋다고 해도 하나에 30만 원이 넘는 멜론을 평범한 소비자들이 자기 돈을 내고 사 먹는 건 결코 쉬운 일이 아니니까요.

이런 상황에서 가장 쉽게 떠올릴 수 있는 방법은 과일의 가격을 낮추는 겁니다. 상품 한 개당 들어오는 마진을 줄이는 대신 판매량을 늘려서 매출과 이익을 늘리는 방식입니다. 또 최고급 과일만 파는 게 아니라 평범한 품질의 과일을 함께 파는 방식도 생각해볼 수 있겠죠.

하지만 오시마 사장은 언뜻 합리적으로 보이는 이 같은 해법을 택하지 않았는데요. 100년이 넘는 시간 동안 소비자들의 머릿속에 센비키야라는 이름을 새겨 넣을 수 있었던 건 센비키야가 '최고 품질의 과일을 최고가에 파는 일본 최고급 과일 전문점'이라는 명성을 갖고 있기 때문이란 걸 잘 알고 있었기 때문입니다.

상품의 가격을 낮추기 위해서는 상품의 질을 떨어뜨릴 수밖에 없습니다. 과일의 품질을 떨어뜨리고 최고급 과일만이 아니라 평범한 과일까지 취급하기 시작한다면 센비키야는 더 이상 센비키야가 아니게 됩니다. 고객들이 굳이 센비키야를 찾을 필요가 없어지고, 멀리 떨어진 지방 중소기업 역시 굳이 도쿄에 있는 센비키야에서 과일 세트를 주문할 이유가 없어지는 거죠.

오시마 사장은 매출을 늘리고 고객층을 넓히기 위해서 상품의 가격을 떨어뜨리고 일반 과일을 함께 취급하는 건 결국 150년 넘는 세월 동안 센비키야가 쌓아온 브랜드 이미지를 단숨에 무너뜨리는 길이란 걸 알고 있었습니다.

이처럼 정(正)에 해당하는 주력 사업 영역(과일 판매)에서의 변화를 통해서는 회사를 재건할 수 없다는 걸 잘 알고 있던 오시마 사장은 새롭게 기(奇)의 영역을 개척하는 일에 나섭니다. 바로 디저트와 음료 등 과일을 재료로 하는 식품을 만들어서 파는 것이었습니다. 주스, 케이크, 잼, 젤리, 샌드위치 등의 과일 가공품을 만들어 매장에서 팔기 시작했죠. 과일 디저트 전문 카페를 열고 이곳에서도 음료와 디저트를 팔았습니다.

센비키야 매장 진열대에 오르는 과일은 품질, 그러니까 맛도 좋아야 했지만 그만큼 겉모양도 좋아야 했습니다. 한 통에 30만 원이 넘는 멜론인 만큼 아주 조그마한 흠집 하나도 결코 용납될 수 없었죠. 다른 과일도 마찬가지였습니다. 거의 대부분 다른 사람에게 선물할 목적으로 구매하는 과일이었기 때문에 맛도 맛이지만 잘생긴 게 그보다 더 중요했죠.

그렇기 때문에 생산과 유통, 진열 과정에서 조그마한 스크래치라도 하나 생기면 그 과일은 불량품이 돼서 팔 수 없게 되었는데요.

겉모습에 조금 상처가 생기긴 했지만 맛과 품질 자체는 진열대에 오른 과일들과 똑같은 최고급 과일들이었습니다.

오시마 사장은 바로 이렇게 상처가 났거나, 크기가 작거나, 모양이 예쁘지 않아서 버려지던 '귀중한 못난이 과일'들을 활용해 기(奇)의 영역을 개척했습니다. 이런 과일들을 재료로 해서 주스, 케이크, 잼 등을 만들어 팔았던 것이죠. 물론 생산과 유통, 진열 과정에서 상처가 생긴 과일들만으로는 충분한 재료를 확보할 수 없으니 일반적인 품질의 과일도 재료로 사용했습니다.

센비키야는 멜론 등 몇몇 품종의 과일을 직영 농장에서 직접 기르고 있는데요. 이곳에서 생산한 과일 중에서 모양과 크기 때문에 매장에 진열되지 못했던 과일들도 이제는 활용할 수 있게 됐습니다. 직영 농장의 생산성 역시 끌어올릴 수 있었던 것이죠.

오시마 사장이 새롭게 개척한 디저트·음료 사업 덕분에 센비키야는 다시 날개를 달 수 있었는데요. 일본 최고급 과일 전문점이라는 브랜드 이미지는 그대로 유지하면서 디저트와 음료 상품을 통해 원래는 센비키야를 찾지 않았던 젊은 층과 중산층 소비자까지 새롭게 끌어들일 수 있었습니다. 정(正)을 통해 승부를 보려 하지 않고 기(奇)를 통해 측면을 친 전략이 성공한 것이었습니다.

센비키야에 적용된 기정 전략의 효과는 회사의 매출 내역을 살펴보면 뚜렷하게 드러나는데요. 2018년 센비키야가 거둔 매출 중에서 과일 가공품 판매가 차지하는 비중은 80퍼센트에 달합니다. 생과일 판매의 비중은 나머지인 20퍼센트에 불과하죠. 정(正)보다 기

(奇)로써 더 큰 성과를 거두고 있다는 걸 알 수 있습니다.

매출 비중만 놓고 보면 센비키야는 더 이상 과일 판매점이 아니라 과일 디저트·음료 판매점으로 봐야 할 겁니다. 하지만 한 가지 잊지 말아야 할 사실은 센비키야의 과일 주스, 케이크, 디저트가 소비자들에게 인기를 끌 수 있었던 건 '일본 최고급 과일 전문점'이라는 187년 동안 쌓아온 브랜드 이미지 덕분이라는 겁니다. 정(正)이 든든히 버티고 있었기 때문에 기(奇)를 통해 성과를 거둘 수 있었다는 걸 잊어서는 안 됩니다.

_____ 분위기를 즐길 권리를 팔다

앞서 이야기했듯이 프랜차이즈 서점인 츠타야는 1980년대 초반 사업을 시작했을 때부터 책, 음반, 비디오를 한 곳에서 구입할 수 있다는 장점을 바탕으로 빠르게 성장한 회사인데요. 이곳 츠타야는 어떻게 돈을 벌고 있을까요? 소비자들의 취향을 반영하는 다양한 상품들을 갖춰 놓고 이를 멋들어진 공간에 매력적으로 진열하려면 일반적인 대형 서점보다는 운영비가 더 들어갈 텐데 말이죠.

츠타야에 돈을 벌어다 주는 중요한 수익 모델 중 하나가 바로 '츠타바'입니다. 츠타바는 츠타야와 스타벅스의 일본어 발음인 스타밧쿠스를 합한 합성어인데요. 말 그대로 츠타야와 스타벅스가 함께 하는 사업 모델입니다.

츠타야는 1,500여 개 지점 가운데 매장 규모가 일정 크기를 넘는 대형 지점의 경우 모두 츠타야 안에 스타벅스가 들어와 있습니다. 여기서 들어와 있다는 표현은 말 그대로 츠타야 서점 공간이 있고 그 옆에 따로 스타벅스 매장이 마련된 게 아니라 츠타야와 스타벅스 매장이 한데 섞여 있는 것을 뜻합니다.

츠타야에 가보면 고객들이 편히 앉아 책을 읽을 수 있도록 푹신한 소파와 의자가 곳곳에 마련돼 있습니다. 좌석마다 개인 스탠드 조명이 있어서 은은한 불빛 아래서 편하게 책을 읽을 수 있죠. 이같은 편안한 좌석들 역시 츠타야만의 아늑한 분위기를 만들어주는 장치들인데요. 이곳에 앉아 책을 읽기 위해서는 한 가지 꼭 지켜야 하는 룰이 있습니다. 스타벅스에서 음료를 주문해야 한다는 거죠. 스타벅스에서 음료를 주문한 고객만이 푹신한 좌석에 앉아 책을 읽을 수 있습니다.

매장에 서서 책을 읽는 건 얼마든지 가능합니다. 하지만 소파나 의자에 앉아서 책을 읽기 위해서는 반드시 스타벅스에서 음료를 사야 합니다. 일단 음료만 구매하면 시간제한 없이 얼마든지 편하게 여유를 즐기며 책장을 넘길 수 있습니다.

2019년 5월, 일본 출장을 갔을 때 정말로 스타벅스에서 음료를 사야만 자리에 앉을 수 있는지를 확인해보기 위해 음료를 사지 않은 채 츠타야 안에 있는 소파에 앉아봤는데요. 잠시 뒤 점원이 와서 '스타벅스에서 음료를 주문해야만 자리에 앉을 수 있다'고 정중하게 말하더군요.

그렇다면 츠타야 모델에서 발견할 수 있는 기정 전략은 무엇일까요? 그리 어렵지 않게 알 수 있습니다. 츠타야의 사업 영역에서 정(正)에 해당하는 부분은 책과 음반 같은 상품을 판매하는 거죠. 서점이니까 책을 파는 게 주업인 건 당연합니다. 그리고 기(奇)에 해당하는 영역은 바로 스타벅스와 손잡고 매장 안에서 커피를 파는 사업입니다.

츠타야처럼 개성 있는 매장을 운영하기 위해서는 일반적인 대형 서점보다 더 많은 운영비가 들 수밖에 없는데요. 그냥 책과 상품을 팔기만 해서는 이런 추가적인 비용을 감당하는 게 쉬운 일이 아닙니다. 그렇기 때문에 츠타야는 스타벅스와 협력해 '매장 안에 편하게 머무를 수 있는 권리'를 파는 전략을 선택했죠.

먼저 개성 있으면서도 편안한 분위기의 매장을 꾸며 사람들을 끌어들였습니다. 그다음 이곳에서 편하게 책을 읽으며 여유 있는 시간을 보내고 싶은 사람들에게 스타벅스 음료에 '매장의 분위기를 즐길 수 있는 권리'를 입혀서 팔았죠. 음료 판매를 통해 얻은 수입은 스타벅스와 함께 나누고요. 이를 통해서 더 큰 매출과 이익을 거둘 수 있었습니다.

책을 판매하는 본업뿐 아니라 커피와 공간을 판매하는 부가 사업을 통해 안정적인 이익을 거두는 츠타야의 비즈니스 모델 역시 정(正)에만 집중하는 게 아니라 기(奇)를 활용해 성과를 내는 기정 전략의 대표적인 사례라고 할 수 있습니다.

한 가지 짚고 넘어가야 할 것은 기와 정, 그리고 정과 기는 서로 대립되거나 상반되는 개념이 아니라는 점입니다. 정이 있어야만 기가 힘을 발휘할 수 있고, 반대로 기를 통해 정을 더 강화할 수도 있습니다. 즉, 주력 사업이 탄탄한 입지를 갖고 있어야만 부가 사업도 탄력을 받을 수 있다는 건데요. 센비키야가 디저트·음료 사업으로 큰 매출을 거둘 수 있었던 것도 일본 최고급 과일 전문점이라는 브랜드를 갖고 있었기 때문입니다. 또한 츠타야가 매장 안에서 스타벅스 음료를 팔아서 안정적인 수익을 올릴 수 있는 것도 개성 있는 상품 구성과 진열이 돋보이는 츠타야의 공간이 사람들이 머물고 싶을 정도로 매력적이었기 때문이란 사실을 기억해야 합니다.

내가 만든 판으로
경쟁자를
끌어들여라

제아무리 위대한 기업이라 할지라도 그 뿌리를 거슬러 올라가다 보면 한 명의 인물과 마주하게 됩니다. 바로 창업자죠. 전 세계를 주름잡는 글로벌 기업이라도 처음에는 창업자 한 사람의 머릿속 아이디어와 의지, 그리고 행동으로 시작되기 때문인데요. 사람들은 위대한 기업을 만들어낸 창업자를 동경합니다. 그리고 아무것도 없는 상황에서 맨손으로 회사를 일궈낸 창업자일수록 더 큰 존경을 받습니다.

애플 창업자인 스티브 잡스가 괴팍스러운 성격에도 불구하고 오늘날 많은 이에게 영감을 주었던 것에는 태어나자마자 친부모에게 버림받은 입양아 출신이면서 대학을 중간에 그만두고 스스로 삶을 개척해나간 그만의 독특한 스토리가 큰 영향을 미쳤죠.

일본의 '경영의 신'들도 마찬가지입니다. 일본에는 경영의 신이라 불리는 세 명의 기업인이 있는데요. 바로 마쓰시타 고노스케(파나소닉 창업자), 혼다 소이치로(혼다 창업자), 이나모리 가즈오(교세라 창업자)입니다.

사실 일본에는 이들이 만든 회사보다 규모가 더 큰 기업들도 적지 않은데요. 미쓰이, 미쓰비시, 스미토모 같은 회사들이 그렇습니다. 일본의 3대 기업집단으로 꼽히는 이 회사들은 길게는 수백 년 전인 에도 막부 시대부터 오늘날에 이르기까지 일본 경제를 움직이고 있는 회사들입니다.

하지만 사람들은 이 회사들의 경영자가 아니라 앞서 말한 세 명을 일본을 대표하는 기업인으로 꼽습니다. 이들 세 명이 남들보다 훨씬 더 어려운 처지에서 시작해 온갖 어려움을 이겨내고 일본을 대표하는 큰 기업을 일궈냈기 때문입니다.

마쓰시타는 초등학교도 졸업하지 못했고, 혼다는 초등학교 졸업장이 전부였습니다. 이들보다 한 세대 뒤쯤 태어나 세 명 중 유일하게 살아 있는 이나모리는 대학을 졸업했지만 지방대 출신이라는 이유로 원래 다니던 회사에서 설움을 겪었죠. 학력 차별 때문에 기존에 담당하던 연구개발 업무에서 밀려난 것이 이나모리가 창업을 결심하게 된 계기였습니다.

이번에 소개할 칠갑농산 이능구 회장 또한 남보다 어려운 환경에서 자라 온갖 고생을 겪으며 회사를 키워낸 걸로는 방금 말한 일본의 경영의 신들과 비교해도 결코 부족하지 않은 인물입니다.

칠갑농산이라는 이름만 들으면 농촌에 있는 작은 상점을 떠올리는 사람들이 많을 텐데요. 1982년 설립된 이 회사는 연 매출 680억원(2018년 기준), 직원 수 450여 명에 달하는 식품기업입니다. 떡국용 쌀떡부터 시작해서 떡볶이용 떡, 각종 생면과 건면, 수제비, 냉동 만두를 비롯한 식품들을 생산하고 있죠. 뜨거운 물을 부으면 바로 먹을 수 있는 떡국과 쌀국수, 떡볶이 등 간편 조리식품 역시 판매하고 있습니다. 이 회사 제품의 80퍼센트는 쌀을 주원료로 하는 쌀 가공식품으로 칠갑농산은 국내의 대표적인 쌀 가공식품업체이자 강소 식품기업으로 꼽힙니다.

이능구 회장이 처음 쌀 가공식품과 인연을 맺은 건 회사를 설립하기 몇 년 전인 1970년대 중반부터인데요. 그는 그때부터 지금까지 50년 가까운 세월 동안 사업을 해오고 있습니다.

_____ 성실함으로 기회를 잡다

이능구 회장을 만나 인터뷰하고 또 그의 자서전 《나는 쉬운 길을 선택한 적이 없다》를 읽으면서 그의 성공 노하우를 크게 3가지로 정리해보았습니다.

첫째, 현장의 요구를 바탕으로 한 기술을 끊임없이 개발하라.

둘째, 탁월한 제품을 만드는 것만으로는 부족하다. 최대한 저렴하게 만들 수 있는 방법을 함께 고민하라.

셋째, 소비자에게 외면받는 시장에서 1등은 소용없다. 먼저 시장을 키워라.

충남 청양군 칠갑산 자락에 있는 가난한 집안에서 태어난 이능구 회장이 처음 서울로 올라온 건 그가 20대 후반이던 1972년이었습니다. 당시 그의 첫째 아들은 뇌막염에 걸려 태어난 직후부터 줄곧 제대로 몸을 가누지 못했습니다. 얼마 되지 않는 땅에서 뼈 빠지게 농사를 지어봐야 아들을 치료할 수 없다는 걸 잘 알고 있었죠. 아들의 치료비를 마련하기 위해 아내와 아들을 고향에 남겨둔 채 선택한 서울행이었습니다.

"원래는 강원도에 있는 광산에 들어가서 일하려고 했는데 친척분이 광산에서 일하는 건 너무 위험하고 몸도 망가지니까 차라리 자기한테 오라고 해서 서울로 올라갔어요"라고 그는 말했습니다.

가족을 위해 어떻게든 돈을 벌어야 했지만 중학교도 제대로 나오지 못한 그가 안정적인 직장을 구하는 건 기대할 수 없는 일이었는데요. 서울에 올라온 뒤 몇 년 동안은 아이스크림, 그 당시 표현으로는 아이스께끼 가게에서 배달 일을 하면서 지냈습니다.

그 이후에는 친척의 소개로 도매업체에서 떡국용 쌀떡을 떼다가 여러 정육점에 가져다 파는 일을 시작했죠. 당시에는 사람들이 정육점에서 국거리용 소고기를 살 때 쌀떡을 함께 사서 떡국을 끓여 먹는 일이 많았기 때문입니다. 이때가 바로 이능구 회장이 쌀 가공식품과 첫 인연을 맺은 순간입니다.

이렇게 5~6년간 부지런히 시내 곳곳을 돌아다니며 정육점들을 고객으로 확보한 덕분에 이능구 회장의 형편도 조금씩 피게 됩니다. 1970년대 후반에는 압구정동 등 서울 강남권에 대규모 아파트가 막 들어서기 시작했는데요. 럭키슈퍼, 우성슈퍼와 같은 슈퍼마켓들이 아파트 단지 안에서 처음으로 영업을 시작하던 시기이기도 합니다.

이 같은 슈퍼마켓들을 일일이 찾아다니며 대형 거래처를 확보한 덕분에 1980년대 초 무렵에는 사업이 어느 정도 자리를 잡을 수 있었습니다. "강남 슈퍼마켓들에 떡국 떡을 납품하기 시작하면서 1톤 트럭도 한 대 뽑고 돈도 어느 정도 만질 수 있었어요"라고 이능구 회장은 말합니다.

이능구 회장이 직접 공장을 차리고 떡을 만들기 시작한 건 1981년부터입니다. 유통업뿐 아니라 제조업으로까지 업역을 넓힌 건데요. 이 시기부터 앞서 말씀드린 이능구 회장의 3가지 경영 전략이 본격적으로 적용되기 시작합니다.

기술 개발로 규모의 판을 키우다

칠갑농산이 처음 설립된 1982년 무렵만 해도 떡 생산 공장들은 말만 공장이지 동네 방앗간 수준의 설비에 머물렀습니다. 방앗간보다 떡을 찌는 시루의 숫자가 많다 뿐이지 모든 생산 작업은 처음부터 끝까지 사람의 노동으로 채워졌습니다. 생산량이 늘어날수록 상품 하나를 생산하는 데 드는 비용이 줄어드는 '규모의 경제' 효과를 전혀 누릴 수 없는 구조였죠.

이능구 회장은 그때까지 해오던 것처럼 사람이 하루 종일 시루 앞에 붙어 앉아 떡을 찌는 가내수공업 방식으로는 회사 규모를 키울 수 없다는 걸 공장을 차린 지 얼마 지나지 않아 깨닫게 되는데요. 이 같은 문제를 해결하기 위해 그가 직접 개발한 기계가 스팀 압력을 활용해 불린 쌀을 몇 분만에 떡으로 쪄내는 '스팀 압력 떡 증숙기'입니다.

경기 파주와 충남 청양에 있는 칠갑농산 공장에 가면 기계 한 대당 3분마다 최대 60킬로그램의 떡을 뽑아내는 이 기계를 볼 수 있는데요. 이능구 회장이 "대형 식품업체와의 경쟁 속에서도 칠갑농산이 40년 가까이 살아남을 수 있는 건 이 기계 덕분입니다"라고 말하며 보물처럼 아끼는 기계죠.

1980년대 중반 처음 개발된 이 기계는 이후 30여 년간 끊임없는 개량과 보완을 거쳐 오늘날과 같은 성능을 갖추게 되었습니다. 이능구 회장은 증숙기에 대한 아이디어를 구상하고 설계한 뒤 증숙기 도면을 직접 그려 기계 제작업체에 넘겼는데요.

정규 교육 과정을 통해 기계공학과 설계에 대해 배우지 못한 그가 복잡한 기계의 도면을 대략적이나마 그릴 수 있었던 건 현장에서 일하며 쌓은 경험 덕분이었습니다. 그는 이전에 몇 년 동안 지인과 함께 보일러와 수도 배관 공사를 전문으로 하는 작은 건설·설비

업체를 운영하기도 했었는데요. 당시 현장에 나가 공사를 감독하면서 회사 직원들한테 기계 설비가 어떤 원리로 작동하는지, 이런저런 부품들이 각각 어디에 쓰이는지를 배울 수 있었죠. 덕분에 현장에서 필요한 떡 생산 기계를 구상하고 설계할 정도의 실력을 쌓을 수 있었습니다.

다른 떡 공장들이 시루로 쪄서 떡을 만들던 시절, 스팀 압력으로 대량의 떡을 순식간에 만들어내는 스팀 압력 증숙기를 갖게 된 덕분에 칠갑농산은 경쟁업체들보다 더 싼 비용으로 더 많은 제품을 만들어낼 수 있게 됩니다. 사업 초창기 칠갑농산이 앞으로 치고 나갈 수 있었던 원동력이었죠.

이능구 회장은 여기에서 만족하지 않고 계속해서 칠갑농산만의 생산 기계를 만드는 데 큰 돈을 투자했습니다. 떡을 팔아 번 돈의 대부분을 생산 설비를 갖추는 데 투자했던 거죠. 현장에 필요하다고 생각되는 기계가 있을 때마다 새로운 기계를 만들어내고 또 기존 기계의 성능을 높이기 위해 계속해서 개조 작업을 했던 건데요.

"솔직히 어떨 때는 공장 설비와 기계에 엄청난 돈을 투자하는 게 무모한 일이라고도 생각했어요. 기계 하나를 제대로 만들기 위해 중간 제작 단계에서 엄청나게 많은 불량품들을 내다 버려야 했거든요. 수억 원을 들여 만든 기계가 애초 생각과는 달리 제대로 작동을 안 해 고물상에 팔아넘겨야 할 때도 있었고요. 제가 아이디어를 내고 설계도까지 그려가면서 수없이 많은 실패 끝에 만든 기계를 기계업자들이 그대로 베껴서 다른 곳에 팔아버릴 때면 '정말 어떻게 이럴 수가 있나' 하는 절망감까지 들었죠."

하지만 이능구 회장은 결국 그렇게 계속해서 생산 설비에 투자했던 게 칠갑농산이 지금껏 살아남을 수 있었던 가장 큰 비결이라고 말했습니다.

"수십 년 동안 현장에서 기계를 개조해나간 덕분에 이제는 기계 업자들이 따라 만들 수 없을 정도로 기계가 정교해졌어요. 또 기계를 제대로 작동시키기 위해 필요한 아주 세밀한 노하우까지 터득하게 됐죠. 지금은 누가 우리 기계를 그대로 가져간다고 해도 절대로 우리와 똑같은 제품은 못 만든다고 장담할 수 있어요."

이처럼 칠갑농산은 끊임없는 기술 개발을 통해 대기업 계열 식품회사들을 비롯한 경쟁업체들과의 경쟁에서 살아남을 수 있었습니다.

나만의 경쟁력을 어떻게 완성시킬 것인가

좋은 품질의 제품을 저렴한 가격에 내놓는 것은 제조업 분야에서 성공하기 위한 기본 조건인데요. 누구나 다 알고는 있지만 실천하기는 쉽지 않은 조건입니다. 제품의 품질을 높이기 위해서는 생산 비용을 늘릴 수밖에 없고 결국 가격도 올라갈 수밖에 없기 때문이죠. 그렇다면 이능구 회장은 이 같은 문제를 어떻게 해결할 수 있었을까요?

칠갑농산이 생산하는 메밀국수는 회사의 주력 상품 중 하나입니다. 고급 호텔 일식당에서도 꾸준히 사용할 정도로 그 품질을 인정받고 있죠. 이 메밀국수가 오랜 시간 동안 인기를 끌고 있는 건 경쟁 상품에 비해 메밀 함량이 높기 때문인데요.

메밀은 밀과 쌀에 비해 반죽을 만드는 것도 어렵고 국수로 뽑은 뒤 건조하는 과정도 까다로운 편입니다. 면에 메밀을 듬뿍 넣고 싶어도 기술력이 없다면 마음대로 넣을 수가 없죠.

칠갑농산은 앞서 설명한 것처럼 1980년대 초반부터 쌀 가공식품을 만들면서 축적해온 기술력 덕분에 국수에 들어가는 메밀 함량을 높일 수 있었습니다. 그리고 메밀을 넣을 때도 메밀의 좋은 영양분을 더 많이 담기 위해 생메밀을 볶은 뒤 빻아서 만든 가루를 사용하고 있는데요.

그런데 여기서 한 가지 고민거리가 있었습니다. 메밀을 볶을 때 너무 오랜 시간 볶으면 메밀의 영양분이 파괴되기 때문에 그렇게 되기 전까지만 볶았는데요. 이렇게 적절한 시간만 들여 볶아낸 메밀가루로 국수를 만들면 우리가 흔히 아는 까무잡잡한 색깔의 면발이 나오지 않는다는 문제가 있었습니다. 오랜 시간 볶아내 조금은 타서 거무스름해진 메밀을 재료로 해서 만들어야만 짙은 색감의 메밀국수를 뽑아낼 수 있었습니다.

영양분이 더 많이 담긴 메밀국수라 해도 면발의 색깔이 옅은 갈색이라면 시장에서 소비자들의 선택을 받기가 어려울 수도 있었는데요. 여기서 이능구 회장의 고민이 시작됩니다. 맛과 영양을 택하면 상품을 시장에서 팔기가 힘들어지고, 많이 파는 걸 택하자니 소비자들에게 맛과 영양이 떨어지는 상품을 팔아야 하는 문제였습니다.

이능구 회장은 이 두 가지 선택지 중 하나를 고르는 게 아니라 제3의 해법을 찾아냈는데요. 바로 검은 쌀, 그러니까 흑미를 넣어 국수를 뽑아내는 것이었습니다. 검은 색깔의 흑미를 섞으면 메밀을 더 볶지 않고도 사람들이 좋아하는 검은 빛깔의 메밀국수를 만들 수 있었기 때문이죠. 그런데 메밀국수에 흑미를 넣겠다는 결정을 하자 새로운 걱정거리가 또 하나 생겼습니다. 한 가지 문제를 해결하면 곧바로 다른 문제가 뒤따라오는 건 회사를 경영하면서 항상 마주할 수밖에 없는 일이었습니다.

흑미를 섞어 국수를 만드는 해법의 걸림돌은 바로 흑미의 비싼 가격이었습니다. 흑미는 백미보다 가격이 몇 배는 더 비싼데요. 아무리 대량 구매를 통해 구매 가격을 낮춘다고 해도 흑미를 넣어서 국수를 만들면 경쟁 상품보다 훨씬 더 비싼 가격을 매길 수밖에 없었습니다. 맛도 좋고 건강에도 좋은 뛰어난 품질의 상품을 만들 수는 있지만 비싼 가격 때문에 시장에서 소비자들의 선택을 받는 걸 기대하기는 힘든 상황이었죠.

이능구 회장은 이 문제를 직접 농사를 지어 흑미를 수확하는 방법으로 해결합니다. 현재 칠갑농산은 충남 청양에서 약 8,000평 규모의 직영 농장을 운영하고 있습니다. 이 중 흑미 재배 면적은

2,000평이고요. 배추 2,000평, 보리는 4,000평에 달합니다.

칠갑농산은 만두를 만들 때도 만두 속에 들어가는 배추김치를 직접 마련하고 있는데요. 직영 농장에서 키운 배추로 김장을 담가 사용하는 것이죠. 미숫가루 등의 원료로 들어가는 보리 역시 농장에서 수확한 보리로 마련하고 있습니다. 지금도 이능구 회장의 부인인 유순식 여사가 농사철이면 청양군 농장에 눌러 살면서 농장 일을 직접 관리하고 있습니다.

덕분에 재료를 외부에서 사들일 때보다 원가를 크게 낮출 수 있었고, 제품 생산에 필요한 재료들을 안정적으로 확보할 수 있었습니다.

'좋은 재료로 만든 좋은 제품이니까 비싸도 그냥 사주세요'라고 소비자들에게 호소해봤자 먹히지 않는다는 게 이능구 회장이 반세기 가까이 사업을 해오면서 배운 교훈입니다.

_____ 경쟁자를 끌여들여
시장을 키우다

이능구 회장이 칠갑농산을 키워온 과정에서 배울 수 있는 세 번째 경영 교훈은 소비자에게 외면받는 조그만 시장에서 1등이 되려고 하기보다는 자기 노하우를 공개해서라도 먼저 시장을 키우려고 했던 자세입니다.

스팀 압력 떡 증숙기 사례에서도 볼 수 있듯이 이능구 회장은 좋은 상품을 생산하는 데 필요한 설비·기술 개발에 투자를 아끼지 않는 인물인데요. 쌀 가공식품을 오랫동안 상하지 않게 만들어주는 기술은 사업 초창기에 그가 가장 갖고 싶은 기술이었습니다.

칠갑농산이 처음 사업을 시작한 1980년대 초반만 해도 국내에서 생산되는 쌀떡, 국수 등의 유통기한은 길어도 채 열흘이 되지 못했습니다. 특히 건조하지 않은 생면은 하루만 지나도 쉬어버려서 공장에서 가까운 지역이 아니고서는 애초에 팔 수조차 없었습니다.

열흘밖에 되지 않는 유통기한을 늘리지 않고서는 칠갑농산을 비롯한 국내 업체들의 쌀 가공식품 판매가 늘어나길 기대할 수 없었죠. 산 지 며칠만 지나도 먹을 수 없게 돼버리는 식품을 소비자들이 좋아할 리 없었으니까요. 방부제를 넣으면 유통기한을 길게 늘릴 수 있었지만 방부제가 잔뜩 들어간 식품을 소비자들이 굳이 사 먹을 이유도 없었습니다.

어떻게 하면 떡과 국수 같은 쌀 가공식품의 유통기한을 늘릴 수 있을지 고민하던 이능구 회장의 눈이 번쩍 뜨인 건 일본에서였습니다. 1980년대 중반 그는 정부 지원을 받아 국내 쌀 가공업체 임직원들과 함께 일본 식품회사들을 찾아가는데요. 이곳에서 일본 회사들이 만드는 쌀 가공식품의 유통기한은 세 달이 넘는다는 사실을 알고 깜짝 놀랍니다. 똑같이 쌀로 만든 식품인데 유통기한이 비교할 수 없을 정도로 길었던 거죠.

이능구 회장은 일본에서 돌아오자마자 곧바로 식품 전문가들을 찾아다니고 직접 관련된 연구 문헌들을 뒤적이면서 일본 업체들이 만든 쌀 가공식품이 몇 달 동안 상하지 않는 이유에 대해 알아보는 데요. 그런 과정을 통해 일본에서는 술의 원료인 주정으로 식품을 살균 처리해 유통기한을 늘렸다는 사실을 알게 됩니다.

"일본에서 주정을 살균제로 사용한다는 사실을 알고 어떻게 하면 주정을 구할 수 있는지부터 확인해봤어요. 그랬더니 당시 주정을 구하려면 수입하는 방법밖에 없었는데 세무서에서 몇 번이나 수입 허가를 안 내주더라고요. 주정에 물만 타면 바로 술이 되니까 세무서에서 함부로 허가를 안 내주었던 거죠. 여러 과정을 거쳐 간신히 주정을 수입하긴 했는데 막상 갖고 오니까 이걸 어떻게 활용해야 할지 아무도 모르는 거예요. 몇 달 동안 이런저런 실험을 하면서 주정을 분무기에 넣어 제품에 뿌려도 보고, 제품 반죽에 넣어보기도 하고, 완성된 제품을 주정에 살짝 담갔다 빼기도 하면서 어떻게 활용하는지를 직접 배워나가는 수밖에 없었어요."

여러 시도와 실패 끝에 이능구 회장은 주정침지법을 개발해내는데요. 이 방법은 식품의 겉면을 주정으로 코팅함으로써 살균 효과를 얻는 방법이었습니다. 유통기한을 늘리는 가장 효과적인 방법이었죠.

이 주정침지법을 통해 이능구 회장은 쌀떡, 수제비, 국수, 냉면, 칼국수면 등 쌀 가공식품의 유통기한을 방부제를 활용하지 않고도 3~5개월까지 늘릴 수 있었습니다. 특히 냉면의 면과 반건조 국수면의 유통기한은 하루에서 수개월로 늘어났습니다. 덕분에 칠갑농산은 경기 파주 공장과 가까운 서울뿐 아니라 전국 곳곳으로 판매망을 넓혀 나갈 수 있었죠.

그리고 얼마 뒤 이능구 회장은 한 가지 결단을 내리는데요. 주정침지법 기술을 다른 식품업체들도 무상으로 쓸 수 있게 한 거죠. 주정침지법 특허의 소유권을 식품 관련 협회에 넘겼습니다. 자신이 공들여 개발한 특허를 경쟁자들에게 제공한 건데요. 그가 이런 결정을 내린 이유는 무엇이었을까요?

"주정침지법 특허를 저희 회사만 계속 사용한다면 칠갑농산 혼자 돈을 잘 벌 수 있었겠죠. 하지만 그렇게 해서 버는 돈은 한계가 있어요. 그 당시 소비자들의 머릿속에는 '쌀로 만든 식품은 며칠 지나면 버려야 한다'는 생각이 박혀 있었죠. 사람들이 다들 이렇게 생각하고 있는데 쌀 가공식품을 팔아봤자 얼마나 팔겠어요. 아주 작은 시장이죠. 제가 갖고 있는 특허를 풀어야 다른 업체들도 유통기한이 오래가는 상품을 만들 수 있고 그래야 소비자들의 인식이 바뀌면서 시장도 훨씬 더 커질 수 있죠. 좁은 시장에서 혼자 1등을 하는 것보다 일단 시장을 넓히는 게 맞다고 생각했어요. 우리 회사는 기술력이 있으니까 넓어진 시장에서도 계속해서 앞서 나갈 수 있다고 판단했고요."

이능구 회장의 예상대로 주정침지법 기술이 보급되면서 쌀 가공식품 시장은 물론 식품업계 전체에 큰 변화가 일어났습니다. 방부제를 사용하지 않고도 유통기한을 크게 늘릴 수 있게 되면서 새로운 상품들이 쏟아져 나왔습니다. 덕분에 쌀 가공식품 시장의 규모가 빠른 속도로 늘어났고요. 시장이 커지면서 선두 기업인 칠갑농산의 매출과 이익도 늘어났죠.

이능구 회장은 말합니다.

"시장의 크기를 넓히는 건 1등 기업만이 할 수 있다."

그가 이렇게 단언할 수 있는 건 이를 행동으로 증명했기 때문입니다.

오늘날에도 마쓰시타 고노스케, 혼다 소이치로, 이나모리 가즈오 같은 '경영의 신'들의 경영 사례가 꾸준히 연구되고 그들이 쓴 책들이 계속해서 팔리는 건 시대와 업종을 가리지 않고 강한 기업을 키워낸 창업자들에게는 몇 가지 공통점이 있기 때문입니다. 사람들은 이를 배워서 익힌 뒤 자신도 따라 하고 싶어 하니까요.

자전거에 쌀떡 봉지를 가득 싣고 서울 서교동 오르막 언덕길을 오르던 이능구 회장이 50년 가까운 세월을 거치며 연 매출 680억 원의 회사를 일굴 수 있었던 것도 그가 이러한 창업자들에게서 볼 수 있는 공통점을 갖고 있었기 때문입니다.

기존 법칙을
당연하게
받아들이지 말라

평소 와인을 즐기지 않는 사람들이라도 옐로 테일Yellow tail이란 와인 브랜드를 한 번쯤은 들어봤을 텐데요. 물론 마셔본 사람도 적지 않을 겁니다. 'yellow tail'이라고 적힌 글씨 아래에 캥거루 한 마리가 뛰노는 디자인의 오스트레일리아산 와인이죠.

옐로 테일은 오스트레일리아 와인 수출량의 20퍼센트를 차지하는 국가대표 와인으로 전 세계 50여 개국에 수출되고 있습니다. 옐로 테일이 전 세계에서 인기를 끄는 가장 큰 요인은 바로 가성비입니다. 한국에서도 마트나 편의점에 가면 750밀리리터 한 병에 1만 원대 가격에 살 수 있죠. 와인은 비싸다는 고정관념을 깬 저렴한 가격의 와인입니다. 물론 맛도 괜찮은 편이고요. 와인의 깊은 맛을 음미할 줄 모르는 와인 문외한이더라도 부담 없이 편하게 마실 수 있는 와인이라는 게 대체적인 평가입니다.

그렇다면 이 옐로 테일(정확히 말하자면 '옐로 테일'은 와인 상품명이고, 이 와인을 만드는 회사는 '카셀라 와인즈'지만 이 글에서는 독자의 이해를 돕기 위해 회사를 말할 때도 옐로 테일이라는 표현을 사용합니다)은 언제부터 전 세계 소비자들에게 인기를 끌기 시작한 걸까요? 가격이 저렴한 데다 맛도 나쁘지 않은 가성비 좋은 와인이니 이 회사에서 만든 와인들은 원래부터 큰 인기를 끌었을까요?

그렇지 않습니다. 옐로 테일을 만드는 와이너리(와인 양조장)가 처음 운영을 시작한 건 1969년입니다. 그리고 옐로 테일이 처음 미국 시장에서 인기를 끌기 시작한 건 2001년부터입니다. 그 이전 30년 동안 이 회사에서 만든 와인은 그저 그런 수많은 오스트레일리아산 와인 중 하나로 취급받았을 뿐입니다. 변방의 와인 생산 국가에서 온 별 볼일 없는 와인이었죠.

그렇다면 옐로 테일은 어떻게 약 20년 만에 미국은 물론 전 세계 와인 시장을 제패할 수 있었을까요? 우리가 살펴볼 내용은 이 질문에서부터 시작됩니다.

약 20년 전 미국 시장에서 첫 선을 보인 옐로 테일은 오늘날 세계에서 가장 널리 알려진 와인 브랜드입니다. 와인 시장 전문 조사기관인 '와인 인텔리전스'가 2019년 3월 발표한 '글로벌 와인 브랜드 파워 인덱스 2019' 조사에서도 가장 인기 있는 와인 브랜드 1위로 뽑혔죠. 전 세계 20개국에 있는 2만 명의 와인 애호가들을 대상으로 조사한 자료입니다.

미국 와인 시장에서의 점유율도 굳건히 유지하고 있습니다. 미국의 주류 전문매체인 '더드링크비즈니스'에 따르면 옐로 테일은 2017년에도 미국에서 가장 많이 팔린 와인 5위에 이름을 올리고 있습니다.

정체된 시장, 똑같은 전략

옐로 테일의 미국 시장 상륙이 시작된 2001년 무렵, 미국의 와인업계는 절대 강자가 없는 상황 속에 수많은 업체가 시장 점유율을 둘러싸고 치열한 경쟁을 펼치고 있었습니다. 상위 8개 기업이 전체 시장의 75퍼센트를 차지하고 있었고, 약 1,600개 업체들이 나머지 25퍼센트의 시장을 두고 쟁탈전을 벌이고 있었죠.

와인회사들은 생존을 위한 치열한 싸움을 벌였지만 전체 시장 규모는 좀처럼 늘어나지 않았습니다. 그 무렵 미국의 와인 시장은 전 세계에서 세 번째로 큰 약 200억 달러 규모였습니다. 하지만 1인당 와인 소비량은 시장 규모에 걸맞지 않은 초라한 수준으로 세계 31위에 불과했습니다. 인구가 많고 경제력이 높다 보니 시장 규모 자체는 작지 않지만 미국인 개개인을 보면 와인을 즐기는 사람들을 쉽게 찾아보기 힘들었다는 뜻입니다. 그리고 이 말은 곧 그동안 와인을 마시지 않던 사람들을 새로운 고객으로 끌어들일 수만 있다면 시장 규모 자체가 급성장할 수 있다는 뜻이기도 했습니다.

하지만 시장 규모가 커질 기미는 좀처럼 나타나지 않았는데요. 그 이유는 미국의 와인업체들이 기존의 경쟁 법칙에서 한 발자국도 벗어나지 않았기 때문입니다. 2000년 무렵 미국의 와인업계는 크게 두 그룹의 회사들로 나눌 수 있었습니다.

첫 번째 그룹은 고급스러운 브랜드 이미지와 와인 애호가만이 감별해낼 수 있는 미세한 맛의 차이에 초점을 맞춘 높은 가격대의 프리미엄 와인을 생산·판매하는 업체들이었습니다. 오랜 역사를 바탕으로 명성을 갖추고 있는 프리미엄 와인업체들은 고급스러운 이미지와 복잡 미묘한 와인 맛을 유지하기 위해 마케팅과 생산 과정에 막대한 비용을 들이고 있었죠.

이들과 구별되는 두 번째 그룹은 낮은 가격대의 와인을 생산·판매하는 저가 와인회사들이었습니다. 와인 시장 전체가 프리미엄 와인과 저가 와인 두 부류로 나뉘어 있을 뿐 다른 상품군은 별달리 없는 상황이었습니다. 두 그룹은 판매하는 상품의 가격대는 달랐지만 모두 동일한 경쟁 요소들에 집중하고 있었습니다.

좀 더 쉽게 설명하자면, 프리미엄 와인업체든 저가 와인업체든 가릴 것 없이 당시 와인회사들이 경쟁에서 이기기 위해 집중적으로 챙기던 요소는 다음 7가지입니다.

우선 당연히 같은 그룹에 속한 경쟁업체보다 더 싼 가격으로 제품을 내놓기 위해 노력했고요(①), 고급스러운 브랜드 이미지를 만들고 유지하기 위해 각종 와인대회 수상경력과 각종 전문용어를 와인 병에 입혀 자신들의 와인을 알리는 전략을 사용했습니다(②). 또한 TV, 신문, 라디오, 잡지 등의 대중매체에 광고를 싣기 위해 막대한 예산을 사용했습니다(③). 와인을 만드는 최신 생산 설비를 갖추기 위해 계속해서 투자했습니다(④). 이와 함께 와인에 들어가는 포도가 자라는 포도 산지의 전통과 역사를 강조하고(⑤), 타닌 함량과 오크 향처럼 와인의 미세한 맛의 차이를 결정짓는 요소들을 유지하기 위해서도 큰 투자를 했죠(⑥). 마지막으로 모든 소비자들의 취향을 만족시키기 위해 가급적 다양한 포도 품종으로 다양한 와인을 만들었습니다(⑦).

2000년 무렵 미국의 프리미엄 와인업체든 저가 와인업체든 투자한 돈의 액수에는 차이가 있었지만 이 7가지 요소에만 집중 투자했습니다. 경쟁에서 승리하기 위해 꼭 갖춰야 하는 핵심 요소들이라고 생각한 것이죠.

시장 바깥의 새로운 고객을 발굴하는 법

이쯤에서 '옐로 테일도 저가 와인이잖아. 특별한 전략이 있어서 성공한 게 아니라 싼 가격에 맛까지 나쁘지 않으니 성공한 거 아니야?'라고 생각할 수도 있을 겁니다.

물론 적당한 가격과 괜찮은 맛, 즉 가성비가 옐로 테일이 미국을 포함한 전 세계 와인 시장에서 성공하는 데 큰 역할을 한 건 맞습니다. 하지만 옐로 테일이 와인업체들이 그동안 쭉 따라오던 게임의 룰을 그대로 따르기만 했다면 아무리 가성비가 좋더라도 그럭저럭 괜찮은 수많은 와인 중 하나에 머무를 수밖에 없었을 것입니다.

그렇다면 옐로 테일은 어떻게 시장을 새롭게 정의하고 또 어떻게 그동안 와인 시장의 바깥에 머물던 새로운 고객들을 발굴해 이들로 하여금 옐로 테일 와인을 집어 들게 했을까요?

이를 설명하기 위해서는 우선 회사의 기존 전략과 자산을 면밀하게 분석한 뒤 제거할 요소는 과감히 없애버리고, 힘을 뺄 부분은 적당히 힘을 빼고, 인력과 비용을 더 투자해야 할 부분에는 투자를 늘리고, 업계에서 그동안 제공하지 않았던 가치가 있다면 새롭게 제공함으로써 '경쟁에서 승리하는 기업을 만드는 법'에 대해 알아야 합니다. 이러한 전략을 제거하다Eliminate, 감소하다Reduce, 증가시키다Raise, 창조하다Create를 뜻하는 영단어의 앞 글자를 따서 'ERRC 기법'이라고 부릅니다. 경쟁자가 없는 시장을 새롭게 만드는 전략을 뜻하는 '블루오션 전략'의 권위자인 김위찬 유럽경영대학원INSEAD 원장이 만들어낸 경영 분석 기법입니다. 지금 다루고 있는 옐로 테일의 사례 역시 김 교수와 르네 마보안 유럽경영대학원 교수의 저서 《블루오션 전략》에 나온 내용을 참고했습니다.

ERRC 기법의 가장 큰 장점은 해당 업계에 속한 수많은 기업이 펼치는 치열한 경쟁과 그 안에서 자기 회사가 취하고 있는 전략을 동시에 비교하면서 파악할 수 있다는 점입니다. 모든 업체가 차별점 없이 동일한 요소에만 초점을 맞춰 경쟁하고 또 오직 가격만이 상품군을 구분하는 잣대가 되는 시장은 레드오션 시장의 전형적인 모습입니다. 수많은 와인업체가 경쟁하고 있었지만 이들은 모두 동일한 게임의 룰을 따르고 있었던 것이죠.

이런 상황에서 옐로 테일의 미국 시장 상륙이 시작되는데요. 옐로 테일은 ERRC 기법을 통해 여러 경쟁 요소들 중에서 경쟁에서 이기기 위해 자신들에게 꼭 필요한 요소들만을 추려내어 비용을 절감했습니다. 또 새로운 경쟁 요소를 추가로 도입함으로써 다른 업체들이 제공하지 않았던 가치를 새롭게 소비자들에게 제공하는 데 성공합니다.

우선 ERRC 기법을 활용하기 위해서는 다음 4가지 질문을 던져봐야 합니다. 이 질문들은 각각 제거, 감소, 증가, 창조라는 4가지 키워드를 다루고 있습니다.

1. 업계에서 당연하게 여기는 요소들 중에 어떤 것을 '제거'할 것인가?
2. 어떤 요소를 업계의 표준 이하로 '감소'시킬 것인가?
3. 어떤 요소를 업계의 표준 이상으로 '증가'시킬 것인가?
4. 업계에서 제공한 적이 없는 어떤 새로운 요소를 '창조'할 것인가?

어떻게 게임의 룰을 바꿨는가

옐로 테일은 앞선 4가지 질문을 바탕으로 게임의 룰을 스스로 만들어나가기 시작합니다.

1. 어렵고 복잡한 것을 제거하다

옐로 테일은 가장 먼저 와인 병에서 와인에 대해 설명하는 복잡하고 이해하기 힘든 전문용어를 없앴습니다. 경쟁업체들의 와인병에 그려진 것과 같은 고급스러운 이미지도 없애버렸죠.

전문용어를 사용해 이 와인이 얼마나 좋은 와인인지 설명하려고 해봐야 대부분의 소비자는 무슨 말인지 이해하지도 못하고, 오히려 그렇게 알아들을 수 없는 용어가 잔뜩 실린 와인 병 때문에 사람들이 와인을 '쉽게 즐기기 힘든 어려운 술'로 여긴다는 것을 간파했기 때문입니다.

와인 병도 선명한 노란색과 빨간색 바탕에 캥거루가 뛰노는 모습을 디자인함으로써 사람들의 눈에 쉽게 들 수 있게 했죠. 브랜드를 표기할 때 'yellow tail'이라고 소문자를 사용한 것도 최대한 사람들이 부담 없이 집어 들게끔 하기 위해서였습니다.

또한 그동안 와인 회사들이 좋은 와인을 결정하는 결정적인 요소라고 생각했던 타닌 함량, 오크 향, 복합적인 맛, 숙성 품질 등을 유지하기 위한 투자도 없애거나 크게 줄였습니다. 와인 숙성 기간을 단축함으로써 와인 생산에 들어가는 비용과 기간을 줄일 수 있었고요. 이를 통해 현금 회전이 더 빨라지는 경영상의 이점도 누릴 수 있었습니다.

또 누구나 즐길 수 있도록 단순한 맛의 와인을 만들고 여기에 과일 향을 첨가했습니다. 와인에 과일 향을 넣자 와인업계에서는 "저건 와인이 아니라 주스다"라는 비난의 목소리가 터져 나왔지만 옐로 테일은 신경 쓰지 않았습니다. 소비자들이 원하는 게 바로 맥주처럼 가벼운 마음으로 편하게 즐길 수 있는 와인이라는 확신이 있었기 때문이죠. 마트나 편의점에서 맥주를 고를 때 맥주 캔에 적힌 어려운 전문용어를 읽어야 할 필요가 없듯이 와인 역시 그렇게 손쉽게 고를 수 있어야 한다는 생각이었습니다.

2. 번거로움을 줄이다

옐로 테일이 다른 업체들과 비교해 투자를 줄인 요소들에 대해서도 알아볼까요? 지금은 만드는 와인의 종류가 늘어났지만 2000년 무렵만 해도 옐로 테일은 오로지 두 종류의 와인만 제공했습니다. 레드 와인과 화이트 와인 이렇게 단 두 종류였죠. 다른 업체들이 최대한 많은 종류의 와인을 내놓기 위해서 머리를 싸매던 것과는 전혀 다른 선택이었는데요.

와인을 고르러 대형마트의 와인 코너나 와인 전문점에 가본 사람들이라면 진열대를 빽빽하게 채운 난생처음 들어보는 이름의 와인들을 보며 주눅이 들던 경험이 있을 겁니다. 옐로 테일은 딱 두 종류의 와인만을 판매함으로써 소비자들이 어떤 와인을 선택할지 한참을 고민해야 하는 번거로움을 없애버렸습니다. 레드 와인 아니면 화이트 와인 이렇게 두 종류밖에 없었으니까요.

와인 종류를 줄임과 동시에 업계 최초로 레드 와인과 화이트 와인을 같은 병에 담아서 판매했습니다. 당시에는 엄청난 파격으로 여겨지던 시도였죠. 레드 와인과 화이트 와인은 그 성질이 다른 만큼 보관하는 병도 달라야 한다고 생각해왔기 때문입니다. 레드 와인이든 화이트 와인이든 같은 모양의 병에 담아 판매함으로써 와인 생산 공정이 단순화되는 이점이 생겼고, 레드 와인과 화이트 와인을 같은 진열대 위에 올려놓고 동시에 판매할 수 있게 됐습니다.

이처럼 옐로 테일은 기존 와인업체들이 당연히 해야 된다고 생각했던 많은 일들을 하지 않거나 이에 들이던 노력을 크게 줄임으로써 다른 와인과 구별되는 돋보이는 와인이 되는 데 성공했습니다. 그런데 남이 하는 걸 안 하는 것만으로는 결코 업계 최고의 자리에 오를 수 없겠죠. 여기에 더해 남들이 안 하는 걸 해야만 최고가 될 수 있습니다.

3. 관찰의 방향을 넓히다

옐로 테일이 다른 업체들보다 더 많이 투자하고 또 경쟁업체들은 신경 쓰지 않았지만 새롭게 투자한 분야는 무엇일까요? 먼저 증가시킨 요소부터 살펴보겠습니다.

옐로 테일이 다른 업체들에 비해 더 많은 노력을 기울인 분야는 소비자들을 관찰하는 일이었습니다. 물론 옐로 테일 말고 다른 와인회사들도 자신의 상품을 구매하는 소비자들을 관찰하는 일을 게을리하지 않았습니다. 이들 역시 소비자들을 세심하게 관찰했고 이들에게 어떤 상품을 제공할지 고민한 뒤 타깃 집단에 맞춘 새로운 와인을 내놨죠.

옐로 테일은 소비자들을 관찰하되 그 방향을 바꿨다는 점에서 그들과 달랐습니다. 다른 회사들이 원래부터 와인을 구매하던 기존 고객들의 욕구, 만족 사항, 불만족 사항을 파악하는 데 집중했다면 옐로 테일은 와인을 마시지 않는 비고객들이 '왜 와인을 마시지 않는지'를 파악하는 데 집중했던 것이죠.

옐로 테일은 미국 시장에 진출하기 전 맥주와 칵테일을 즐겨 마시는 소비자들을 대상으로 심층 조사를 했습니다. 이들에게 왜 똑같은 술인데 맥주와 칵테일은 자주 마시면서 와인을 마시는 건 꺼려하는지를 캐물었죠. 그리고 이런 조사를 통해 와인을 마시지 않는 대부분의 대중들은 와인의 고급스러운 이미지를 부담스럽게 느낀다는 사실을 알게 됐죠. 와인업체들이 자신의 와인을 고급, 프리미엄 와인으로 선전하는 게 오히려 소비자들이 와인을 집어 드는 걸 막고 있다는 것이었습니다.

이 사실을 알게 된 옐로 테일은 친근하고 대중적인 브랜드를 만드는 데 집중했습니다. 앞서 설명했던 제거, 감소 전략도 와인의 그런 잘난 체하는 이미지를 없애기 위한 선택이었죠.

4. 새로운 가치를 만들다

옐로 테일이 그동안 다른 업체들이 하지 않았던 일을 새롭게 시작한 것은 무엇일까요? 옐로 테일이 새롭게 창조해낸 경쟁 요소, 가치는 무엇일까요? 그것은 바로 와인을 부담 없이 마시기에 좋은 쉽고, 편하고, 재미있는 술로 알리려는 노력이었습니다. 미국 시장 진입 초기의 마케팅 전략도 모두 이 같은 목표를 이루기 위해 세우고 실천했습니다.

옐로 테일은 대중매체를 통한 광고에는 경쟁업체들보다 적은 돈만을 투자했는데요. 대신 고객들과 직접 만나는 판매점에서 재미있고 경쾌한 경험을 심어주는 데 주력했습니다. 누구나 편하게 마실 수 있는 와인이라는 점을 알리기 위해서였죠.

소매업체에서 와인을 판매하는 직원들에게 서부 영화에 나오는 인물들이 입는 의상을 입혔습니다. 오스트레일리아 역시 유럽인들의 개척으로 만들어진 국가이기 때문에 개척 시기에는 카우보이의 갈색 모자와 부츠, 방수포로 만들어진 재킷 등을 즐겨 입었는데요. 판매원들에게 이런 서부 영화 스타일의 옷을 입힘으로써 '항상 유쾌하고 모험심이 강한 나라인 오스트레일리아에서 온 쉽고 편한 와인'이라는 점을 알렸습니다. 그리고 재미있는 의상을 입은 판매원들이 복잡하게 따지지 않고 오로지 레드 와인 하나와 화이트 와인 하나만 추천해주는 판매 방식 덕분에 옐로 테일에 대한 입소문이 퍼지게 됐습니다.

앞서 이야기했듯이, 옐로 테일은 숙성 품질에 대한 투자를 크게 줄이고 또 와인 종류와 관계없이 똑같은 병을 사용하는 방식으로 생산 비용을 크게 낮추었는데요. 또한 오스트레일리아에서 온 쉽고 편한 와인이라는 입소문이 나면서 옐로 테일을 찾는 고객들이 크게 늘었고 덕분에 다른 저가 와인들에 비해서 높은 가격을 매길 수 있었습니다.

대용량 병에 담아 판매하는 값싼 와인을 '저그 와인'이라고 부르는데요. 2001년 출시 당시 옐로 테일의 병당 가격은 6.99달러로 저그 와인보다 두 배나 더 높은 가격이었죠. 생산비는 줄이고 판매 가격은 그에 비해 높게 유지할 수 있었던 것이 옐로 테일이 오늘날까지 승승장구할 수 있는 비결입니다.

《블루오션 전략》에서는 옐로 테일을 새로운 시장(블루오션)을 만들어 큰 이익을 창출한 대표적인 사례로 소개하고 있습니다. 옐로 테일은 기존 업체들을 지배하던 경쟁 방식에서 벗어나 어떤 걸 제거하고, 감소시키고, 증가시키고, 창조할지를 효과적으로 선택했습니다. 덕분에 기존에는 와인을 즐기지 않던 사람들에게 '와인도 맥주나 칵테일처럼 쉽고 부담 없이 마실 수 있는 술'이라는 인식을 심는 데 성공했고요. 비고객들을 고객으로 전환시킨 성공적인 사례라는 평가입니다.

옐로 테일과 같이 부담 없이 편하게 마실 수 있는 캐주얼 와인이라는 상품군이 등장하면서 미국 와인 시장의 전체 규모도 성장했는데요. 2000년 무렵 200억 달러 규모에 머물던 미국 와인 시장은 2018년 700억 달러 규모(와인 애널리틱스 리포트 기준)까지 성장했습니다.

물론 미국 와인 시장의 성장을 옐로 테일 한 회사가 이끌었다고 말하는 건 무리겠지만 캐주얼 와인이라는 새로운 상품군의 등장에 옐로 테일이 큰 역할을 한 건 부인할 수 없는 사실입니다.

약점을 뒤집으면
강점이 된다

한때 잘나가던 회사가 무너진 이유에 대해 가장 생생하고 자세하게 설명해줄 수 있는 사람은 역시 회사를 창업해 직접 이끌었던 창업자 혹은 오너 CEO일 텐데요. 하지만 망한 회사의 창업자로부터 직접 실패 원인에 대한 설명을 듣기란 쉽지 않습니다.

큰 규모로 사업을 일궜다가 무너져버린 창업자들 중 많은 사람들이 다시 일어서지 못한 채 공개적인 자리에 나서지 않고 있고, 어렵게 이런 사람들을 만난다 해도 고통스러웠던 경험에 대해 이야기하기를 꺼리기 때문입니다. 실패한 기업과 기업인들의 사례를 구체적으로 다루기가 쉽지 않은 이유입니다.

그런 점에서 이번에 소개할 하상용 로컬푸드 빅마트 대표의 사례는 큰 도움이 될 것입니다.

1995년 서른네 살이던 하상용 대표가 광주에서 창업한 대형마트 유통업체인 빅마트는 2000년대 중반 연 매출 2000억 원에 직원 3,000명(협력업체 파견 직원 2,000명 포함) 규모까지 성장했습니다. 전국 유통업계 순위 7위에 해당하는 몸집이었죠. 자본금 5000만 원을 갖고 시작한 회사가 10여 년 만에 이 정도까지 성장했으니 성장 속도가 매우 빨랐다고 할 수 있습니다.

빅마트는 광주·전남 지역을 터전으로 하는 업체였는데요. 해태, 나산, 금광, 거평 등 호남 지역을 대표하는 대기업과 중견 기업 계열 대형마트들과의 경쟁에서 승리하며 광주·전남 지역 유통업계를 장악하는 데 성공했습니다.

하지만 빅마트는 설립된 지 12년 만에 무너졌는데요. 이마트, 롯데마트, 홈플러스라는 전국구 대형마트들이 빅마트의 근거지인 광주·전남 지역에 잇따라 진출하면서 경쟁이 치열해졌고, 이들과 맞서기 위해 점포를 무리하게 늘렸던 게 실패의 가장 큰 원인이었습니다.

지금껏 하 대표를 세 차례 만났고 그가 쓴 《다시 일어설 용기만 있다면》이란 책도 읽었는데요. 그와 나눈 대화와 책에서 읽은 내용을 바탕으로 빅마트가 빠른 시간 안에 성장할 수 있었던 성공 요인과 결국 문을 닫을 수밖에 없었던 실패 요인에 대해 정리해보겠습니다.

하 대표로부터 그가 사업 초기 회사를 급성장시켰던 전략에 대한 이야기를 들으면서 《손자병법》의 핵심 내용인 허실 전략이 떠올랐는데요. 허실 전략은 자신의 약점은 강점으로 바꾸고, 적의 강점은 약점으로 바꾸는 것입니다. 이러한 전략은 특히 스타트업에서 일하고 있는 사람들에게 많은 도움이 될 것입니다. 약자가 강자를 이기는 방법과 약자가 강자와 싸울 때 저질러서는 안 되는 실수에 대한 이야기이기 때문이죠.

_____ 약자가 강자를 이기는 방법

매장 하나로 시작한 빅마트가 10여 년 만에 연 매출 2000억 원 규모의 회사로 성장할 수 있었던 3가지 비결부터 알아보겠습니다.

첫 번째 성공 요인은 서울의 대형마트에서 판매되는 최저 가격과 같은 가격으로 모든 상품을 판매하겠다는 구체적인 목표를 정한 뒤 이를 달성하기 위해 회사 운영 비용을 최대한 줄였던 전략을 들 수 있습니다.

대형마트에서 판매되는 상품의 가격은 애초에 정해져 있다고 봐야 하는데요. 다른 마트에서는 신라면 한 봉지에 700원을 받는데 나 혼자서만 800원에 팔 수는 없죠. 그랬다가는 금세 문을 닫게 될 것입니다. 같은 상품을 경쟁 마트보다 크게 비싼 가격에 파는 건 사실상 불가능한 구조입니다.

그렇기 때문에 대형마트의 이익은 얼마나 싼 가격으로 상품을 갖고 오느냐에 따라 결정되는데요. 매장 수가 몇 개 되지 않던 빅마트로서는 이마트, 롯데마트 같은 대기업 계열 대형마트보다 2~3퍼센트 더 비싼 가격을 주고 상품을 들여올 수밖에 없었습니다. 구매 물량이 적으니 가격 협상력도 떨어질 수밖에 없었던 것이죠. 하지만 철저한 비용 절감을 통해 회사 운용에 들어가는 비용을 최대한 줄여 대기업 계열 대형마트들이 매긴 최저가와 같은 가격으로 상품을 판매할 수 있었습니다. 하 대표는 다음과 같이 말했죠.

"당시 유통업체들의 가격 구조는 물건 하나를 팔면 판매 금액(매출)의 18퍼센트를 남기도록 설계돼 있었어요. 마트가 18퍼센트였고, 백화점은 25퍼센트였죠. 여기서 매장 운영에 들어가는 비용, 그러니까 인건비와 매장 임대료 등으로 판매 금액의 13~15퍼센트를 쓰게 되죠. 그렇게 되면 최종적으로 판매 금액의 3~5퍼센트가 유통업체의 이익으로 남게 되는 거고요. 저희는 운영 비용을 판매 금액의 9퍼센트대까지 줄여보기로 했어요. 회사의 이익률은 1퍼센트를 목표로 설정했고요. 이게 가능하다고 하면 빅마트에서는 처음에 납품 받은 가격에 10퍼센트만 더 붙여서 소비자들에게 팔 수 있었거든요. 같은 상품을 백화점보다는 15퍼센트 포인트, 다른 대형마트들보다는 8퍼센트 포인트 정도 더 싼 가격에 팔 수 있는 것이었죠."

회사 운영 비용을 낮추기 위한 빅마트의 비용 절감 정책은 매장을 짓는 건축 공법을 선택하는 일부터 매장 인테리어, 직원들의 유니폼, 매장 오픈 행사를 치르는 방식에 이르기까지 회사의 모든 분야에 적용됐습니다.

예를 들어 2,000평 규모의 2호점 매장을 지을 때는 착공 100일 만에 매장을 오픈했습니다. 건축 비용을 줄이는 가장 효과적인 방법은 공사 기간을 줄이는 겁니다. 공사 기간이 줄어들수록 공사비뿐만 아니라 금융 비용도 줄일 수 있습니다. 또 그만큼 더 빨리 영업을 시작할 수 있으니 돈도 더 많이 벌 수 있게 되죠.

하 대표는 빅마트 매장을 지을 때 건물의 벽체를 공장에서 통째로 만들어낸 뒤 현장에서는 이를 조립만 하는 조립식 공법을 선택했습니다. 당시에는 흔하지 않은 공사 기법이었는데요. 이를 통해 공사 기간을 크게 줄일 수 있었습니다.

매장 실내 인테리어 역시 비용을 줄이기 위해 콘크리트를 그대로 노출시키는 방식을 택했습니다. 그런 다음 여기에 '페인트도 아꼈습니다'라고 써넣었는데요. 공사비를 아낀 만큼 소비자들에게 더 싼 가격에 물건을 팔겠다는 메시지였습니다. 창고형 할인점이라는 콘셉트와 잘 어울리는 인테리어였죠.

계산대와 상품 진열대부터 시작해 책상 같은 사무비품들도 중고품을 활용해 매장별 초기 투자 비용을 낮췄고요. 매장에서 일하는 직원들의 유니폼도 청바지를 입고 상의에 빨간색 빅마트 조끼만 걸치게 해 유니폼 제작·세탁 비용을 줄였습니다.

바잉 파워Buying Power(구매력)가 약해 대기업 계열 대형마트보다 더 비싼 가격에 물건을 가져올 수밖에 없던 빅마트로서는 최저 가격으로 상품을 팔기 위해 비용 절감은 선택이 아닌 필수였습니다.

규모의 약점을 속도의 강점으로 바꾸다

빅마트가 초기에 빠른 성장을 일굴 수 있었던 두 번째 요인은 중간 관리직의 비중을 줄이고 매장에서 일하는 현장 팀장들에게 매장에 들여놓을 상품을 선정하고 구매를 결정하는 모든 권한을 부여한 것입니다. 이를 통해 경쟁업체보다 빠르게 의사결정을 내릴 수 있었죠.

그 당시 대형 유통업체에서는 매장에 어떤 상품을 얼마만큼 들여놓을지를 본사 관리자들이 일괄적으로 결정했습니다. 그렇기 때문에 소비자들이 새롭게 찾는 상품이 생기더라도 매장에 이를 갖추기까지는 상당 기간이 걸릴 수밖에 없었습니다. 상품 자체의 경쟁력이 아닌 본사 '윗사람'들과 납품사가 맺은 인맥에 따라 매장 진열대에 오르는 상품이 결정되는 경우도 적지 않았고요.

빅마트에서는 이런 문제를 해결하기 위해 매장 직원들을 수산물팀, 정육팀, 채소팀, 청과팀처럼 담당하는 상품의 종류에 따라 팀으로 나눈 뒤 팀장들에게 매장에 갖춰놓을 상품에 대한 결정권을 주었습니다. 당시로써는 파격적인 시도였죠.

하 대표는 "상품에 대한 소비자들의 의견을 매일매일 직접 듣고 체크하는 팀장들이야말로 고객이 원하는 상품이 무엇인지 가장 잘 아는 직원들이었다"라고 설명합니다. 고객들이 원하는 제품을 그때그때 신속하게 갖춰놓을 수 있는 시스템은 고객들의 발길을 빅마트로 잡아끄는 경쟁력이었습니다. 경쟁자보다 규모가 작다는 약점을 경쟁자보다 더 빠르고 민첩하게 의사결정을 내릴 수 있다는 장점으로 바꿔낸 사례였죠.

빅마트와 대기업 계열 대형마트의 의사결정 속도의 차이를 잘 보여주는 구체적인 사례가 하나 있는데요. 1996년 해태 타이거즈가 프로야구 한국 시리즈 우승을 눈앞에 두자 하 대표는 크게 긴장했습니다. "해태 타이거즈가 우승할까 봐 그 좋아하던 야구도 안 보고 노이로제에 걸릴 지경이었다"고 말할 정도였죠.

당시 빅마트는 광주에서 국내 유통업체 3위 해태마트와 치열한 접전을 치르고 있었습니다. 안 그래도 경쟁이 버거웠는데 해태 타이거즈가 우승하면 해태마트에는 매우 큰 마케팅 호재가 될 게 분명하니 걱정이 될 수밖에 없었죠.

하지만 막상 해태 타이거즈의 우승으로 마케팅 효과를 톡톡히 누린 건 빅마트였습니다. 빅마트는 해태 타이거즈가 우승을 확정 짓자마자 매장 전면을 초대형 축하 현수막으로 덮고 그 즉시 우승 기념 세일에 들어갑니다. 이에 비해 해태마트는 해태 타이거즈가 우승한 지 일주일이 지나서야 기념 세일을 시작했고요. 서울 본사로부터 일일이 지침을 하달 받아야 하는 탓에 좋은 기회가 찾아왔음에도 재빠르게 움직이지 못했습니다.

빅마트가 중간 관리직의 비중을 줄이고 현장 직원에게 중요 권한을 준 이유는 앞서 설명한 첫 번째 성공 비결인 비용 절감과도 이어지는데요. 중간 관리직의 수를 적게 유지함으로써 전체 인건비를 줄이는 효과도 누릴 수 있었습니다. 조직을 날렵하게 만듦으로써 빠른 속도로 의사결정이 이뤄지도록 하고 운영 비용은 줄인 것이죠.

_____ 나만의 강점을
최대 무기로 삼아라

빅마트의 급성장을 가능하게 했던 세 번째 요인은 철저한 지역 맞춤형 전략을 들 수 있습니다. 빅마트는 광주·전남 지역을 터전으로 삼은 업체였던 만큼 이 지역 소비자들이 갖고 있는 특성에 대해 잘 알고 있었습니다. 덕분에 서울 본사에서 결정한 내용대로 따르기만 하는 대기업 계열 대형마트들에 비해 지역 소비자들에게 특화된 마케팅을 펼치는 데 유리했죠.

하 대표는 몇 가지를 예로 들었는데요. 그중 하나를 소개하자면 호남 지역에서는 4월이 되면 제철을 맞은 병어를 찾는 소비자들이 크게 늘어났습니다. 하지만 경쟁하는 대기업 계열 대형마트들의 서울 본사에서 일하는 수산물 담당자는 이런 사실을 잘 몰랐기에 별다른 준비 없이 병어 철을 맞았습니다.

반면, 지역 소비자들을 잘 아는 빅마트에서는 미리 전남 신안군에 있는 어민들과 계약을 맺고 생물 병어를 확보해둔 덕분에 전통시장보다 더 싼 가격에 병어를 팔 수 있었죠. 이런 식으로 지역 소비자들을 끌어들이는 맞춤형 마케팅을 펼친 것이 빅마트가 대기업 계열 대형마트들과의 경쟁에서도 꽤나 오랫동안 살아남을 수 있었던 배경 중 하나였습니다. 경쟁자들보다 고객과 그들이 원하는 것에 대해 잘 알고 있다는 것만큼 큰 장점은 없으니까요.

앞서 설명했던 이유들 덕분에 빅마트는 설립 이후 10여 년 동안 빠른 속도로 성장할 수 있었는데요. 2006년에는 매장 수도 17곳까지 늘어났죠. 하지만 규모가 정점에 달했던 이 시점부터 빅마트는 경영 위기를 겪으며 성장했던 속도만큼이나 빠르게 쇠락의 길로 접어듭니다.

최고 결정권자를 견제할 시스템이 있는가

빅마트가 문을 닫게 된 가장 큰 이유로 무리한 규모의 확장을 꼽을 수 있습니다. 빅마트는 2006년 한 해 동안만 4개의 매장을 연달아 개점했는데요. 180억 원이라는 거금을 들여 새로운 본점 매장을 개점하기도 했습니다. 빅마트가 이렇듯 공격적인 확장에 나선 것은 이 무렵 광주·전남 지역 진출을 본격화한 이마트, 롯데마트, 홈플러스에 대응하기 위해서였습니다.

하지만 빅마트의 자금 사정은 이 같은 규모의 확장을 뒷받침하기에는 크게 부족했는데요. 2006년 빅마트가 4개의 매장을 새롭게 개점하는 데 투입한 예산은 230억 원이었습니다. 이 가운데 은행 등 금융권에서 대출을 받아 메꿀 수 있었던 금액은 130억 원이었습니다. 나머지 100억 원은 빅마트가 스스로 마련해야만 했는데요.

당시 빅마트의 연 매출은 2000억 원에 달했지만 순이익은 25억 원에 그쳤습니다. 앞서 설명했듯이 이익률을 1퍼센트대에 맞추는 최저가 판매 전략을 바탕으로 성장해온 회사였기에 순이익률도 낮을 수밖에 없었습니다. 순이익이 25억 원에 불과했던 빅마트로서는 100억 원에 달하는 비용을 감당할 수 없었고 결국 이 금액은 결손 처리되면서 빅마트의 몰락을 불러오게 됩니다. 이에 대해 하 대표는 다음과 같이 말했습니다.

"창업 초기부터 결국 대한민국 유통업은 두세 개의 대기업이 다 차지할 수밖에 없다고 생각했어요. 미국이나 일본 같은 선진국들만 봐도 결국 몇 개의 대기업이 모든 시장을 차지했거든요. 그런데 회사가 잘되다 보니까 그 사실을 저도 모르게 잊어버렸고, 빅마트도 규모를 키우면 대기업들과 한번 붙어볼 만하다고 생각했죠."

하 대표는 최고경영자인 자신을 견제할 수 있는 시스템을 회사 안에 만들어두지 못했던 것을 중요한 실패 원인으로 꼽았습니다.

"빅마트를 처음 시작할 때만 해도 유통업에서 잔뼈가 굵은 경험 많은 직원들이 많았어요. 저보다도 훨씬 더 오랫동안 유통업에서 일해온 사람들이 창업 멤버로 있었죠. 제가 오너긴 해도 중요한 결정을 저 혼자서 내릴 수는 없는 구조였어요. 하지만 시간이 지나면서 창업 멤버들이 한두 명씩 회사를 떠났고, 그 사이에 제가 회사

안에서 유통업을 가장 잘 아는 사람이 돼버린 거예요. 제가 잘못된 판단과 실수를 해도 견제해줄 사람이 없었던 거죠."

사실 빅마트의 쇠퇴를 불러온 원인 중에는 운이 나빴다고 할 만한 부분도 적지 않습니다. 원래 정해진 도시계획으로는 인근에 다른 대형마트가 들어설 수 없게 되어 있어 큰돈을 투자해 신규 매장을 오픈했는데 그 이후 도시계획이 바뀌면서 매장과 얼마 떨어지지 않은 곳에 대기업 계열의 대형마트들이 들어서는 일도 있었으니까요.

결국 빅마트는 2007년 롯데쇼핑에 대부분의 매장을 매각하게 되는데요. 빅마트 직원들의 고용을 보장하고 기존에 거래하던 협력업체들과도 3년 동안 납품 계약을 유지하는 조건이었습니다. 롯데쇼핑보다 인수금을 120억 원가량 더 주겠다는 곳도 있었지만 직원들의 구조조정을 요구했기에 거절하고 롯데쇼핑을 선택했습니다.

롯데쇼핑에 대부분의 매장을 매각한 뒤에도 빅마트는 계속해서 자금난에 시달리게 됩니다. 결국 회사는 2010년에 법정관리에 들어갔고, 2012년에 최종적으로 파산하게 됩니다. 한때 광주·전남 지역의 중견 기업으로 자리 잡았지만 설립 17년 만에 문을 닫게 된 것이죠.

빅마트의 파산 이후 하 대표는 어떤 인생의 길을 걸었을까요? 그는 파산 이후 3년 동안 평소 알고 지내던 주유소 사장의 배려로 주유소 2층 빈 사무실을 빌려 가족과 함께 지냈을 정도로 어려운 시기를 보냈습니다.

하지만 지금은 다시 일어섰는데요. 새로운 도전의 시작은 블로그와 카카오스토리 같은 SNS를 통해 아내가 만든 김치를 판매하는 것이었습니다. 그 이후에는 빅마트 브랜드를 되살려 친환경 농산물을 판매하는 오가닉 빅마트 매장을 열었습니다. 2019년 8월에는 인근 지역에서 수확한 로컬푸드 농산물을 전문적으로 취급하는 로컬푸드 빅마트 매장도 열었고요.

본인의 실패 경험을 바탕으로 예비 창업자와 초기 창업자들에게 창업과 경영에 대해 조언해주는 창업 멘토로도 활발하게 활동하고 있습니다.

높은 퀄리티로
차별화하라

"행복한 가정은 모두 비슷한 이유로 행복하지만 불행한 가정은 저마다의 이유로 불행하다."

러시아의 대문호 톨스토이의 《안나 카레니나》는 이 문장으로 시작됩니다. 워낙 유명한 구절이라 이 책을 읽어보지 않은 사람도 한 번쯤은 이 문장을 들어본 적이 있을 것입니다.

이 말은 가정에서뿐만 아니라 사업에 있어서도 똑같이 적용됩니다. 경제신문기자로 8년간 일하면서 많은 기업이 성장하고 또 몰락하는 과정을 지켜봐왔는데요. 망하는 기업의 이유는 제각각 다릅니다. 실패한 기업의 수만큼이나 많은 실패의 이유가 존재하는 것이죠.

이에 비해 시장에 자리 잡고 빠르게 성장하는 기업들은 어떤 분야를 막론하고 공통점을 갖고 있습니다. 몇 가지만 예를 들면 효율적으로 기업을 이끌어가는 경영자, 끊임없는 비용 절감을 통해 만들어낸 높은 이익률, 경쟁업체가 쉽게 도전하기 힘든 브랜드 파워, 경쟁자와 차별화된 높은 퀄리티의 상품과 서비스입니다.

이러한 점은 중소기업이라고 해서 다르지 않은데요. 오랫동안 성공적으로 사업을 이끌어가고 있는 중소기업을 찾아가보면 앞서 말한 공통점을 그대로 지니고 있다는 사실을 발견할 수 있습니다. 대기업이든 중소기업이든, 서비스업이든 제조업이든 사업을 성공으로 이끄는 기본적인 공식은 비슷하다는 말이죠.

부업으로 시작한 나물 장사, 기업이 되다

하늘농가의 고화순 대표는 스스로를 '현모양처가 되는 게 꿈이었던 전업주부였다'고 소개합니다. 하늘농가는 2018년 기준 연매출 132억 원에 직원 50여 명이 일하는 식품 가공업체인데요.

평범한 전업주부였던 고 대표가 사업을 시작한 지 20년 만에 이러한 성과를 거둘 수 있었던 이유에 대해 분석해보려 합니다. 30대 주부가 부업으로 시작한 나물 장사를 독자적인 브랜드를 갖춘 기업으로 성장시킨 노하우와 현지 농가와의 계약 재배로 생산 단가를 낮춘 비결에 대한 이야기입니다.

먼저 전업주부였던 고 대표가 왜 처음 사업에 뛰어들게 됐는지부터 알아보겠습니다. 경기 남양주에 자리 잡은 하늘농가는 초중고 학교와 기업 등의 단체 급식에 나물과 채소 등의 식자재를 납품하는 것이 주업인 회사입니다.

지금은 수십 명의 직원이 바쁘게 오가는 회사가 됐지만 처음에는 회사 사무실도 없이 고 대표 혼자서 집에서 하던 부업에 불과했습니다. 그는 어떻게 부업을 이 정도 규모의 회사로 키워낼 수 있었을까요?

고 대표가 처음 사업과 연을 맺게 된 계기는 부모님이 키우던 도라지였습니다. 1996년 당시 고 대표는 학교 급식에 식자재를 납품하는 업체에서 일하고 있었습니다. 결혼을 하고 나서는 줄곧 전업주부로 살았지만 집안 살림에 보탬이 되고자 일자리를 구한 것이죠.

고 대표의 고향은 경북 울진군인데요. 이곳에서 고 대표의 부모님이 농사를 짓고 있었습니다. 여러 농산물 중에서도 도라지 농사를 제법 크게 지었는데요. 농사로 꽤 괜찮은 수입을 올릴 수 있었습니다. 하지만 중국산 도라지가 밀려들면서 국산 도라지의 설 자리는 점점 줄어들었고 고 대표의 부모님 역시 수확한 도라지를 팔지 못해 쩔쩔매게 됩니다.

이 모습을 본 고 대표는 부모님을 돕기 위해 팔을 걷어붙이고 나섰는데요. 식자재 납품업체에서 일하고 있던 덕분에 평소 학교 급식 영양사들과 알고 지내던 고 대표는 고향집에서 올려 보낸 도라지를 들고 학교들을 찾아다녔습니다. 샘플 도라지를 보여준 뒤 '울진군에서 키운 이 국산 도라지의 품질이 괜찮으니 사보는 게 어떻겠냐'고 영업에 나선 것이죠.

다행히 부모님이 키운 도라지는 품질이 좋았고 몇 군데 학교와 거래를 시작하게 됩니다. 거래라고 해봤자 그 규모는 얼마 되지 않았습니다. 학교 급식에 도라지가 맨날 나오는 것도 아니고 취급하는 상품도 도라지 하나뿐이었으니까요.

하지만 이 첫 거래 덕분에 오늘날의 하늘농가가 있을 수 있었는데요. 2년 정도 학교에 도라지를 납품하자 점점 '다른 채소도 구해줄 수 있느냐'는 부탁이 들어오기 시작한 겁니다. 부모님이 농사지은 농산물을 대신 팔아주는 것이었기에 고 대표는 신이 나서 일했습니다. 그러다가 부모님이 농사지은 농산물만으로는 물량을 맞추기 힘들게 되자 고향집 주변 농가들로부터 농산물을 받아 납품하기 시작했습니다. 이때까지만 해도 농산물을 고속버스 밑 짐칸을 활용해 보냈을 정도니까 그 규모가 그리 크지는 않았죠. 농산물을 고향 마을에서 직접 구한 덕분에 다른 식자재 납품업체들보다 판매 가격을 낮출 수 있었습니다.

고 대표가 처음 회사를 차리고 자기 사업을 시작한 건 1999년으로 도라지를 학교 급식실에 갖다 주기 시작한 지 3년이 지났을 때였습니다. 부업으로 할 때와는 달리 농산물을 직접 학교 급식실에 납품하지 않고 보다 규모가 큰 식자재업체를 통해 납품하는 방식을 택했습니다.

직원이라고는 집 근처 허름한 가게에 모여 앉아 함께 채소를 손질하던 아르바이트 아주머니들밖에 없는 회사가 수많은 학교와 기업의 구내식당을 일일이 돌아다니면서 영업망을 뚫을 수는 없었으니까요. 경영의 관점에서 보면 사업 초기 빠른 성장을 위해 다른 업체의 유통망을 빌린 것이라고 분석할 수 있습니다.

처음부터 브랜드를 쌓는 데 집중하다

대형 식자재업체에 농산물을 납품하던 이 시기에도 고 대표는 자신의 상품을 경쟁자들의 상품과 차별화할 수 있는 방법을 고민했습니다. 이런 고민 덕분에 거래하던 업체와 계약이 끝났을 때도 살아남아 더 큰 규모로 성장할 수 있었는데요.

고 대표가 차별화를 위해 선택한 방법은 바로 회사 브랜드 인지도를 쌓아나가는 일이었습니다. 1990년대 후반에서 2000년대 초반의 식자재 납품업계에서는 브랜드라는 개념 자체를 찾기 힘들었습니다. 대부분의 업체들이 자기들이 구해온 식재료를 커다란 파란 봉투나 갈색 종이상자에 담아 조리장으로 보냈죠. 이렇게 해서는 이 식재료가 어느 업체에서 보내온 식재료인지 조리장에서 일하는 조리사들이 알 수 없었습니다.

고 대표는 사업을 처음 시작할 때부터 브랜드를 갖춘 대형 식품업체들이 식자재를 어떻게 포장하는지 유심히 관찰했습니다. 그러고는 그 방법 그대로 식자재를 포장해 납품하기 시작합니다.

회사 브랜드가 잘 드러나도록 포장 용기와 상자를 디자인한 건 물론이고 일부 채소는 팩 두부처럼 플라스틱 용기에 담은 다음 윗부분을 비닐로 덮어 포장했습니다. 주문 물량에 맞춰 상품을 딱 맞게 담아 보낼 수 있도록 여러 크기의 포장 용기와 상자를 마련했죠.

대부분의 식자재업체들이 이름 없는 봉투와 상자에 채소들을 뭉텅이로 담아 보내던 것을 생각해보면 남다른 시도였죠. 실제로 이렇게 식재료를 만지는 영양사와 조리사들에게 회사 브랜드를 끊임없이 각인시켰던 노력은 큰 보답을 받았는데요.

몇 년 후 고 대표의 회사는 줄곧 식자재를 납품하던 대형 업체와의 계약이 해지되는 위기에 처합니다. 만약 고 대표의 회사가 다른 업체들과 마찬가지로 브랜드를 갖추지 못하고 있었다면 회사가 휘청거릴 수밖에 없는 상황이었죠.

하지만 고 대표는 그동안 자신의 상품을 사용하던 고객들의 머릿속에 '하늘농가'라는 브랜드를 깊이 박아놓는 데 성공했고 '하늘농가가 보내는 채소와 나물이 신선하고 좋다'는 인식 역시 심어놓을 수 있었습니다. 덕분에 대형 업체와의 계약이 끝난 뒤에도 원래 하늘농가의 식재료가 들어가던 급식장들에 계속해서 식자재를 납품할 수 있었죠.

"눈에 띄지 못하면 소비자들의 마음속에 파고들지 못한다."

미국의 대표적인 경영 그루 중 한 명인 세스 고딘Seth Godin이 자신의 대표작 《보랏빛 소가 온다》에서 줄기차게 강조한 내용인데요. 고 대표는 하늘농가라는 브랜드를 소비자에게 깊이 인식시켜야만 회사가 어떤 위기에서도 살아남을 수 있다는 걸 알고 있었습니다.

이처럼 조금씩 브랜드 인지도를 쌓아나가며 회사를 키우던 고 대표는 2004년 회사명을 지금의 하늘농가로 바꾸고 여러 단체 급식장에 직접 식자재를 대량으로 납품하기 시작합니다. 이때도 고 대표는 경쟁업체와 차별되는 상품을 제공하기 위해 고민과 노력을 게을리하지 않았는데요. 하늘농가 상품의 1차 소비자인 단체 식당 조리사들이 가장 원하는 것이 무엇일지 생각해보고 이를 만족시킬 수 있는 상품을 새롭게 내놓았습니다. 그것은 바로 음식을 만드는 데 들어가는 시간을 줄여 줄 수 있는 식재료였습니다.

"단호박 하나를 보내더라도 식당에서 이 단호박을 어떤 요리에 사용할 것인지 물어보고 용도에 맞게 손질해서 보냈어요. 한 번에 수백 명이 먹을 음식을 준비하는 급식장은 정말 정신없이 바빠요. 그렇기에 조금이라도 해야 할 일을 줄여 주면 굉장히 좋아하세요. 예를 들어 단호박만 해도 카레에 넣을지 조림으로 할지에 따라 칼로 써는 방법이나 크기가 달라져요. 그래서 아예 가로와 세로 1센티미터 크기의 깍둑썰기한 카레용 단호박 같은 상품을 만들었죠. 만들려는 음식 종류에 맞게 미리 손질된 상품을 구입할 수 있도록 말이죠. 채소도 비빔밥에 들어갈지 아니면 그냥 샐러드로 먹을지에 따라 자르는 법이 다른데 이것도 비빔밥용, 샐러드용으로 상품을 규격화해서 판매했죠. 저희 식재료를 사면 일거리가 줄어드니까 단체 급식장에서 많이 좋아하셨어요"라고 고 대표는 말했습니다.

사업 초기 고향 마을 농민들에게 농산물을 사들였던 것과 마찬가지로 고 대표는 지금도 대부분의 식재료를 전남 구례군과 경남 하동군의 농가들, 경남 남해군 창선농협, 충남 부여군 세도농협, 강원 영월군 산나물박물관 등 전국 곳곳의 산지 농가와 농협, 영농조합 등에서 직거래로 구입하고 있습니다. 이렇게 사들여서 가공한 식재료를 5,000여 곳의 초중고 학교와 기업의 구내식당 등에 납품하고 있죠.

"산지 농가들과 직접 계약을 맺고 1년 동안 필요한 물량을 정해진 가격대로 납품 받고 있어서 농산물 가격이 크게 올랐을 때도 걱정할 일이 없어요".

고 대표의 말처럼 바로 이러한 점이 하늘농가 제품이 계속해서 가격경쟁력을 유지할 수 있는 비결입니다.

차별화는 고객을 생각하는 세심한 태도에서 시작된다

하늘농가에서는 몇 년 전부터 일반 소비자들을 대상으로 한 나물·채소 가공식품도 내놓고 있습니다. 각종 나물을 데친 뒤 진공 포장하고 여기에 나물 양념소스를 함께 넣어둔 제품들이죠. 앞으로 집에서 간단하게 조리해서 먹을 수 있는 가정간편식(HMR) 시장이 크게 성장할 것으로 예상되는 데다 단체 급식 시장에만 의존하던 사업 구조를 안정화시킬 필요가 있었기 때문입니다.

"회사 매출의 대부분이 학교 급식을 위한 식자재 납품에서 나오다 보니 학교가 방학하는 여름과 겨울철에는 매출이 크게 떨어지는 문제가 있었어요. 직원들은 출근해서 나와 있는데 일거리가 없는 경우도 있었고요. 오래전부터 이 문제를 어떻게 해결해야 할지 고민하면서 마트에 식자재를 소매용으로 납품하기도 하고 집에서 간단하게 2~3분이면 해먹을 수 있는 나물 가공식품도 만들어서 팔게 됐어요."

하늘농가에서는 2016년부터 별도의 연구 부서도 만들었는데요. 단체 급식 시장에만 머물지 않고 새로운 시장을 개척하기 위해서는 이를 뒷받침할 새로운 상품이 필요했기 때문입니다.

최근에는 해외 수출용 상품인 컵비빔밥을 개발해 프랑스에서 열린 식품박람회에서 선보이기도 했습니다. 나물 가공식품을 개발한 노하우를 살려서 외국인들이 간편하게 먹을 수 있는 비빔밥을 개발한 것이죠.

고 대표는 하늘농가가 지금과 같은 성공을 거둘 수 있었던 가장 큰 비결로 '내가 고객이라면 어떤 서비스와 제품을 원할지에 대해 끊임없이 고민하는 태도'를 꼽았습니다.

"영양사분들이 식자재업체에 주문을 했더라도 급하게 변경이 필요한 경우가 있잖아요. 갑자기 메뉴가 달라져서 먼저 주문한 식재료를 취소하고 다른 식재료를 써야 한다든지, 식사 인원이 늘어나 식자재가 더 필요하다든지 하는 것처럼 말이죠. 대형 업체 같은 경우에는 일단 주문한 내용을 변경하는 절차가 번거로운데 저희는 직원이 24시간 대기하면서 이러한 변경 사항들을 처리하고 있어요. 퇴근한 다음에는 회사 전화 수신을 제 휴대폰으로 돌려놓고 제가 직접 처리하기도 하고요. 이렇게 해서 바로 다음 날이더라도 고객이 원하는 재료들을 꼭 가져다 드린 것이 초반에 사업이 자리를 잡는 데 큰 도움이 됐어요."

작은 기업이 대형 식품업체들과의 경쟁에서도 밀리지 않을 수 있었던 것은 이와 같이 고객의 입장을 헤아리고 생각하는 세심함 덕분이었습니다.

넘어졌다면
더 높이
뛰어올라야 한다

기업이 마주할 수 있는 가장 끔찍한 상황은 자신이 만든 상품을 내다팔던 시장 자체가 사라지는 일입니다. 소비자들이 더 이상 자신과 경쟁자들이 만드는 상품을 필요로 하지 않는 순간을 말하죠.

수많은 기업과 이들이 생산한 상품, 그리고 상품을 구매하던 소비자들로 붐비던 시장이 어느 순간 흔적도 없이 사라져버린 비교적 최근 사례로는 사진 필름 시장을 꼽을 수 있습니다. 2000년대 초반부터 디지털 카메라가 널리 보급되면서 사진 필름 판매량은 곤두박질쳤고 이는 결국 사진 필름 제조업체들의 도산으로 이어졌습니다.

전 세계 사진 필름 시장은 2000년에 그 규모가 정점을 찍은 이후 10년간 급속하게 쪼그라들었습니다. 매년 20~30퍼센트씩 규모가 줄어든 탓에 2010년의 사진 필름 시장 규모는 2000년의 10퍼센트에도 미치지 못했습니다. 반세기 가까이 전 세계 사진 필름업계 1위로 군림하던 미국의 코닥 역시 이 같은 상황을 견뎌낼 수 없었는데요. 코닥은 2012년 1월 법원에 파산 신청을 하며 무너졌습니다.

그런데 코닥이 무너지던 그해, 일본의 사진 필름 제조업체 후지필름이 거둔 실적은 세상을 깜짝 놀라게 합니다. 후지필름의 2012년 매출은 22조 1470억 원이었습니다. 사진 필름 제조·판매라는 주력 사업이 무너져버린 극심한 위기를 이겨내고 새로운 성장 동력을 찾아낸 덕분에 20조 원이 넘는 매출을 거둘 수 있었던 것이죠.

아직 글로벌 금융위기의 충격에서 세계 경제가 완전하게 회복되지 못한 시기였고 또 일본 기업들이 엔고(일본 엔화 가치가 높아져 일본 기업이 수출에 어려움을 겪는 현상) 때문에 사업에 어려움을 겪던 시기였기에 후지필름의 실적은 더 큰 주목을 받았습니다.

수십 년간 사진 필름업계 1위로 군림하던 코닥은 파산했는데 어떻게 만년 2위이던 후지필름은 살아남아 계속 성장할 수 있었을까요? 이러한 의문은 코닥의 파산과 후지필름의 부활이 겹쳐서 나타났던 2012~2013년 무렵 전 세계 경제매체들과 경영학자, 컨설턴트들의 관심을 사로잡은 주제였습니다.

후지필름은 2017년에도 매출 24조 3340억 원, 영업이익 1조 3070억 원을 거두면서 여전히 건재한 모습을 보이고 있는데요. 여기서 우리는 2003년 후지필름의 CEO 자리에 올라 주력 사업의 붕괴라는 위기를 이겨내고 후지필름을 되살려낸 고모리 시게타카 후지필름홀딩스 회장의 위기극복 전략에 주목해야 합니다. 특히 고모리 회장과 후지필름 임직원들이 위기에서 빠져나오기 위해 어떠한 전략을 어떻게 만들어냈는지 그 과정에 초점을 맞춰 살펴볼 필요가 있습니다.

지금 처한 상황을 정확히 알고 있는가

경영 전략 분야의 세계적인 석학으로 꼽히는 리차드 럼멜트 UCLA(캘리포니아대학교 로스앤젤레스 캠퍼스) 앤더슨경영대학원 교수는 자신의 책 《전략의 거장으로부터 배우는 좋은 전략 나쁜 전략》에서 좋은 전략은 세 겹으로 감싸진 중핵 구조를 갖추고 있다고 설명합니다. 3가지 요소 중에서 하나라도 부족할 경우 그 전략은 성공할 수 없다고 말하는데요.

이 3가지 요소를 순서대로 말하자면 '냉정한 진단 → 짜임새 있는 추진 방침 → 일관된 행동'입니다. 간단하게 말하자면 먼저 내가 지금 어떤 상황에 처해 있는지를 정확하게 분석한 뒤, 문제를 해결하는 데 사용할 수 있는 여러 가지 행동 지침 중에서 가장 효과적이라고 판단한 소수의 행동 지침만을 골라, 그 지침을 집중적이고 일관되게 실천해야 한다는 말입니다.

여기서의 핵심은 문제를 해결하는 데 도움이 된다고 생각하는 대안들을 모두 시도해보는 게 아니라 수많은 선택지 중에서 소수의 대안만을 추려내 거기에 모든 자원과 역량을 쏟아붓는 것입니다.

리더가 여러 가지 대안 중에서 결단을 내리지 못하거나 결단을 내리지 않으려 하는 경우 문제가 더 악화되기 때문입니다.

이와 달리 고모리 회장과 후지필름이 내놓은 전략은 럼멜트 교수가 말한 좋은 전략의 모든 조건을 그대로 갖추고 있었죠. 고모리 회장은 자신의 책 《후지필름, 혼의 경영》에서 위기 상황에 경영자가 해야 할 4가지 역할에 대해 다음과 같이 말합니다. 이 역시 순서대로 설명하면 '읽기 → 구상하기 → 전달하기 → 실행하기'인데요. 이 같은 전략 수립과 실행 절차가 후지필름의 사업 재편 과정에서 각각 어떻게 적용됐는지 하나씩 살펴보겠습니다.

고모리 회장 역시 문제를 해결하기 위해서는 먼저 자신이 어떤 상황에 처해 있는지부터 확실히 파악해야 한다고 말합니다. '지금 어떤 사태에 직면하고 있는지, 무슨 일이 일어나고 있는지'를 제한된 시간 안에 한정된 정보만을 가지고 판단해야 한다는 것이죠. 이렇게 현재 상황을 읽어냈다면 다음 순서는 앞으로 상황이 어떻게 될지 미래를 읽어나가는 것입니다. 현재 상황을 파악하고 이를 바탕으로 미래를 예측하라는 말이죠.

사진 필름업계의 바깥에서 봤을 때는 디지털 카메라의 등장과 이로 인한 필름 사업의 붕괴가 예상치 못하게 갑자기 찾아온 위기처럼 보이는데요. 하지만 언젠가 디지털 기술이 아날로그 필름 사업에 큰 위협이 될 거라는 사실은 이미 1980년대 초부터 사진 필름업계에서 예측했던 일이었습니다. 그 무렵 디지털 카메라 개발이 시작돼 시제품이 만들어지기도 했고 인쇄 분야에서도 디지털 기술이 도입됐죠. 의료 분야에서도 X선 진단 영상을 디지털화 하는 기술이 나왔고요.

아날로그 사진 필름이 디지털 사진·영상으로 서서히 교체되는 모습을 보면서 당시 과장급 직원이던 고모리 회장은 물론 후지필름의 경영진들은 거대한 변화가 시작됐다는 걸 직감합니다. 변화의 거센 파도가 언제 본격적으로 밀어닥칠지 정확히 예측하지는 못했지만 어느 순간 회사가 거대한 도전을 마주하게 될 거라는 사실만큼은 깨닫고 있었죠.

고모리 회장은 회사 임직원들 중에서도 디지털 시대에 후지필름이 맞이하게 될 도전에 대해 가장 큰 위기의식을 갖고 있는 인물이었는데요. 그는 1985년 부장으로 승진한 뒤부터 경영진에게 "미래에 투자하고 싶다" "새로운 수익의 싹을 찾아야 한다"고 꾸준히 제안했습니다. 1995년 임원으로 승진해 경영본부장이 되었을 때는 디지털화가 후지필름의 사업과 기술에 어떤 영향을 미칠지 조사하여 보고서를 작성하기도 했죠.

이와 함께 기술개발 부서의 최고책임자에게 지시해 회사가 갖고 있는 모든 기술을 면밀히 분석하게 합니다. 후지필름의 기술이 기존 사업 분야 외에 다른 어떤 새로운 분야에 적용될 수 있을지, 회사가 갖고 있는 기술을 활용해 새롭게 돈을 벌 수 있는 방법은 무엇인지 샅샅이 찾아낸 거죠. 그리고 이를 바탕으로 앞으로 회사의 성장을 이끌어나갈 6개의 사업 분야를 결정하고 여기에 집중 투자하기로 합니다.

고모리 회장이 후지필름 CEO 자리에 오른 2003년은 한때 후지필름 매출의 60퍼센트, 이익의 66퍼센트가량을 차지하던 사진 필름 시장이 급속히 사라지던 시기였습니다.

하지만 고모리 회장은 중간 간부 시절부터 약 20년 동안 언젠가 분명히 다가올 미래의 위기에 어떻게 대처할지 치열하게 고민해왔기에 좌초 위기에 처한 배의 선장이 되어서도 흔들리지 않고 단호하게 사업을 재편해나갈 수 있었습니다.

해야 할 일을 정확히 알고 있는가

현재와 미래를 읽어낸 뒤에는 예측한 내용을 토대로 앞으로 무엇을 해야 할지 생각하여 구체적인 작전과 계획에 반영해야 합니다.

이 과정은 럼멜트 교수의 표현에 따르자면 추진 방침을 정하는 단계라고 할 수 있는데요. 회사의 자원과 역량을 집중할 소수의 대안을 선택하는 단계로 이해하면 됩니다. 고모리 회장은 "2003년 CEO에 취임한 뒤 가장 먼저 주력했던 것이 개혁의 계획을 확정하는 일이었다"고 말했습니다.

고모리 회장은 2004년 2월, 중기 경영 계획인 '비전 75'를 내놓았는데요. 2004년부터 후지필름의 창립 75주년이 되는 2009년까지

5년 동안 어떤 전략과 목표를 바탕으로 회사를 경영할지에 대해 설명하는 내용이었습니다. '후지필름을 몰락에서 구출해 연 20~30조 원의 매출을 올리는 선도 기업으로 계속 살아남게 하는 것'이 비전 75의 목표였죠.

고모리 회장은 이 계획을 통해 '경영 전반에 걸친 철저한 구조 개혁' '새로운 성장 전략 구축' '연결 경영 강화'라는 구체적인 추진 방침을 발표합니다.

경영 전반에 걸친 철저한 구조 개혁은 기존 주력 사업이던 사진 필름 사업을 축소하는 내용을 담고 있습니다. 전 세계에 걸쳐 있는 필름 생산 공장, 영업망, 연구개발 조직, 현상소 등을 매각하거나 그 규모를 대폭 줄이겠다는 것이었죠.

새로운 성장 전략 구축은 후지필름이 보유한 기술력을 바탕으로 새로운 사업에 뛰어들겠다는 의미였습니다. 기존 사업을 구조조정 하는 것만으로는 회사 규모가 줄어들 수밖에 없고 회사의 장기적인 생존을 보장할 수 없기 때문입니다. 회사에 큰 이익을 안겨줄 수 있 는 새로운 핵심 사업을 키워내는 일이 무엇보다 중요했습니다.

후지필름은 ①디지털 이미징(디지털 카메라 등) ②광학 디바이스 사업(TV 렌즈, 휴대폰 렌즈 등) ③고기능 재료 사업(편광판 보호필름 등) ④ 그래픽 시스템 사업(디지털 인쇄용 기계 등) ⑤문서 관련 사업(후지제록 스가 맡고 있는 사무용품 판매 및 기업 솔루션 등) ⑥메디컬 라이프 사이언 스 사업(의료용 영상 진단기기, 기능성 화장품, 영양제 등)을 신(新)성장 동 력으로 정하고 이 6개 분야에 회사의 자원을 집중 투자합니다.

주력 사업의 쇠퇴로 회사가 큰 어려움을 겪는 중에도 신사업 분야에 도입할 기술을 개발하는 데는 돈을 아끼지 않았는데요. 후지 필름이 2000년부터 2012년까지 연구개발에 투자한 금액은 20여조 원에 달합니다. 큰 위기에 처한 상황에서도 매년 2조 원씩 연구개발에 투자한 것이죠.

연결 경영 강화는 여러 계열사 간의 협업을 통한 시너지 효과를 높이기 위해 구상한 방침이었습니다. 각 계열사들로 하여금 자신이 갖고 있는 기술을 서로 공유하게 해 경쟁력 있는 신상품을 내놓을 수 있도록 유도하려는 목적에서 행한 조치였습니다. 이를 위해 고모리 회장은 후지필름홀딩스라는 지주회사를 만든 뒤 후지필름과 후지제록스, 후지논 등의 계열사를 그 아래에 두는 통합 경영 구조를 만들어냈습니다.

이처럼 고모리 회장은 '구상하기' 단계에서 '기존 주력 사업은 과감하게 축소하고 신규 사업에 집중 투자하며 계열사 간 시너지 효과를 극대화한다'는 전략을 세웠는데요. 이 같은 전략은 사진 필름 업계 1위인 코닥이 기존 주력 사업에 대한 구조조정을 미루다 결국 마땅한 신성장 동력을 찾지 못하고 파산한 것과 대조됩니다.

《전략의 거장으로부터 배우는 좋은 전략 나쁜 전략》에서는 '조직이 추구하는 전략을 바꾸려 할 때는 반드시 내부 구성원들의 반발에 부딪히게 된다'고 지적하고 있습니다. 후지필름과 코닥의 경우에는 사진 필름 사업부의 반발이 있었을 텐데요. 조직의 리더가 이 같은 반발을 감수하면서 새롭고 뚜렷한 전략을 선택하지 않는다면 결국 모두가 동의하는 두루뭉술한 목표, '모든 것을 열심히 잘 해내자'라는 식의 아무런 변화도 효과도 없는 전략만이 나올 뿐입니다. 구체적이지 못한 물에 물 탄듯 술에 술 탄듯한 목표는 그저 어려운 선택을 피한 결과일 뿐이죠. 후지필름은 기존 주력 사업의 구조조정이라는 고통스러운 전략을 선택했고 그 결과 계속해서 살아남을 수 있었습니다.

전략을 모든 구성원에게 설명하고 공유하라

고모리 회장은 '읽기'와 '구상하기'가 끝났으면 이를 통해서 마련된 전략을 조직 구성원 모두에게 자세히 설명하는 노력이 필요하다고 말합니다.

그는 1960년대에 평사원으로 입사해 최고경영자 자리까지 오른 인물로 밑바닥에서부터 한 계단씩 차근차근 올라온 만큼 '이러다 회사가 망하는 거 아니냐'는 걱정이 직원들 사이에 널리 퍼져 있다는 것을 잘 알고 있었습니다. 이러한 직원들의 걱정을 잠재우기 위해서는 CEO가 직접 나서서 회사의 전략과 방침, 회사가 그와 같은 전략을 선택하게 된 배경을 자세히 밝히는 일이 꼭 필요하다고 생각했죠. 폭풍우를 만난 선원들이 배가 아닌 선장을 바라보는 것처럼 위기 상황일수록 회사가 나아갈 길에 대해 CEO가 정확하게 설명하는 일이 중요하기 때문입니다.

그는 사보와 사내 연설을 통해 앞으로 후지필름이 나아갈 길에 대해 직원들에게 직접 설명했습니다. 또한 현장마다 열 명에서 스무 명가량의 중간 관리자들을 대상으로 회사의 전략을 설명하는 자리를 마련하기도 했습니다.

고모리 회장이 설명하는 전략 수립·실행 과정의 마지막 단계이자 가장 중요한 절차는 앞선 과정을 통해 수립한 전략을 실제로 행동에 옮기는 것이었습니다. 당연한 말이지만 실천하지 않으면 그 이전까지 '읽기'와 '구상하기' 그리고 '전달하기'에 쏟았던 노력은 모두 물거품이 됩니다.

후지필름의 결단은 기존 사업인 사진 필름 사업을 정리할 때 잘 드러났는데요. 2006년 1월 구체적인 구조조정 계획을 발표한 이후 1년 반 동안 사진 필름 사업의 규모를 대폭 축소했습니다. 이 과정에서 후지필름은 다른 사업부로 전환시킨 직원을 포함해 사진 필름 사업에서 약 5,000명의 인원을 감축했죠. 회사를 떠난 직원들에 대한 퇴직금과 그동안 거래를 해온 특약점으로부터 영업권을 다시 사들이는 등의 용도로 무려 2조 원가량을 사용했습니다. 오로지 구조조정을 위해 사용한 비용이었죠.

고모리 회장은 자신의 책에서 원래는 인원을 감축하는 구조조정까지는 생각하지 않았다고 털어놓았습니다. 2004년에 중기 경영계획을 발표할 때만 해도 필름 생산 공정과 구매·조달 절차의 효율성을 높이고 영업망을 재편하면 사진 필름 사업을 계속 유지해나갈 수 있을 것으로 생각했죠. 하지만 예상했던 것보다 훨씬 빠른 속도로 사진 필름 시장이 축소됐고 결국 2년 만에 애초에 생각했던 비용 절감 조치만으로는 새로운 돌파구를 마련하기에 역부족이라는 것을 깨달았습니다.

"회사가 무너져버리면 그야말로 아무것도 남지 않게 되어 이익은 고사하고 본전도 못 찾을 거라고 생각해 마음을 모질게 먹고 결단하는 수밖에 없었다"는 게 그의 설명입니다.

앞서 살펴본 것처럼 후지필름은 구조조정, 신규 사업 진출, 기업 경영 구조 개편 등의 전략을 강도 높게 추진한 결과 몇 년 뒤 체질 개선에 성공할 수 있었습니다.

2000년에 연간 연결매출액 14조 4030억 원, 영업이익 1조 4970억 원을 기록했던 후지필름은 2007년에 연간 연결매출액 28조 4680억 원, 영업이익 2조 730억 원이라는 실적을 거둡니다. 매출액과 영업이익 모두 당시 기준으로 역대 최고치를 기록했죠.

무엇보다 주목해야 할 것은 이전까지 주력 사업이던 사진 필름과 기타 사진 관련 제품의 매출 비중이 크게 줄어든 상황에서 이 같은 매출과 영업이익을 기록했다는 점입니다. 2000년만 해도 사진 필름(19퍼센트)과 사진 관련 제품(28퍼센트)이 전체 매출에서 차지하는 비중은 47퍼센트에 달했는데요. 2007년에는 그 비중이 12퍼센트로 줄어들었습니다(사진 필름 3퍼센트, 사진 관련 제품 9퍼센트). 새롭게 진출한 사업 분야에서 큰 이익을 거둔 덕분에 주력 사업이던 사진 필름 사업이 무너져내린 상황에서도 회사는 돌파구를 찾아 성장할 수 있었던 것입니다.

2장

지금 빠르고
날렵한가

_민첩함

민첩함

쪼개면 강해진다

앞서 이야기했듯이 이나모리 가즈오 교세라 명예 회장은 마쓰시타 고노스케 파나소닉 창업자, 혼다 소이치로 혼다그룹 창업자와 함께 일본의 3대 '경영의 신'으로 불리는 인물입니다. 1959년 회사를 창업한 이후 반세기 동안 단 한 번도 적자를 보지 않고 매년 흑자를 냈다는 사실이 그를 경영의 신이라 불리게 만들었습니다.

일본 교토에 본사를 둔 교세라는 반도체 부품, 전자 부품, 파인 세라믹 부품 등을 만드는 회사입니다. 쉽게 말해 전자 부품 제조업체라고 보면 됩니다. 전 세계에 7만 5,000여 명의 직원을 거느린 매출 16조 원(2017년 연결 재무제표 기준) 규모의 회사입니다.

지금은 이처럼 글로벌 기업으로 성장한 교세라지만 처음에는 아주 작은 규모로 시작했습니다. 교토의 한 초라한 창고 건물에서 자신을 믿고 다니던 회사를 함께 뛰쳐나온 동료 일곱 명이 모인 것이 교세라의 시작이었죠.

　사실 이나모리는 오랜 시간 동안 계획하고 준비해서 창업에 나선 것이 아니었습니다. 명문대 출신이 아니라는 이유로 다니던 회사의 상사가 자신을 중요한 개발 프로젝트에서 빼버리자 "아, 그러십니까? 그렇다면 저는 회사를 그만두겠습니다"라고 사표를 던진 것이 계기였죠. 당시 그의 나이 스물일곱이었습니다.

　이나모리의 '아메바 경영'은 그렇게 시작됐습니다. 기술에는 자신 있었지만 회사 경영에 대해서는 아무것도 모르던 스물일곱 살의 젊은이가 엄청난 성과의 회사를 키워낸 비결 말입니다.

　이나모리의 경영 비법인 아메바 경영은 스타트업 경영자나 직원들이 회사 규모가 커지면서 기업 경영의 효율성이 점점 떨어지는 문제를 해결해나가는 데 있어 많은 도움이 될 것입니다. 손정의 소프트뱅크 사장 역시 아메바 경영을 벤치마킹한 뒤 자기 나름대로 변형한 '팀제 경영'을 통해 회사를 효율적으로 경영할 수 있었습니다.

　아메바 경영의 핵심은 회사 조직을 아메바로 불리는 소규모 조직으로 쪼갠 뒤 각 집단의 리더에게 인사, 정보, 자금, 기술에 대한 전권을 주고 작은 CEO 역할을 맡기는 것입니다. CEO의 권한을 준만큼 성과에 따른 책임도 엄격하게 묻는데요.

　각 아메바의 성과는 그들이 달성한 시간당 채산성(이익이 나는 정도)을 기준으로 평가합니다. 생명 유지에 필요한 최소한의 기능을 갖춘 단세포 생물 아메바처럼 회사를 비즈니스 단위가 될 수 있는 최소한의 규모까지 잘게 쪼개서 운영한다는 뜻입니다.

큰 틀에서 보면 회사 내 각 부서별로 그들이 벌어들인 매출, 매출을 내기 위해서 사용한 비용, 매출에서 비용을 뺀 이익을 계산하는 독립채산제와 비슷한 방식이라고 볼 수 있습니다. 아메바 경영이 일반적인 독립채산제와 다른 점에 대해서는 뒷부분에서 좀 더 자세히 살펴보겠습니다.

_____ 혼자서 다 할 수 없다

이나모리가 처음 아메바 경영을 구상한 계기는 이렇습니다. 교세라는 설립 이후 매우 빠른 속도로 성장했습니다. 교세라가 생산하던 파인 세라믹 제품에 대한 수요가 크게 늘었기 때문입니다. 창업 초기 28명에 불과했던 직원 수는 설립된 지 5년이 채 지나지 않아 100명이 넘었고 그 후 2년 단위로 직원이 200명, 300명씩 늘어났습니다.

회사가 급성장하는 건 좋은 일이었지만 이나모리가 해결해야 할 일도 그만큼 늘어났습니다. 여러 스타트업, 중소기업 경영자들과 마찬가지로 그 역시 사업 초기에는 기술 연구·개발, 제품 생산, 영업, 자금 조달, 회계, 인사 등 회사를 운영하는 데 필요한 모든 일을 직접 챙겼습니다. 아침에는 경리 부서 직원들과 회사의 재무제표를 살펴보고, 낮에는 거래처를 돌며 주문을 받고, 밤에는 실험실에서 연구원들과 함께 신제품을 연구하는 식이었죠.

하지만 직원 규모가 수백 명으로 불어나자 과거처럼 그가 직접 모든 분야를 챙기는 게 불가능해졌습니다. 경영자가 나서서 모든 일을 챙기려고 하다간 오히려 의사결정이 늦어지고, 정확한 판단을 내리지 못하는 경우가 늘어날 수밖에 없습니다. 모든 일이 경영자에게 몰리면 기업 경영의 효율성이 떨어지게 되는 것이죠.

이런 상황이 되자 이나모리로서는 뭔가 해결책을 내놔야만 했습니다. 고민을 거듭하던 중 어느 순간 그의 머릿속에 아이디어가 하나 떠올랐죠.

'직원이 100명 정도일 때는 나 혼자서도 충분히 회사 경영을 할 수 있었지. 회사 조직을 소집단으로 쪼개보면 어떨까? 100명을 관리할 수 있는 리더는 아직 양성되지 않았지만 20~30명으로 구성되는 소집단을 맡길 수 있는 리더는 이미 우리 회사에도 있지 않은가. 그러한 직원들에게 소집단의 리더 역할을 맡겨 개별적으로 관리하게 하면 어떨까?'

이나모리는 자신의 생각을 곧바로 실천에 옮겼는데요. 단순히 조직을 소집단으로 쪼개는 것 뿐 아니라 각 집단이 거둔 성과를 독립채산제 방식으로 평가하기로 합니다.

'회사를 비즈니스 단위가 될 수 있는(개별적으로 이익을 낼 수 있는) 최소 단위로 나눠서 그 조직에 각각의 리더를 세워 소사장과 같이 이들이 독립적으로 채산을 관리할 수 있도록 하면 좋지 않을까?' 하고 생각했죠.

아메바 경영의 강점은 CEO에게 집중됐던 권한을 분산시켜 기업 경영의 스피드와 효율성을 높이는 것뿐만이 아닙니다. 중간 관리자급 직원들에게 모든 권한을 주고 작은 조직을 직접 경영하게 함으로써 미래 경영진 후보군에게 실전 경험을 쌓게 할 수도 있었죠. 누구든 직접 경영을 해보기 전까지는 경영자에게 필요한 자질을 쌓을 수 없으니까요. 교세라는 중간 관리자 단계부터 직접 소규모 조직을 이끌게 한 덕분에 앞으로 회사를 이끌어나갈 유능한 경영자들을 키워낼 수 있었습니다.

아메바 기법을 조직에 어떻게 접목했는가

앞서 이야기했듯이 아메바 경영의 핵심 중 하나는 각 소집단의 성과를 독립적으로 측정하는 것입니다. 각 아메바의 매출, 비용, 이익을 실시간으로 측정해서 종합한 뒤 이 데이터를 바탕으로 회사의 현재 경영 상황은 어떤지, 앞으로 회사 차원에서 보완하거나 집중해야 할 부분은 무엇인지를 살펴보는 방식입니다.

회사에서 말하는 성과란 결국 돈입니다. 돈을 얼마나 벌었는지, 그만큼의 돈을 벌기 위해 투자한 돈과 시간, 인력은 얼마나 되는지가 회사를 경영할 때 사용하는 가장 중요한 평가 기준입니다.

영업이나 마케팅 부서라면 이 같은 기준을 바로 적용하는 데 문제가 없습니다. 거래처와 소비자에게 얼마만큼의 상품을 팔아서 얼마의 매출을 거뒀는지, 얼마만큼의 마케팅 예산을 들여서 매출을 얼마나 늘렸는지 곧바로 계산할 수 있으니까요. 측정하기도 쉽고 평가하기도 쉽죠.

하지만 상품·서비스 판매와는 한 걸음 떨어져 있는 부서라면 어떨까요? 예를 들어 영업 부서에서 주문 받은 물량을 전달받아 정해진 공정대로 만들어내는 생산 부서의 성과는 어떻게 평가할까요? 생산량이 늘었다고 해도 이건 영업 부서가 주문을 많이 받아온 덕분이지 생산 부서가 스스로 노력해서 얻은 성과는 아닌데요.

이나모리는 이 같은 문제를 해결하기 위해 아메바 경영의 성과 평가 기준으로 '시간당 채산성'이라는 개념을 개발했습니다. 시간당 채산성은 경영에 시간과 속도의 개념을 도입했다는 게 특징인데요. 쉽게 말하면, 각 아메바가 올린 매출에서 그만큼의 돈을 벌기 위해 들인 비용을 뺀 다음 그 값을 다시 해당 아메바 소속 직원들의 전체 근로시간으로 나눈 값입니다. 이 시간당 채산성을 끌어올리기 위해서는 들어가는 비용을 줄이거나 아니면 업무를 효율화해 근로시간을 줄여야 하죠. 군살 없고 재빠른 조직만이 시간당 채산성을 높일 수 있습니다.

방금 말한 비용에는 우리가 생각할 수 있는 모든 비용이 다 포함되는데요. 예를 들어 영업 부서라면 통신비, 교통비, 광고선전비, 접대비, 판매수수료, 보험료 등은 물론이고 사무실에서 사용하는 전기료와 A4용지, 볼펜, 포스트잇 같은 사무용품비까지도 비용으로 계산됩니다.

딱 하나 비용으로 계산되지 않는 항목이 있는데요. 바로 인건비입니다. 그 이유는 첫째, 채용과 임금은 아메바 단위가 아닌 회사 차원에서 결정하는 문제이기 때문이고 둘째, 인건비까지 비용에 포함하면 직원들의 평균 연봉이 높은 부서나 아니면 직원들의 수가 많은 아메바에서는 많은 노력을 해도 애초에 시간당 채산성을 높이기 힘들기 때문입니다.

앞서 '상품·서비스를 직접 판매하는 영업 부서 외에 다른 부서들은 어떻게 매출을 평가할까'라는 질문을 했는데요. 이 질문에 답하기 위해 이나모리는 회사 내 아메바끼리 수수료를 지급하고, 서로 거래하는 시스템을 만들어냅니다.

간단하게 설명하자면, 대부분의 회사에서는 영업 부서에서 수주한 일감을 생산 부서가 받아 제품을 만들어냅니다. 하지만 아메바 경영에서는 이 과정을 반대로 생각합니다. 생산 부서가 자신들이 생산한 제품을 영업 부서에 넘기면 영업 부서는 생산 부서로부터 수수료를 받고 제품을 거래처에 판매한다고 여기는 것이죠.

이렇게 하면 생산 부서의 매출은 고객에게 판매한 상품의 매출액과 같게 되고요. 영업 부서는 거래를 중개하고 받은 수수료가 자신의 매출로 잡힙니다. 상품의 종류와 비즈니스 형태에 따라서 영업 부서가 받는 수수료율은 다르게 정해져 있습니다. 어떤 상품을 어떤 고객에게 파는지에 따라 영업의 난이도가 크게 차이 나는 만큼 어려운 거래를 성사시켰으면 돈을 더 주고, 상대적으로 쉬운 거래였으면 수수료율을 낮추는 방식입니다.

이나모리는 이 같은 사내 거래 방식을 상품 생산 공정 안에도 도입했습니다. 상품이 한 단계씩 완성돼 다음 공정으로 넘어갈 때마다 직전 공정을 맡은 아메바가 다음 공정을 맡은 아메바에게 돈을 받고 물건을 판매하는 것으로 계산한 것이죠. 이런 식으로 회사 내 모든 아메바들의 매출, 비용, 채산성을 파악했습니다.

이나모리는 시간당 채산성이란 개념을 앞세운 아메바 경영을 통해 3가지 효과를 거둘 수 있었습니다. 이 효과들은 모든 직원들이 경영에 참여하는, 그의 표현을 빌리자면 '전원 참가형 경영'을 실천하는 토대를 만들었습니다.

첫째, 직원들에게 현재 회사의 경영 실적은 어떤지, 자기가 속한 부서와 자신의 생산성은 어느 정도인지를 실시간으로 알릴 수 있었습니다. 시간당 채산성을 구하는 공식은 '(매출 − 비용)÷전체 노동시간'으로 매우 단순합니다. 단 하나의 수치로 표현되죠.

재무상태표(대차대조표), 현금흐름표와 같은 복잡한 재무제표를 볼 필요 없이 단 하나의 수치만으로 회사의 실적을 파악할 수 있고, 매일같이 발표되는 시간당 채산성만 봐도 생산성이 오르고 있는지 떨어지고 있는지를 한눈에 파악할 수 있었습니다. 숫자로 측정되지 않는 성과는 개선할 수 없습니다. 교세라 직원이라면 누구나 바로 생산성을 확인할 수 있도록 함으로써 회사 전체의 생산성을 높일 수 있었습니다.

둘째, 직원들에게 원가 절감의 중요성을 깊게 새기는 것이 가능했습니다. 시간당 채산성을 계산하는 비용 항목에는 A4용지 한 장, 볼펜 한 자루, 컴퓨터를 켜는 데 필요한 전기료까지 말 그대로 모든 비용이 들어가는데요. 비용, 즉 원가를 줄여야만 시간당 채산성을 높일 수 있었기에 직원들 스스로 불필요한 지출을 줄이는 데 앞장서게 할 수 있었습니다.

마지막으로 직원들이 효율적으로 일하는 방법을 고민하게 만들었습니다. 효율적으로 일한다는 것은 결국 똑같은 일을 더 짧은 시간 안에 처리한다는 말입니다. 시간당 채산성을 높이기 위해서는 같은 업무를 더 빠른 시간 안에 끝마쳐야만 했고 이로써 회사 전체에 걸쳐 효율적으로 일하는 방법을 고민하는 조직문화가 자리 잡을 수 있었습니다.

일본항공을 부활시킨 아메바 경영의 위력

이나모리 가즈오의 아메바 경영 기법은 그가 설립한 교세라와 통신회사 KDDI(제2전전)뿐 아니라 그와는 전혀 상관없던 일본항공(JAL)에도 적용돼 탁월한 효과를 거뒀습니다.

2010년, 이미 몇 년 전에 교세라 회장직에서 물러나 한가로운 여생을 보내던 이나모리는 78세의 나이에 표류하는 난파선의 선장이 돼 경영 일선에 다시 복귀합니다. 당장 파산하더라도 이상하지 않았던 일본항공의 회장직에 올라 회사 경영을 이끌게 된 것이죠.

일본항공은 수십 년간 누적된 무능하고 방만한 경영의 폐해와 더불어 엔고 현상까지 겹치면서 경영이 급속도로 악화됐고 결국 2010년 1월, 2조 3000억 엔(24조 5000억 원)의 부채를 지고 법정관리에 들어가게 됐습니다.

당시 일본 정치권과 재계에서는 일본항공의 경영을 맡아 회사를 정상화시켜줄 수 있는 경영자를 애타게 찾고 있었는데요. 당시 일본 총리였던 하토야마 유키오까지 직접 나서서 부탁한 끝에 이나모리가 일본항공의 회장직을 맡게 됐습니다. 당시 이나모리의 부하 직원과 주변 지인들은 그에게 절대 회장직을 수락하지 말라고 말렸습니다. 일본항공이 망하는 데 이나모리의 책임이 있는 것도 아니고 괜히 경영을 맡았다가 회사를 살려내지 못하면 평생에 걸쳐 쌓아온 명성만 무너지고 말 테니까요. 일본항공이 되살아난다고 해도 이나모리나 교세라, KDDI에 돌아오는 이익도 없었고요.

대부분의 사람들에게 일본항공 회장직은 '독이 든 성배'도 아니고 그저 독극물로만 보였습니다. 아무리 경영의 신이라고 해도 아무것도 모르는 항공업계에 들어가 25조 원에 달하는 빚을 지고 파산 위기에 몰린 회사를 부활시키는 건 불가능하다고 생각했습니다.

하지만 이나모리는 이 같은 반대에도 불구하고 회장직을 수락하며 일본항공 재건의 책임을 스스로 짊어졌습니다. 일본항공이 25조 원이라는 부채를 감당하지 못하고 무너지면 일본 경제에 연쇄적으로 큰 충격이 갈 수밖에 없고, 일본항공에서 일하는 수만 명의 직원과 협력업체 직원들 중 상당수도 일자리를 잃게 될 처지였으니까요. 어떻게든 그런 일이 일어나는 건 막아야 한다는 게 그가 다시 현장으로의 복귀를 결심한 이유였습니다.

놀랍게도 이나모리는 일본항공의 경영을 맡은 지 8개월 만에 일본항공의 기록적인 적자 행진을 멈추고 회사를 흑자로 돌려세웠습니다. 그의 취임과 함께 일본항공은 2년 연속 사상 최고 실적을 기록했고, 덕분에 회사는 법정관리에 들어간 지 1년 2개월 만에 법정관리에서 벗어날 수 있었습니다. 2012년 9월에는 다시 주식시장에 상장할 수 있었고요.

일본항공의 회장직에 취임하면서 이나모리가 교세라에서 데려간 직속 부하는 단 세 명에 불과했습니다. 이들은 평소 교세라에서 아메바 경영 철학을 연구하고 이를 회사 안에 알리는 역할을 하던 직원들이었는데요. 이들과 함께 일본항공 조직 전체에 아메바 경영을 퍼뜨리며 직원들에게 시간당 채산성을 높여야 한다는 의식을 심어주고, 비용 절감의 중요성을 깊숙이 각인시킨 것이 그가 일본항공을 부활시킬 수 있었던 비결로 꼽힙니다.

이나모리 가즈오는 "경영자에게 필요한 것은 회사는 지금 어떤 경영 상태에 직면해 있고, 또 어떤 방법으로 상황에 대응하면 좋을지를 판단할 수 있게 해주는 '살아 있는 수치'뿐이다"라고 강조했습니다.

이익을 내는
조직의 습관

"마른 수건도 쥐어짠다."

일본의 자동차 제조업체 도요타의 경영 전략에 대해 말할 때 항상 따라붙는 표현입니다. 어떤 상황에서라도 원가를 절감하려는 도요타의 집념이 마치 물기 하나 없는 마른 수건에서 한 방울의 물이라도 짜내려고 온 힘을 다하는 모습 같다는 뜻에서 붙은 말입니다.

원가 절감을 향한 끝없는 노력 덕분에 도요타에서 자동차를 생산하는 방식, 말 그대로 '도요타 생산 방식TPS / Toyota Production System'은 전 세계 제조업계에서 널리 사용되는 고유명사로 자리 잡았습니다.

세계 최초로 컨베이어 벨트를 활용해 자동차를 조립 생산한 미국 포드자동차의 생산 방식이 포드주의·포디즘Fordism이란 이름으로 공장식 대량생산 시스템 그 자체를 가리키게 된 것과 마찬가지입니다. 그만큼 도요타는 상품 기획, 설계, 생산, 유통, 판매, 사후관리

등 모든 사업 과정에 걸쳐서 어떻게든 원가와 비용을 줄이기 위해 노력하는 것으로 유명합니다.

최근에 이 같은 도요타 생산 방식이 다시금 주목받고 있습니다. 10여 년 전인 2008년 무렵만 해도 5조 원에 달하는 연간 적자와 1000만 대 규모의 초대형 리콜 사태로 회사가 문 닫을 위기까지 몰렸던 도요타가 화려하게 부활했기 때문입니다. 아니 다시 살아난 정도를 넘어 역대 최대 매출과 판매량을 갈아치우고 있습니다.

2018년 전반기(4~9월, 일본은 4월부터 이듬해 3월까지를 회계연도로 삼기 때문에 4~9월이 그해의 전반기에 해당됩니다) 도요타가 거둔 매출은 14조 6740억 엔(약 149조), 판매한 차량은 529만 3,000대였습니다. 둘 다 사상 최고 실적이었습니다. 영업이익 역시 1년 전 같은 기간에 비해 15퍼센트 늘어나 1조 2681억 엔(약 12조 9000억 원)을 벌었습니다. 영업이익률은 8.6퍼센트였습니다.

이처럼 도요타가 제2의 전성기에 들어선 모습을 보이자 자연스레 TPS에 대한 관심도 높아졌고 이를 벤치마킹하려는 기업도 많아졌습니다. 도요타의 부활은 한때 잠시 잊어버렸던 TPS의 기본 원칙을 다시금 충실히 지켜나간 덕분이라는 분석도 나오고 있고요.

'이익은 제품을 설계할 때 이미 결정된다'는 생각을 바탕으로 신제품에 대한 아이디어를 구상하기 시작하는 기획 단계부터 어떻게 하면 원가와 비용을 줄일지 치열하게 고민하는 도요타의 경영 기법에 대해 살펴보겠습니다.

도요타 생산 방식의 주요 내용은 도요타 매니지먼트 연구소 대표인 호리키리 도시오의 《도요타의 원가》를 바탕으로 했습니다. 호리키리는 1966년 도요타에 입사해 주로 생산 라인을 설계하거나 생산 시스템 만드는 일을 해왔고, 도요타 엔지니어링 대표를 지내기도 했습니다.

가격은 이미 시장에서 정해져 있다

기업이 이익을 늘리는 데는 3가지 방법이 있습니다. 첫째, 상품의 판매 수량을 늘리는 방법입니다. 둘째, 상품의 판매 가격을 올릴 수도 있습니다. 셋째, 상품의 생산 비용을 줄여서 같은 매출로 더 많은 이익을 거두는 방법입니다.

이 중에서 상품의 판매 수량을 늘리고, 판매 가격을 높이는 방법은 어떤 기업이든 쉽지 않습니다. 같은 시장을 놓고 치열하게 다투고 있는 경쟁업체들이 있기 때문이죠. 판매량을 늘리고 가격을 높이기 위해서는 경쟁사들을 꼼짝 못하게 눌러버릴 수 있는 압도적인 브랜드와 뛰어난 품질이 뒷받침돼야 하는데요. 어떤 기업이더라도 경쟁사와의 경쟁에서 항상 이길 수는 없습니다. 아무리 뛰어난 야구 선수라도 4할 타율을 때릴 수 없고, 전설적인 투자자도 매번 투자에 성공할 수는 없는 노릇이죠.

그렇다면 남은 건 어떻게든 생산 비용을 줄여서 이익률을 높이는 방법입니다. 이 역시 결코 만만하지 않습니다. 하지만 원가 절감은 회사가 내부적으로 얼마나 치열하게 노력하는지에 따라서 그 성과가 상당 부분 결정되기 때문에 가장 확실하고 효과적으로 이익을 늘릴 수 있는 방법입니다. 경쟁업체, 경제 상황과 같은 외부 환경의 영향을 상대적으로 덜 받는 방법이기도 하고요.

앞서 반세기 동안 단 한 번도 적자를 보지 않고 회사를 경영해온 이나모리 가즈오 교세라 명예회장의 사례를 들었는데요. 경영의 신이라고 불리는 그가 아메바 경영을 통해서 제품 생산에 들어가는 비용과 시간을 줄이는 데 모든 역량을 집중한 것도 이 같은 이유 때문입니다.

도요타가 자동차를 만드는 모든 과정에 걸쳐서 어떻게 원가를 줄이고 있는지 구체적인 프로세스에 대해 설명하려면, 우선 도요타의 제품 생산 과정을 알아야 합니다. 도요타의 제품 생산은 '상품기획 → 원가 기획 → 원가 계획 → 대량 생산'이라는 4단계의 과정을 거칩니다. 상품 기획은 말 그대로 어떤 소비자층을 타깃으로 어떤 차량을 새롭게 출시할지 제품에 대한 아이디어를 기획하는 단계입니다. 타깃 소비자층에 맞춰 차량의 전반적인 성능과 디자인 콘셉트 등도 결정하죠. 실제 차량 설계는 시작되지 않은 기획 단계입니다.

여기까지는 다른 회사들과 크게 다르지 않은데요. 도요타 생산방식의 강점은 상품 기획과 동시에 신제품을 출시하면 얼마만큼의 이익을 거둘 수 있을지를 원가 측면에서 치밀하게 분석한다는 겁니다. 신제품의 성능을 만족시키기 위해서는 어느 정도의 기술력과 어떤 종류의 부품이 얼마나 들어가야 하는지를 따져보고 이에 따른 예상 원가는 얼마나 될지 계산합니다. 신제품을 만들어 만족할 만한 이익을 거둘 수 있는 수준의 원가, 즉 목표 원가를 정하는 단계라고 할 수 있죠.

여기서 한 가지 꼭 알아두어야 할 점이 있는데요. 회사에서 판매하는 상품과 서비스의 가격을 정할 때 반드시 염두에 두어야 하는 내용입니다. 도요타는 새로운 자동차를 만드는 데 들어가는 원가를 계산한 뒤 거기에 이익을 더하는 식으로 차량의 가격을 정하지 않습니다. 우선 차량을 얼마에 판매할지 가격부터 정한 뒤 거기서 회사가 가져갈 이익을 빼고 남는 돈이 목표 원가가 됩니다.

먼저 원가를 계산한 다음에 가격을 정하는 방식은 마치 벽돌 하나하나를 차곡차곡 쌓아서 집을 만드는 것과 같습니다. 반면, 도요타가 하는 것처럼 가격을 먼저 정한 다음에 거기서 이익을 빼고 남는 돈을 원가로 정하는 방식은 마치 커다란 대리석을 깎아서 조각상을 만드는 것과 같습니다. 쌓아올리는 게 아니라 깎아내는 방식으로 원가를 계산하는 거죠.

도요타가 이렇게 하는 이유는 간단합니다. 가격은 회사가 정하는 게 아니라 시장에서 정하기 때문이죠. 도요타나 현대자동차 같은 대중적인 차를 만드는 회사들이 내놓는 자동차는 나오기 전부터 이미 그 가격이 정해져 있습니다. 차체 크기와 성능, 배기량 등에 따라서 이미 회사가 매길 수 있는 가격의 한계가 정해져 있습니다. 아무리 차량의 품질에 자신이 있더라도 시장에서 기대하는 범위를 벗어난 가격을 매긴다면 그 차는 팔리지 않을 것입니다.

'가격은 이미 시장에서 정해져 있다'는 사실은 명품 사치재를 만드는 극소수의 회사를 제외하고는 거의 대부분의 회사에 적용되는 말입니다.

원가 절감에
예외 부서는 없다

시장 가격에서 회사가 가져갈 이익을 뺀 나머지 금액이 차량 생산에 들일 수 있는 총원가가 됩니다. 일단 이렇게 총원가가 정해진 뒤에는 자동차의 각 부분별로 원가를 할당합니다. 예를 들어 차량 한 대를 만드는 총원가가 1000만 원으로 계산됐다면 엔진에 350만 원, 차량 몸체에 300만 원, 섀시에는 100만 원, 차량 내부 좌석에는 100만 원, 각종 전자장비에는 80만 원 이런 식으로 각 부분마다 쓸 수 있는 원가를 정해주는 겁니다. 이 일은 신차 프로젝트를 총괄하는 프로젝트 리더가 각 부서와 협의하여 결정합니다.

이렇게 각 부서별로 자신들이 맡은 부분에 사용할 수 있는 원가가 정해지면 이에 맞춰 설계가 시작됩니다. 단순히 성능과 품질이 좋은 제품을 설계하는 것을 넘어 성능, 품질, 원가 이 세 박자를 모두 갖춘 제품을 설계해야만 합니다. 애초에 해당 부분에 들일 수 있는 원가가 정해져 있기 때문에 항상 비용을 의식하면서 차량을 설계할 수밖에 없고요. 또한 자동차의 성능과 품질을 높이기 위해 좋은 부품을 더 싸게 만들거나 더 싸게 구입하는 방법을 마련해야만 합니다. 설계, 생산 과정 내내 가격 대비 성능비(가성비)를 고민해야 한다는 말이죠.

각 부분별 원가를 정해놓았다고 해서 저절로 원가가 줄어드는 건 아닙니다. 일을 하다 보면 예상치 못한 일들이 숱하게 일어나기 때문이죠. 정기적으로 체크하지 않으면 목표 원가에 맞춰 차량을 생산하겠다는 계획은 틀어질 수밖에 없습니다.

원가 기획을 통해 총원가와 부분별 세부 원가를 정한 뒤에는 원가 계획 단계에 접어들게 되는데요. 이 단계는 실제로 차량을 설계해나가는 과정입니다. 또 처음 계획했던 부분별 세부 원가에 맞춰 설계가 진행되고 있는지를 확인하고, 문제가 생기면 해결해나가는 과정입니다.

도요타에서는 신차가 출시될 때까지 매달 모든 부서가 모이는 원가 기획 회의를 통해 원가 절감이 제대로 이뤄지고 있는지를 확인합니다. 만약 문제가 생기면 이에 대한 대응책을 빠르게 마련합니다. 예를 들어 차량의 몸체 부분을 설계하면서 애초에 목표했던 원가보다 2만 원이 더 들게 됐을 경우 모든 부서가 모여 이 초과된 2만 원을 어떻게 줄일 수 있을지 논의하여 해결책을 내놓습니다. 애초에 정했던 목표대로 일이 잘 진행되고 있는지 확인하고 문제가 생겼을 경우 이를 해결하기 위해 곧바로 행동에 나서는 것이죠.

부품 원가를 줄이는 것뿐 아니라 신제품 기획과 설계, 디자인에 들어가는 시간을 줄이는 것도 원가를 절감하기 위해 꼭 필요한 일입니다. 회사 직원들의 노동이 생산 비용에서 차지하는 비중은 작지 않습니다. 설계·디자인 기간을 단축하면 해당 인력을 다른 업무에 투입해 또 다른 가치를 만들어낼 수 있기 때문입니다. 설계·디자인에 들어가는 시간과 비용을 줄이는 가장 좋은 방법은 같은 일을 두 번 하지 않는 겁니다.

만약에 담당 부서에서 설계와 디자인을 다 끝냈는데 마지막에 가서 '이 설계대로라면 원가 절감 기준을 만족시키지 못한다'고 재작업을 요구하면 어떻게 될까요? 똑같은 일을 처음부터 다시 하려면 당연히 시간과 비용이 크게 낭비될 수밖에 없죠. 원가 절감을 위한 요구가 오히려 원가를 상승시키는 결과를 불러오게 됩니다.

그래서 도요타는 설계, 디자인 분야에서의 재작업을 피하기 위해 각각의 설계 단계를 마쳤을 때마다 구매, 생산, 생산 기술 등 각 부서의 담당자들이 모여 이 설계가 각 부서의 요구 사항을 만족시키고 있는지를 확인합니다. 이런 확인 작업을 '디자인 리뷰'라고 부르는데요. 기본 설계, 상세 설계 등 각 설계 절차가 마무리될 때마다 이뤄집니다. 각 단계에서 문제가 없다고 판단됐을 때만 다음 단계로 나아가는 방식이죠. 이런 과정을 통해 설계, 디자인 담당자에게 생산 현장의 요구를 직접적으로 전달할 수 있다는 장점도 가지고 있습니다.

글로벌 기업인 도요타도 상품을 기획한 뒤 설계, 디자인을 거쳐 제품을 생산하고 판매하는 과정은 여느 기업과 다르지 않습니다. 제조업이 아닌 IT(정보통신)업체 역시 '상품 기획 → 설계·디자인 → 생산의 과정'을 거치는 건 마찬가지고요. 중요한 것은 가격은 이미 시장에서 정해져 있다는 사실입니다. 애초에 소비자들이 지불하려 하는 가격의 한계가 정해져 있는 것이죠. 그렇기 때문에 이익을 내기 위해서는 먼저 내가 받을 수 있는 가격을 파악한 뒤 거기서 이익을 빼고 남은 돈 안에서 모든 원가와 비용을 감당해야만 합니다. 이것이 도요타 생산 방식의 핵심입니다.

누가 그들을
일하게 만들었나?

'직원들의 생산성을 높여 같은 직원들로 더 많은 수익을 낸다.'
삼성전자, 현대자동차와 같은 글로벌 기업이든 직원이 많지 않은
스타트업이든 기업을 이끌고 있는 경영자라면 누구나 꿈꾸는 일입
니다. 비용을 더 들이지 않고도 지금보다 더 많은 돈을 벌 수 있는
방법이니까요.

그래서 기업은 직원들을 교육시키는 데 많은 시간과 돈을 투자합
니다. 직원들이 더 큰 생산성을 거둘 수 있도록 하기 위해서는 직무
역량을 높이거나 더 큰 동기부여를 이끌어내야 하기 때문입니다.
이를 위해서는 직원을 교육시키는 것 말고는 방법이 없죠.

대기업들이 많은 예산을 들여 '인재개발원'과 같은 사내 교육 전
담기관을 운영하고 정부 부처나 공공기관, 사기업 할 것 없이 임원
급 직원들에게 강도 높은 리더십 교육을 하는 것도 이 때문입니다.

얼마 전 기업체 임원들을 대상으로 한 조직관리·성과관리·리더십 교육 프로그램을 운영하는 강연업체의 대표를 만났습니다. 설명을 들어보니 웬만한 기업들의 경우 임원 교육을 위해 시간당 수백만 원의 강사료를 지급하는 걸 당연하게 여기고 있었습니다. 그만큼 직원 교육을 중요시한다는 말이겠죠.

물론 '그건 큰 회사들 이야기지 작은 회사는 그럴 시간도 돈도 없어' 혹은 '스타트업처럼 한 사람이 여러 업무를 해야 하는 곳에서는 직무 교육이 별 효과가 없어'라고 생각할 수도 있을 겁니다. 하지만 결코 그렇지 않다는 게 미국 실리콘밸리의 거물 투자자 벤 호로위츠Ben Horowitz의 말입니다. 그는 오히려 "작은 기업일수록 CEO가 직접 나서서 직원들을 교육해야 한다"고 강조합니다.

작은 기업일수록 CEO가 직접 교육하라

우선 벤 호로위츠의 경력에 대해 간략히 살펴보자면, 그는 2009년 마크 안드레센Marc Andreessen과 함께 벤처캐피탈 회사인 안드레센 호로위츠를 설립해 지금껏 페이스북, 트위터, 핀터레스트 등 150개 이상의 기업에 투자해왔습니다.

벤처캐피탈을 차리기 전에는 그 역시 기업 창업자이자 CEO였습니다. 1999년 IT기업인 라우드클라우드를 창업해 2001년 회사를 나스닥에 상장시켰죠. 2001년은 닷컴버블이 꺼지면서 IT기업들의 주가가 바닥을 모르고 추락하던 시기였습니다. 그리고 2007년 그는 이 회사를 휴렛팩커드(HP)에 16억 달러에 매각합니다.

잘 나가던 IT기업들이 하루아침에 나가떨어지던, 주식시장의 공포가 최정점에 달하던 시기에 회사를 상장시키고 수년 뒤 매각까지 잘 이뤄냈으니 벤 호로위츠가 결코 만만치 않은 인물임을 알 수 있습니다.

자, 그렇다면 벤 호로위츠는 왜 작은 회사일수록 직원 교육에 더 많은 시간과 노력을 들여야 한다고 조언하는 걸까요? 그는 자신의 책《하드씽The hard thing about hard thing》에서 이에 대한 4가지 이유를 밝혔습니다.

1. 교육이 생산성을 높인다

첫 번째 이유는 아주 간단합니다. 직무 교육이 직원의 생산성을 높이는 가장 효율적인 방법이기 때문입니다. 벤 호로위츠는 많은 기업들이 직원 채용 과정에는 매우 많은 공을 들이지만 막상 뽑아 놓은 직원들을 교육하는 데는 별달리 신경을 쓰지 않는다고 지적합니다.

그는 시간이 없어서 직원들을 교육하지 못한다는 이야기는 잘못됐다고 말합니다. 왜 그런지 예를 들어 설명하는데요. A라는 회사에서는 다섯 명의 직원을 새로 뽑았습니다. A회사의 경영자인 당신은 새로 들어온 직원들에게 회사 제품·서비스가 출시된 이력과 상세한 특징, 시장에서의 경쟁 상황 등 업무와 관련된 내용에 대해 교육하려 합니다.

교육은 모두 4시간에 걸쳐 이뤄지는데요. 1시간의 교육을 준비하는 데는 각각 3시간이 필요합니다. 교육 준비를 위해 12시간을 꼬박 바쳐야 하는 것이죠. 정신없는 스타트업 CEO가 하루 하고도 한 나절을 이 일에만 매달려야 하니 분명 적지 않은 시간입니다. 하지만 충분히 그럴만한 가치가 있는 일인데요.

신규 직원 다섯 명이 1년 동안 일하는 업무 시간은 1인당 약 2,000시간씩 대략 1만 시간이 됩니다. 그리고 만약 교육을 통해 업무 성과가 단 1퍼센트씩만 올랐다고 해도 100시간의 업무 시간에 해당하는 생산성 향상 효과를 거두게 됩니다. 교육을 잘해서 업무 성과를 기존보다 3~5퍼센트, 혹은 그 이상 올렸다면 효과는 훨씬 더 커지게 되는 것이죠.

2. 성과관리의 기준이 만들어진다

CEO를 비롯한 관리자는 직원들을 대상으로 한 교육을 통해 일상적인 업무 중에는 제대로 전달하지 못했던 회사가 그들에게 요구하는 기대치를 명확하게 설명할 수 있습니다. 또한 직원들에게 기대치를 정확하게 설명한 만큼 앞으로 어떤 방식으로 성과를 측정할지 성과관리에 대한 기준도 세울 수 있게 됩니다.

만약 직원들의 성과를 측정하는 분명하고 체계적인 기준이 없어서 고민인 경영자라면 자신이 교육 시간 등을 통해 직원들에게 먼저 회사가 요구하는 바를 명확하게 설명한 적이 있는지를 따져 봐야 합니다.

3. 제품과 서비스의 질을 일관되게 유지할 수 있다

본격적인 성장세를 타기 시작한 신생 기업은 빠른 속도로 인력을 충원합니다. 벤 호로위츠는 이처럼 급성장하는 기업일수록 제품과 서비스의 퀄리티를 유지하기 위해 직원 교육에 더욱 신경을 써야 한다고 말합니다. 새로운 직원들이 빠르게 늘어날수록 신입 직원 교육에 소홀해지기 쉽기 때문입니다.

그는 새로 들어온 직원들에게 회사의 업무 수행 방식, 프로그램 개발 방식에 대해 명확하게 전달하지 않으면 신규 직원들은 그들 나름대로의 방식으로 임무를 완수할 수밖에 없다고 말합니다. 자기 나름대로 머리를 짜내 최선이라고 생각하는 방식을 선택하거나 아니면 회사의 기존 제품과 서비스를 그대로 모방하는 수밖에 없죠.

이렇게 되면 회사는 결국 일관성 없는 사용자 경험, 제품 성능 문제, 전반적인 혼란을 감수하게 된다는 게 벤 호로위츠의 설명입니다. 제대로 된 교육 없이는 제품과 서비스의 질을 일정하게 유지할 수 없음을 지적하고 있는 것이죠.

4. 직원들의 퇴사율을 낮출 수 있다

벤 호로위츠는 자신이 임원급으로 일했던 넷스케이프에서의 경험을 이야기합니다. 직원들의 퇴사율이 특히 높았던 시기가 있어 퇴직자 면담 자료를 찾아 모두 읽어봤더니, 다음 두 가지가 직원들이 회사를 그만두는 주된 이유였습니다.

첫째는 상사에 대한 불만이었습니다. 회사를 그만둔 직원들은 명확한 업무 지시, 경력 개발의 기회, 업무에 대한 구체적인 피드백이 부족했던 것을 퇴사를 결심하게 만든 이유로 들었습니다.

두 번째는 회사를 계속 다녀봤자 더 이상 배울 게 없거나 자기 스스로 발전할 수 있을 거라는 기대가 없는 상황이었습니다. 직원들 눈에 회사가 새로운 기술을 배우고 능력을 쌓을 수 있도록 투자하는 데 인색하게 비쳤기 때문이죠.

이 같은 이유들 때문에 벤 호로위츠는 작은 기업, 신생 기업일수록 직원들에 대한 교육에 더 많이 신경을 써야 한다고 말합니다. 그 이유를 다시 한 번 정리해보면 생산성 향상, 성과 측정 체계 마련, 제품의 퀄리티 유지, 직원 만족·퇴사율 감소로 요약할 수 있습니다. 각각 수익 증대, 성과관리, 상품관리, 조직관리 측면에서 직원 교육이 비용 대비 효용이 큰 투자라는 사실을 알 수 있습니다.

직원들 스스로
교육의 중요성을 알게 하는 법

　　그렇다면 창업자나 CEO뿐 아니라 다른 직원들 모두 교육이 회사의 생산성을 올리는 중요한 수단이란 걸 마음에 새기고, 직원들이 효과적인 교육 프로그램을 만들고 또 열심히 교육을 듣게 하기 위해서는 어떻게 해야 할까요? 벤 호로위츠는 이를 위한 두 가지 방법을 제시합니다.

　첫째는 중간 관리자가 인력이 더 필요하므로 새로운 직원을 뽑아야 한다고 요구할 때 새로운 직원에게 어떤 내용을 가르칠 것인지에 대한 교육 프로그램부터 먼저 제출하라고 요구하는 것입니다. 신규 직원의 생산성을 높일 수 있는 방안을 마련한 뒤 이를 검토해 인력 충원 여부를 결정하라는 조언입니다. 이렇게 하면 중간 관리자가 신규 직원 채용이라는 쉬운 길을 택하기 전에 기존 인력의 생산성을 높일 수 있는 방법을 한 번 더 고민하게 만드는 효과도 있습니다.

　둘째는 CEO가 직접 나서서 교육을 진행해야 합니다. CEO가 나서서 행동하는 것만큼 특정 업무의 중요성을 강조하는 방법은 없습니다. 물론 CEO가 교육 프로그램 전부를 혼자 이끌어나갈 수는 없습니다. 그렇다고 하더라도 직원들에게 회사가 기대하는 업무 수준, 성과에 대한 기대치를 설명하는 교육만큼은 CEO가 직접 나서야 한다는 것이 벤 호로위츠의 조언입니다. 조직의 성과를 올리는 일만큼 CEO에게 중요한 임무는 없기 때문이죠.

벤 호로위츠의 《하드씽》은 신생 기업의 경영자가 알아야 할 구체적이고 실무적인 스킬에 대한 내용이 가득 담겨 있습니다. 버블 붕괴의 충격이 극에 달하던 2001년 초 IT회사를 상장시키는 등 온갖 산전수전을 겪으면서 결국 실리콘밸리의 거물 투자자가 된 인물답게 그 내용도 매우 구체적이고 실무적입니다.

〈직원·임원을 해고하는 올바른 방법〉, 〈친구의 회사에서 직원을 빼와도 괜찮을까〉, 〈나도 해본 적 없는 일의 적임자를 어떻게 찾을 것인가〉, 〈사내 정치를 최소화하는 법〉, 〈충직한 친구를 강등해야 한다면〉, 〈직원들의 오해에 대처하는 경영자의 자세〉 등 각 장의 제목만으로도 현실적인 조언들이 담겨 있음을 짐작할 수 있습니다. 스타트업 경영자라면 누구나 한 번쯤은 겪게 되는 고민들에 대해 자신은 그러한 상황을 어떻게 헤쳐 나왔는지를 담담하지만 유머러스하게 풀어내고 있죠.

"사세가 기우는 와중에도 직원들이 신명 나게 일할 수 있도록 동기를 부여하는 공식은 없다. 그런 공식이 있다고 말한다면 그건 명백한 거짓말일 것이다. 하지만 그 복잡성을 경감하고 일을 조금은 수월하게 만드는 데 도움이 되는 경험이나 조언이라면 충분히 참고할 만하다."

벤 호로위츠가 자신의 책에 대해 소개한 말입니다.

일을 왜 하는지
아는 사람이
일을 잘한다

미국 해군 네이비씰NAVY SEALS은 세계에서 가장 유명한 특수부대입니다. 영화, 드라마, 게임에도 단골로 등장하는 부대라 군사 문제에 별 관심이 없는 사람들도 그 이름은 들어본 적이 있을 텐데요.

1962년 존 F. 케네디 대통령의 명령으로 창설된 네이비씰은 막강한 전투력을 바탕으로 반세기 넘게 수많은 임무를 완수해온 덕분에 오늘날과 같은 명성을 쌓을 수 있었습니다. '씰SEALS'이라는 부대 이름은 바다Sea, 하늘Air, 땅Land의 약자를 합쳐서 만들었는데요. 육해공 어디서든 적과 싸워 이길 수 있는 부대라는 뜻입니다.

네이비씰이 완수했던 가장 대표적인 작전으로는 2011년 5월, 9·11테러의 주범인 오사마 빈 라덴을 사살한 '넵튠 스피어 작전'을 들 수 있습니다. 버락 오바마 대통령은 네이비씰 대원의 헬멧에 달린 캠코더를 통해 빈 라덴의 최후를 두 눈으로 지켜볼 수 있었죠.

최강의 전투력을 갖춘 특수부대인 만큼 네이비씰은 일반 정규군이 감당할 수 없는 위험한 임무에 주로 투입되는데요. 이라크에서 미군과 반군 게릴라 사이에 치열한 전투가 벌어지던 2006년에도 마찬가지였습니다.

당시 이라크에서 반군의 저항이 가장 격렬했던 지역은 이라크 서부 안바르 주(州)의 주도인 라마디였습니다. 반군의 본거지로 꼽히는 인구 40만여 명의 도시였죠. 도시의 대부분을 반군이 장악하고 있었던 곳입니다.

이곳에 네이비씰 브루저 기동대 대원들이 파견되는데요. 다른 미육군·해병대 부대와 함께 라마디에서 반군들을 몰아내는 게 이들의 임무였습니다. 앞으로 이야기할 두 주인공이 바로 이 브루저 기동대를 지휘했던 조코 윌링크Jocko Willink 소령과 그 밑에서 찰리 소대 소대장으로 있던 레이프 바빈Leif Babin 중위입니다.

네이비씰이 찾아낸 리더십의 원칙

조코 소령과 레이프 중위는 각각 20년과 13년의 군 생활을 마친 뒤 지금은 리더십 컨설턴트로 일하고 있습니다. 컨설팅회사인 '에셜론 프론트'를 공동 창업해 기업을 대상으로 한 리더십 교육 프로그램을 운영하고 있죠.

이들은 베스트셀러 작가이기도 한데요. 둘이 함께 쓴 《네이비씰 승리의 기술Extreme Ownership》은 전 세계에서 100만 부 이상 팔린 자기계발서입니다. 또한 조코 소령이 2015년부터 운영하고 있는 '조코 팟캐스트'는 팟캐스트 플랫폼 아이튠즈에 있는 경제·경영 팟캐스트 중에서 가장 많은 누적 청취수를 기록하고 있고요. 같은 이름의 유튜브 채널도 구독자가 약 50만 명에 달합니다.

이라크에서 반군과 목숨을 건 전투를 벌인 두 명의 군인이 10여 년 만에 컨설팅회사 창업자이자 베스트셀러 작가, 인기 콘텐츠 창작자로 거듭난 것인데요. 그 비결은 무엇일까요?

이들이 오늘날과 같은 명성을 얻을 수 있었던 건 총탄이 눈앞을 스쳐 지나가고 폭탄 파편이 사방으로 날리던 전쟁터에서 적과 싸우면서 얻은 경험을 바탕으로 다양한 상황에 적용해서 효과를 볼 수 있는 리더십의 원칙을 찾아냈기 때문입니다.

조코 소령과 레이프 중위는 이라크에서 돌아온 뒤 군대 내에서 장교와 병사들의 리더십 교육을 담당했습니다. 조코 소령은 미국 서부 지역 네이비씰 교육 총책임자로 일하며 실전 경험을 바탕으로 한 리더십 훈련 프로그램을 만들었고요. 레이프 중위 역시 네이비씰 교관으로 일하며 이 작업에 참여했습니다. 이런 경험을 통해 전쟁을 겪으며 몸으로 깨달았던 리더십의 원칙을 누구나 쉽게 이해할 수 있는 이론으로 만들어낼 수 있었습니다. 그리고 군에서 제대한 뒤에는 자신들의 리더십 원칙에 '극한의 리더십Extrem Ownership'이란 이름을 붙인 뒤 컨설팅회사를 창업해 활발하게 활동하고 있죠.

이들이 쓴《네이비씰 승리의 기술》에 나온 내용을 바탕으로 네이비씰이 세계 최강의 특수부대가 될 수 있었던 비결을 리더십의 관점에 분석하고, 조코 소령과 레이프 중위가 말하는 어떤 극한 상황에서도 효과를 낼 수 있는 리더십의 원칙들에 대해 알아보겠습니다. 조코 소령과 레이프 중위가 격렬한 전투가 벌어지던 이라크에서 숱한 위기를 겪으면서도 임무를 달성할 수 있었던 원칙을 3가지로 간추려봤습니다.

첫째, 작전을 통해 무엇을 이루고 싶은지부터 단순하게 말하라.

둘째, 작전 계획은 장군이 아닌 전쟁터에서 싸우는 대원들을 위해 세워라.

셋째, 위기 상황일수록 우선순위에 따라 행동하라.

작전 목표를 구체적이고 단순하게 말하라

"누구나 그럴싸한 계획을 갖고 있다. 한 대 맞기 전까지는." 전직 세계 복싱 헤비급 챔피언 마이클 타이슨이 남긴 말입니다. 그의 말처럼 아무리 완벽해보이는 계획이라도 막상 실전에 들어가면 제대로 위력을 발휘하지 못하는 경우가 적지 않습니다.

군대 역시 마찬가지입니다. 최고의 지휘관과 전략가, 정보 분석가들이 모여 수많은 날을 지새우며 만든 작전 계획이라고 하더라도 실제로 전투가 시작되면 사소한 변수 하나 때문에 모든 게 틀어져

버리곤 합니다.

마케팅과 콘텐츠 창작 분야의 베스트셀러로 꼽히는 《스틱!》에도 이와 관련한 내용이 나오는데요. 이 책에는 당시 미 육군사관학교 행동과학 부서장인 톰 콜디츠 대령이 "어떤 작전 계획도 적과 만나면 쓸모가 없어진다"고 말하며 이 같은 문제를 해결하기 위해 미군이 어떤 노력을 했는지 설명하는 내용이 나옵니다. 네이비씰을 포함한 미군은 전투는 애초에 세운 계획대로 흘러가지 않는다는 걸 오래전부터 잘 알고 있었기 때문이죠.

이런 문제 해결 과정에서 나온 해법이 '지휘관의 의도CI/Commander's Intent'라는 개념이었습니다. 이 개념은 1980년대부터 미군의 작전 계획 수립 절차에 도입됐는데요. 모든 작전 명령서의 가장 윗부분에 이번 작전의 목표와 작전이 끝났을 때 어떤 상황이 돼 있기를 바라는지, 즉 지휘관이 작전을 펼치는 의도를 짧게 서술하는 방식이었습니다. 작전을 어떻게 수행할지 그 방법을 세세하게 설명하는 건 뒤로 미루고 일단 무엇을 얻기 위해 작전을 펼치는지부터 쉽고 간단하게 그리고 구체적으로 말하라는 것이었습니다.

예를 들어 적군이 점령하고 있는 지역을 공격하려는 아군 부대가 있다면 공격을 지시하는 작전 명령서 가장 윗부분에 "내 의도는 화살머리 고지에 주둔하고 있는 적군 3대대를 완전히 궤멸시키고 화살머리 고지를 장악함으로써 아군 탱크 부대의 진격로를 확보하는 것이다"라고 단순하게 설명하는 것이죠. '어떻게 할지'보다는 '왜 이 일을 하는지'를 먼저 말하는 겁니다.

미군이 '지휘관의 의도' 개념을 도입한 이유는 간단합니다. 치열한 전투 현장에서는 아무리 작전 계획을 잘 세우더라도 계획한 그대로 전투가 진행되는 일은 일어나지 않기 때문입니다. 하지만 작전 계획이 그 효력을 잃게 되더라도 애초에 작전을 통해서 이루고자 하는 목적 자체는 변하지 않습니다. 군인들은 그 목적을 실현하기 위해 싸우는 것이고요.

작전에 참가하는 병력이 '우리가 왜 지금 이 전투를 벌이고 있는지'를 정확히 이해하면 전투가 예상과는 다른 방향으로 흘러가더라도 현장에서 싸우는 군인들은 목표를 이루기 위해 어떻게 행동해야 하는지를 스스로 생각해서 움직일 수 있습니다. 일단 목표가 무엇인지 정확하게 알면 사람들은 이를 달성하는 방법을 스스로 생각하기 때문이죠.

조코 소령은 작전 계획을 어떻게 짜야 할지를 두고 고민하는 레이프 중위에게 "브리핑에서 가장 중요한 건 지휘 의도를 설명하는 거야"라고 조언해줍니다. 대원들이 작전의 목적, 작전을 통해서 얻으려는 결과를 정확하게 이해해야만 전투 현장에서 돌발 변수가 발생하더라도 대원들이 상황에 맞춰 스스로 알아서 판단하고 행동할 수 있으니까요.

부하들에게 작전의 목표에 대해 구체적이고 단순하게 설명해야하는 이유는 또 있습니다. 조코 소령은 자신의 책에서 리더는 큰 전략적 그림에 초점을 맞추고 세세한 실행 계획을 짜는 일은 그 분야의 전문가인 부하들에게 맡겨야 한다며 '지휘권 분산'을 여러 차례 강조하는데요. 작전의 목표가 무엇인지, 지휘관이 이 작전을 계획한 의도가 무엇인지 모르는 상황에서는 아무리 유능한 부하라도 효과적인 세부 실행 계획을 짤 수 없고 현장에서도 자기 스스로 생각해서 움직일 수가 없기 때문입니다.

작전 계획은 직접 실행할 대원들을 위해 세워라

이라크로 파병되기 6개월 전 레이프 중위를 비롯한 브루저 기동대 간부들에게 중요한 임무가 떨어집니다. 네이비씰 사령관과 작전 참모 등 여러 장군과 고위 장교들 앞에서 브루저 기동대의 기동 훈련 작전 계획을 브리핑하는 일이었습니다. 훈련을 위한 작전 계획을 세우고 그 내용을 설명하는 자리였죠.

훈련 성적에 따라서 네이비씰 팀3에 속해 있는 세 개의 기동대 중에서 어떤 기동대가 이라크로 파병되는지가 결정되기 때문에 효과적인 브리핑을 통해 사령관에게 좋은 인상을 남기는 게 중요했습니다. 이라크 파병부대 선발을 둘러싸고 각 기동대 사이에 치열한 경쟁이 펼쳐졌기 때문입니다.

하지만 브루저 기동대의 간부들은 작전 브리핑을 며칠 남겨놓지 않은 날까지 만족할 만한 작전 계획을 세우지 못합니다. 계획 초안을 검토할수록 곳곳에서 허술한 점이 발견됐고 세부 작전도 서로 들어맞지 않았습니다.

　발표를 위해 만들어둔 파워포인트 자료는 수백 장이 넘어서 어떻게 설명해야 할지 감을 잡기조차 힘들었습니다. 간부들 사이에서는 브리핑날까지 제대로 된 작전 계획을 마련하는 건 힘들다는 초조함과 절망감이 감돌았습니다.

　이 모습을 본 조코 소령은 부하 간부들에게 "좋은 브리핑을 정하는 기준은 상관들이 어떻게 판단하느냐가 아니야. 그 작전을 직접 실행할 대원들이 이해할 수 있느냐 없느냐지. 그 외에는 다 개소리야"라고 말했습니다.

　부하 간부들이 만든 복잡한 계획은 전투 현장에서 직접 총을 들고 적과 싸워야 하는 대원들이 쉽게 이해할 수 있는 계획이 아니라고 말했습니다. 이번 작전의 목적이 뭔지, 비상 상황이 발생했을 때는 어떻게 움직여야 하는지에 대해 대원들에게 아무것도 전달하지 못하고 있다고 지적했는데요. 막내 대원까지 모든 대원이 작전을 이해할 수 있는 내용으로 브리핑을 다시 준비하라고 조코 소령은 지시했습니다.

　브리핑 결과가 이라크 파병부대 선발에 큰 영향을 미친다는 압박감 때문에 전투 현장에서 싸우는 대원들 대신 사령관과 장군들을 바라보며 브리핑을 준비했던 게 문제의 원인이었습니다.

　조코 소령의 지적 이후 레이프 중위를 비롯한 부하 간부들은 작전 계획을 세우고 그 내용을 전달하는 방식을 확 바꾸었습니다. 복잡한 계획을 담고 있던 수백 장의 파워포인트 자료를 버리고 작전 계획 중에서 가장 중요한 내용만을 담은 간결한 발표 자료를 새로 만들었죠.

파워포인트를 통해 작전 지역의 지형을 설명하는 대신 전투 현장에서 쓰는 것과 똑같은 지도를 벽에 걸어놓고 그 지도 위에 아군의 위치와 적의 위치, 아군의 이동 경로, 주요 목표물 등을 표시했습니다. 전쟁터에서 쓰는 지도와 브리핑 때 쓰는 지도가 같아야 대원들이 현장에 투입됐을 때 어디로 어떻게 이동해야 하는지를 더 쉽고, 빠르게 파악할 수 있었기 때문이죠. 각 대원별로 어떤 일을 해야 하는지를 보여주는 체크리스트도 만들었습니다.

브리핑을 하면서는 일선 대원들이 작전을 완벽하게 이해할 수 있도록 계속해서 질문을 받았습니다. 또 대원들이 작전을 제대로 이해했는지 확인하기 위해 작전 계획을 설명한 뒤 대원들에게 각자의 임무에 대해 다시 말해보도록 했습니다. 비상 상황이 발생했을 때는 어떻게 행동해야 하는지에 대한 질문도 대원들에게 던졌고요.

브리핑은 처음부터 끝까지 대원들이 전투에 나가 각자 어떤 일을 해야 하는지를 최대한 쉽게 설명하는 데 초점을 맞췄습니다. 이렇게 진행된 작전 브리핑은 네이비씰 사령관과 다른 장군들에게 깊은 인상을 남겼는데요. 사령관은 "부대를 점검하면서 들은 작전 브리핑 중에 가장 귀에 쏙쏙 들어온 브리핑이었다"고 극찬했습니다. 덕분에 브루저 기동대는 다른 기동대를 제치고 이라크 파병부대로 선발될 수 있었죠.

전장에 나가서 싸우는 대원들의 눈높이에 맞춘 작전 계획과 브리핑이야말로 최고의 작전 계획이자 최고의 브리핑입니다. 브루저 기동대가 반군과 치열한 교전을 벌인 이라크 라마디에서 효과적으로 작전을 수행할 수 있었던 가장 큰 이유는 전쟁터에 나가 싸우는 대원들이 전투의 목적과 이 목적을 달성하기 위해 자신에게 주어진 임무를 정확하게 이해하고 있었기 때문입니다.

"리더가 명령이나 계획, 전략과 전술을 아무리 잘 설명하더라도 팀원들이 이를 알아듣지 못하면 아무 소용이 없다. 그것은 리더가 계획을 잘 세우지 못했다는 뜻이고 결국 실패한 것이다."

조코 소령은 이 같이 말하며 리더로서의 역할을 강조했습니다.

위기 상황일수록 우선순위에 따라 행동하라

레이프 바빈 중위는 13년의 군 생활 동안 한 개의 은성 무공훈장과 두 개의 동성 무공훈장을 받은 전쟁 영웅입니다.

앞서 그가 이라크 라마디에서 돌아온 이후 네이비씰의 리더십 교관으로 일했다고 말했는데요. 교관 업무를 마친 뒤에는 다시 이라크전에 참전해 네이비씰 대원들을 이끌었습니다.

훈장을 세 개나 받을 정도의 무공을 세웠다는 말은 그만큼 위험한 상황에 자주 노출됐다는 말이기도 합니다. 그의 책에도 그러한 상황들이 다음과 같이 묘사돼 있습니다.

적군의 총알을 막아줄 엄폐물 하나 없는 뻥 뚫린 건물 옥상에 나와 모든 대원들이 노출돼 있는데 아래층으로 내려가는 계단은 굳게 잠긴 철문으로 막혀 있습니다.

이곳은 반군이 우글거리는 적진 한복판이고 적들은 네이비씰 대원들이 어디에 있는지도 이미 알고 있습니다. 지금 당장 기관총 세례가 쏟아져도 이상할 것 없는 상황이었습니다.

또한 대원 한 명이 옆 건물에서 이쪽 옥상으로 건너오던 중 실수로 6미터 아래 콘크리트 바닥으로 떨어져 죽었는지 살았는지 알 수 없습니다. 옆 건물에서는 얼마 뒤면 초강력 사제 폭탄이 폭발할 것이고요.

아무리 뛰어난 지휘관이라도 압도될 수밖에 없는 위기 상황임에 틀림없는데요. 심각한 위기가 동시에 덮쳐오는 이 같은 상황을 어떻게 헤쳐 나갈 수 있을까요? 네이비씰 지휘관과 대원들은 이 같은 상황에 처했을 때 어떻게 행동하도록 훈련받을까요?

조코 소령과 레이프 중위는 압박감이 극에 달한 상황일수록 신속하게 우선순위를 정하고 그 순서대로 빠르게 행동해야 한다고 말합니다. 평소 네이비씰 대원들이 실전보다 더 혹독한 훈련을 받는 것 역시 어떤 극한 상황에서도 정신적 공황에 빠지지 않고 우선순위를 정해 움직이는 법을 배우기 위해서라는 게 이들의 설명이죠.

당시 레이프 중위는 위기 상황에 처하자 '우선순위를 정해 실행하라'는 네이비씰의 교전규칙 그대로 생각하고 행동합니다. 그는 "감정적으로는 바닥에 쓰러져 있는 대원을 가장 먼저 구하고 싶었다. 하지만 그러려면 우리 자신을 보호할 수 있는 전술적 위치를 확보하는 게 급선무였다"고 말합니다. 동료를 구하기 위해서는 우선 자신들의 몸부터 지켜야 한다는 판단을 내린 것이죠.

이렇게 우선순위를 결정한 이후에는 '적들의 공격에 대비해 부하들을 건물 곳곳에 나눠 배치한다 → 절단기를 활용해 철문 잠금 장치를 부순다 → 지상으로 이동해 사제 폭탄의 폭발로부터 안전한 지역으로 이동한다 → 일부 대원을 시켜 바닥에 추락한 대원을 구출한다 → 기지로 복귀한다'라는 각 단계별 목표에 따라 대원들을 이끌어나갑니다. 덕분에 모든 대원이 무사히 부대로 귀환할 수 있었죠. 조금이라도 삐끗하면 자신과 부하들의 생명이 위험에 빠질 수 있는 상황 속에서도 침착하게 우선순위를 정하고 그에 맞춰 순차적으로 행동했습니다.

레이프 중위는 "유능한 지휘관도 여러 문제를 한꺼번에 해결하려 했다가는 압도당할 수 있다. 그러면 오히려 모든 일을 망치게 될 소지가 크다. 그런 상황일수록 최우선 과업을 정해 하나씩 실행해야 한다"고 조언합니다.

네이비씰 부대에서는 어떤 작전이든 임무를 마친 뒤에는 '작전 후 브리핑' 시간을 갖습니다. 아무리 부대원들이 지쳐 있고 다음 작전을 준비하느라 바쁘더라도 이 작전 후 브리핑은 빼먹지 않는데요. 작전의 모든 과정을 하나하나씩 따져보면서 이 부분에서는 무엇이

잘됐고, 여기서는 왜 애를 먹었는지, 다음 작전에서 보다 더 효과적으로 임무를 수행하려면 어떤 점을 보완해야 하는지에 대해 작전에 참가했던 모든 대원이 의견을 내놓는 자리입니다.

이처럼 작전이 끝난 뒤에도 성공 요인과 실패 요인, 보완할 점을 분석하는 일을 게을리하지 않는 것도 네이비씰이 세계 최고의 특수부대라는 명성을 얻게 된 비결입니다. 임무를 마칠 때마다 조금씩 더 강한 부대가 되어갔으니까요.

문제의 원인은
내부에 있다

일본의 생활용품 전문점 무인양품(MUJI)은 자신만의 브랜드를 잘 쌓아올린 대표적인 기업입니다. 무인양품이란 '도장이 찍혀 있지 않은(無印, 브랜드가 없다는 뜻) 좋은 품질의 상품(良品)'을 말하는데요. 이처럼 무인양품은 처음 설립된 1980년 이후 지금껏 불필요한 디자인과 기능을 없앤 소박하고 정갈한 상품을 바탕으로 전 세계 시장에서 소비자들의 사랑을 받고 있습니다.

한국에서도 무인양품의 인기가 높은데요. 2017년 무인양품은 한국 시장에서 매출액 1095억 원을 거둡니다. 1년 전인 2016년에 비해 39퍼센트가 늘었습니다. 2004년 한국에 법인을 설립한 지 13년 만에 1000억 원대 매출을 기록한 것이죠. 같은 해 영업이익 역시 58억 원으로 전 해에 비해 두 배 이상 커졌습니다.

2018년 기순 부인양품은 일본에 454개, 해외에 474개 매장을 두고 있습니다. 2017년에 일본 무인양품이 거둔 매출은 3795억 5100만 엔(약 3조 8000억 원)에 달합니다.

무인양품은 오늘날 일본은 물론 한국을 비롯한 전 세계 시장에서 착실하게 성장하며 글로벌 브랜드로서 탄탄히 입지를 다졌습니다. 하지만 이 회사 역시 위기가 없던 것은 아닙니다.

___ 과거의 성공 신화에 빠져 있는 조직

2001년 매출과 이익이 설립 이후 처음으로 감소하면서 38억 엔(약 380억 원)의 적자를 본 무인양품은 큰 위기에 빠지게 됩니다. 추락하던 무인양품의 구원투수로 등판해 회사를 위기에서 구한 이가 마쓰이 타다미쓰 전 무인양품 사장입니다.

마쓰이 사장은 원래 무인양품의 모기업인 세존그룹에서 일하다가 자회사인 무인양품으로 좌천된 인물입니다. 자기 스스로 '무리 짓는 행동을 극도로 지양하고 직장 생활 하는 동안 술 마시자는 권유는 모두 거절했다'고 말할 정도로 남들과 타협을 모르는 성격이죠. 그가 자회사로 쫓겨난 것도 상사들의 비위를 맞추지 않는 까다로운 성격 탓이었습니다.

하지만 그는 좌천된 뒤에도 포기하지 않고 자신에게 주어진 업무를 이 악물고 해나갔는데요. 그 결과 무인양품에서 승승장구하며 과장으로 발령받은 다음 해에는 부장으로, 그다음 해에는 임원으로 승진할 수 있었습니다. 그는 직장 생활의 대부분을 인사 부서에서 보냈습니다. 사장이 된 이후 위기 탈출의 돌파구로 불필요한 업무 절차를 간소화하고 조직문화를 개선하는 데 집중한 것도 인사 부서에서 일하면서 얻은 경험 덕분이었습니다.

그가 추락하던 무인양품을 되살리기 위해 실행한 대책들은 크게 3가지로 요약할 수 있습니다.

첫째, 보고서에서 불필요한 도장들을 줄여라.

둘째, 개인의 감이 아닌 조직의 경험으로 판단하게 하라.

셋째, 현장의 목소리는 공식적인 조직을 활용해 들어라.

지금부터 마쓰이 타다미쓰가 쓴 《기본으로 이기다, 무인양품》, 《무인양품은 90%가 구조다》와 마쓰이가 일본의 경영 컨설턴트인 기무라 나오노리와 무인양품의 체질 개선 과정에 대해 이야기 나눈 내용이 담긴 《최고의 리더는 어떻게 변화를 이끄는가》의 내용을 참고해 그 내용을 하나씩 살펴보도록 하겠습니다.

마쓰이 사장이 무인양품 사장으로 취임한 2001년은 창립 이후 20년간 빠른 속도로 성장하던 회사의 실적이 갑자기 곤두박질치던 해입니다. 앞서 설명한 것처럼 매출과 이익 모두 감소하면서 38억 엔의 적자를 봤죠. 그 이전 10년 동안에는 매출과 이익이 모두 연간 30퍼센트씩 증가해왔기에 충격이 더 클 수밖에 없었습니다.

마쓰이 사장은 그 이유에 대해 "회사에 문제가 발생했다면 그 원인은 90퍼센트 이상 내부에 있다"라고 말했습니다. 그러고는 성공 신화에 빠져 과거에 해오던 방식 그대로만 일을 하려는 조직문화가 문제의 근본 원인이었다고 지적했죠.

그가 취임하기 1년 전인 2000년에 무인양품은 그 한 해에만 매장 면적을 40퍼센트나 늘렸습니다. 이전까지 전국의 모든 무인양품 매장을 합한 면적이 1만 평이었다면 갑자기 1년 만에 그 면적이 1만 4,000평으로 늘어난 것이죠. 별다른 전략과 계획도 없이 무작정 신규 매장들만 늘려나갔고 이는 결국 막대한 규모의 적자로 되돌아왔습니다.

면피와 무책임, 숨을 곳을 없애라

이런 상황에 사장으로 취임한 그는 먼저 불필요한 결재 절차를 없애는 일부터 시작합니다. 보고서에 있는 결재 도장의 수를 줄이기로 한 겁니다. 결재 절차가 복잡한 건 결국 많은 사람들이 리스크를 공유해서 일이 잘못되더라도 책임지지 않으려 한다는 것을 간파했기 때문입니다.

그가 취임하기 전 무인양품은 새로운 매장을 열기 위해서는 8~9개의 도장을 받아야만 했습니다. 매장 개발 부서, 상품 판매 부서와 같은 전담 부서뿐 아니라 인사 부서, 경리 부서, 시스템 부서 같은 신규 매장 출점과 별다른 관련이 없는 부서의 부서장한테도 결재를 받아야 했죠. '출점 계획을 모르는 상태에서는 채용 계획을 짤수 없다' '매장이 늘어나면 회계 업무도 더 늘어나니까 경리부도 알아야 한다' 등의 이유였죠.

모든 부서의 동의를 받지 않고서는 한 발짝도 일이 진행되지 못하는 상황이었습니다. 더 심각한 건 모든 부서가 신규 매장을 여는데 동의했기 때문에 일이 잘못되더라도 담당자에게 책임을 물을 수없다는 것이었죠. 회사 전체가 결정한 사항에 책임질 사람이 아무도 없게 돼버린 것입니다. '빨간 신호등이어도 함께 건너면 무서울것이 없다'는 생각이 직원들 사이에 퍼져 있었다는 게 마쓰이 사장의 설명입니다.

그래서 그는 사장이 되자마자 부하 임원들의 반대를 무릅쓰고 신규 매장 출점을 위해 필요한 도장의 수(결재 절차)를 세 개로 줄여버립니다. 매장을 새로 열었다가 그 결과가 좋지 않으면 개발 담당자와 개발 부서의 부서장이 반드시 책임지도록 했습니다.

누가 혹은 어떤 부서가 사업을 주도했는지를 알 수 없으면 일이 실패했을 때 책임을 물을 수 없는 것은 물론 사업이 성공했을 때도 보상을 해줄 수 없으니까요. 처음에는 신규 매장을 출점하는 데 필요한 결재 절차만 간소화했지만 이후에는 회사의 모든 결재 과정을 줄여나갔습니다.

_____ 누가 하더라도 성과를 낼 수 있는 구조가 있는가

마쓰이 사장은 무인양품이 오늘날처럼 전 세계로 뻗어나갈 수 있는 발판을 닦을 수 있었던 건 '어떤 직원이 일을 하더라도 성과를 낼 수 있는 구조'를 만들었기 때문이라고 말합니다. 여기서 말하는 구조란 창립 이후 조직에 축적된, 그리고 지금 이 순간에도 본사와 전국 매장의 수많은 직원의 머리와 몸에 쌓이고 있는 노하우와 지혜를 말합니다.

개인의 감과 경험이 아닌 조직 차원의 지혜와 노하우를 바탕으로 문제를 해결해야 한다는 말인데요. 2,000페이지에 달하는 매장용 매뉴얼 〈무지그램〉과 6,000페이지에 달하는 본사용 매뉴얼 〈업무기준서〉를 만든 것도 이 때문입니다.

그는 〈무지그램〉과 같은 매뉴얼을 만들어야겠다고 결심한 계기를 다음과 같이 설명합니다.

마쓰이 사장은 어느 날 저녁, 다음날 아침에 새로 문을 여는 신규 매장을 찾아갔습니다. 그런데 그 자리를 찾은 다른 매장의 베테랑 점장이 갑자기 '이렇게 하는 게 맞다'며 진열된 상품들의 자리를 바꾸는 것이었습니다. 여기까지였다면 그럴 수도 있겠다며 넘어갔을 테지만 응원을 위해 찾아온 또 다른 매장의 점장들까지 모두 나서서 자기만의 방식으로 매장의 이곳저곳을 손보고 다니는 모습을 보게 됐습니다.

그 순간 마쓰이 사장은 '모두가 자기만의 방식으로 매장에 손을 대면 매장은 영원히 정돈될 수 없다. 점장이 100명이면 100가지의 매장 형태가 있다는 말이고 이렇게 하면 무인양품만의 통일된 이미지를 갖추기 힘들다'는 사실을 깨닫게 됩니다. 그래서 누가 어디에서 매장을 운영하더라도 동일한 모습과 분위기를 갖추고 똑같은 서비스를 제공할 수 있도록 매뉴얼을 만드는 작업에 나섭니다.

모든 매장에서 동일한 경험을 제공하겠다는 말은 매장 안에 상품이 진열된 방식, 실내 분위기, 점원들이 고객을 응대하는 태도, 마네킹에 입히는 옷 스타일, 동선 배치까지 모든 걸 통일하겠다는 말이었습니다. 그리고 이를 위해 〈무지그램〉이 만들어지게 되었죠.

〈무지그램〉은 2,000페이지나 되는 만큼 그 내용도 매우 세세합니다. 예를 들어 무인양품 매장에서는 다섯 종류의 옷걸이를 사용하고 있는데요. 매뉴얼에서는 옷걸이 종류마다 옷을 걸 때 어떤 식으로 걸어야 하는지를 사진과 함께 다루고 있습니다. 또 매장을 청소할 때는 어떻게 해야 하는지 구체적인 방법을 제시합니다.

일본보다 해외에 더 많은 매장을 두고 있는 무인양품이지만 이 회사는 별도의 지역 맞춤형 현지화 전략을 펼치지 않는 것으로 유명합니다. 바로 '전 세계 어느 매장이든 소비자들에게 동일한 상품과 경험을 제공한다'는 것이 전략이기 때문이죠.

상품 진열부터 청소하는 방법까지 모든 업무 과정을 매뉴얼로 만들어 회사 직원들이 그대로 따르게 하는 것은 얼핏 보면 매우 경직된 방식처럼 보입니다. 트렌드는 계속해서 달라지는데 과거에 만들어진 매뉴얼만 붙잡고 있다면 구닥다리 브랜드로 외면받는 건 시간 문제니까요.

무인양품 임직원들 역시 이런 문제를 잘 알고 있었습니다. 이런 문제를 예방하기 위해 무인양품에서는 직원들 누구나 매뉴얼에 들어갈 아이디어를 낼 수 있고 이 같은 의견을 반영해 매달 매뉴얼을 업데이트하고 있습니다.

가장 나쁜 소통 전략

마쓰이 사장이 최고경영자 자리에 오르자마자 가장 먼저 한 일은 당시 일본 전역에 흩어져 있던 전국 직영점 107곳을 빠짐없이 돌아다니며 현장의 목소리를 들은 것입니다. 현장의 목소리가 중요하다는 것을 모르는 CEO는 없을 것입니다. 그렇기 때문에 이처럼 매장을 직접 돌아다니는 경영자들이 적지 않은데요.

마쓰이 사장은 CEO가 꾸준히 현장의 목소리를 듣기 위해서는 신경 써야 할 점이 있다고 말합니다. 사장이 직접 판매점으로 가서 현장 직원들의 목소리를 듣고 본사로 돌아오자마자 바로 담당 임원이나 부장을 불러 지시를 내리면 안 된다는 것입니다. 그렇게 하면 그들은 문제를 해결할 방법을 찾기보다는 누가 사장한테 '고자질'했는지를 먼저 찾아내려고 한다는 것이죠.

마쓰이 사장이 취임했을 때는 회사가 큰 적자를 본 직후라 조직의 분위기를 추스르고 투자자와 언론에 충분히 문제를 해결할 수 있는 능력이 있다는 것을 강조하기 위해서라도 현장 투어에 나설 만한 이유가 있었습니다.

하지만 마쓰이 사장은 "가장 나쁜 소통 전략은 사장이 직접 판매점으로 가서 현장의 목소리를 듣는 것이다"라고 말합니다. 앞서 말했듯이 이렇게 되면 '내부 고발자'를 찾는 일에만 관심이 쏠리기 때문인데요. 이 같은 부작용을 없애기 위해 그는 '어떻게 하면 회사의 공식적인 루트를 통해 현장의 생생한 목소리를 수집할 수 있을까' 고민합니다. 그 결과 감사실 조직을 활용하기로 결정합니다. 당시 무인양품 감사실은 날마다 매장들을 방문하면서 각 매장별로 문제점이 없는지를 체크했는데요.

마쓰이 사장은 이런 감사실에 감사 업무 외에도 자신의 지시가 매장에서 제대로 실행되고 있는지를 사진으로 찍어 보고하도록 했습니다. 감사실에서 그때그때 확인해야 하는 주제는 달랐지만 마쓰이 사장은 매주 월요일 12시 30분에 감사실로부터 보고를 받았습니다. 이를 통해 회사 경영진의 지침이 현장에 잘 적용되고 있는지, 매장 직원들이 회사의 전략과 최근 출시된 상품들에 대해 어떤 생각을 갖고 있는지 속속들이 알 수 있었습니다.

사장이 직접 매장에 가서 직원들의 목소리를 들으면 이런저런 불만들을 보다 빠르고 자세히 파악할 수 있습니다. 하지만 조직의 특성상 사장에게 불만을 털어놓은 직원은 결국 다른 상급자에게 '보복'을 당하는 경우가 생기게 되고 이는 결국 조직 안에서의 의사소통을 더욱 움츠러들게 만듭니다.

"공식적인 조직을 통해 현장의 목소리를 수집할 경우 회사 차원의 업무이기 때문에 담당 직원들이 불이익을 당할 염려가 없고 또 정기적으로 균형 잡힌 정보를 보고 받을 수 있다"는 게 마쓰이 사장의 설명입니다.

회사의 체질을 개선하기 위해 마쓰이 사장이 실행한 3가지 대책은 우리가 몸담고 있는 조직의 경쟁력을 높일 수 있는 방법에 대해 진지하게 고민해보는 계기를 마련해줄 것입니다.

3장

정보는 모든 일의
시작이다

_데이터

데이터

주도권을 잡는 비밀

빌 게이츠, 손정의, 마크 저커버그, 도널드 트럼프, 마오쩌둥, 더글 라스 맥아더, 헨리 키신저, 보응우옌잡, 보나파르트 나폴레옹, 조 조. 이들은 모두 한때 세상을 주름잡았거나 지금도 전 세계에 큰 영 향을 미치고 있는 인물들입니다.

몇몇에 대해 조금 설명을 보태자면, 보응우옌잡은 '20세기 최고 의 명장'으로 불리는 베트남의 독립 영웅입니다. 1954년 당시 베트 남을 지배하고 있던 프랑스군과 벌인 디엔비엔푸 전투를 승리로 이 끌면서 베트남의 독립을 이뤄냈습니다. 이후 미국과 벌인 베트남전 에서도 '다윗의 승리'를 만들어낸 장군이죠.

헨리 키신저는 1970년대 미국의 대통령 국가안보보좌관과 국무 장관 자리를 동시에 맡아 미국의 외교 정책을 진두지휘한 인물입니 다. 소련과의 냉전에서 미국이 승리를 거두는 데 결정적인 역할을 한 외교 전략가죠.

자신을 중심으로 세상을 돌게 한 인물들이라는 점 외에도 이들에게는 한 가지 공통점이 있습니다. 이들 모두 《손자병법》을 읽고, 거기서 배운 내용을 바탕으로 생각하고 행동하여 원하는 것을 얻어냈다는 점이죠.

마이크로소프트 창업자 빌 게이츠는 자서전을 통해 "오늘날의 나를 만든 것은 《손자병법》이다"라고 말했습니다. 도널드 트럼프 미국 대통령 역시 자신의 책 《챔피언처럼 생각하라》를 통해 "《손자병법》은 시간을 투자해서 꼭 읽을 만한 소중하고 가치 있는 책이다"라고 말했습니다.

읽는 걸 넘어 《손자병법》을 재해석해 자신만의 '병법(兵法)'을 만들어낸 인물도 있는데요. 손정의 소프트뱅크 회장은 《손자병법》에 자신의 전략과 철학, 관점을 더해 '손의 제곱법칙'이란 이름의 경영철학을 만들어냈습니다. 중국을 건국한 마오쩌둥 역시 《손자병법》의 핵심 내용을 누구나 알기 쉽게 풀어낸 '16자 전법'을 만들었고요. 이 전략을 바탕으로 일본군과 국민당 정부군이라는 강대한 적을 꺾고 중국을 차지할 수 있었습니다.

삼국지의 영웅 중 한 명인 위나라 무제 조조 역시 《손자병법》이 오늘날과 같은 명성을 얻는 데 큰 역할을 한 인물입니다. 《손자병법》의 여러 판본들 중에서 오늘날까지 가장 널리 읽히는 버전은 조조가 직접 주석을 남긴 판본입니다. 수많은 전쟁을 지휘하며 얻은 실전 경험을 바탕으로 《손자병법》의 내용을 보다 알기 쉽게 정리한 것이죠.

《손자병법》은 지금으로부터 2,500여 년 전인 중국 춘추전국시대의 장군이자 전략가였던 손무(孫武)가 쓴 책입니다. '손(孫)'이라는 성씨에 뛰어난 사상가들에게 붙이는 '자(子)'라는 존칭을 붙여 '손자(孫子)'라고 부르고 있죠. 유교의 창시자인 공자와 비슷한 시기에 살던 인물입니다.

《손자병법》은 흔히 '동서고금을 통틀어 최고의 전략서'로 불리는데요. 분량 자체는 그리 길지 않습니다. 6,000여 자의 한자로 쓰였고 띄어쓰기 없이 워드에 옮기면 A4용지 세 장에 들어가는 분량입니다. 우리가 일반적으로 생각하는 것보다는 그 분량이 상당히 짧은 편입니다.

《손자병법》이 2,500여 년의 시간을 거치는 동안에도 계속해서 살아남아 오늘날까지 최고의 전략서로 불리는 이유, 그리고 이 책이 군사·외교 전략뿐 아니라 기업인들이 경영 전략을 세우는 데도 큰 도움이 되는 이유에 대해서 알아보겠습니다.

결코 주도권을 빼앗겨서는 안 된다

앞서 이야기한 최고의 인물들이 《손자병법》을 읽으며 배웠을 것으로 짐작되는 핵심적인 내용을 3가지로 정리하면 다음과 같습니다.

첫째, 어떤 상황에서도 결코 적에게 주도권을 빼앗기지 말라. 주도권은 항상 내가 갖고 있어야 한다.

둘째, 전쟁은 국가의 존망이 걸린 일이다. 전쟁을 벌이기 전에 이길 수 있는 싸움인지부터 생각하라.

셋째, 전쟁은 속임수의 예술이다. 적으로 하여금 나의 의도를 오판하게 하고, 쓸데없는 곳에 힘을 낭비하게 하라.

"손자가 말한 수천 마디의 말은 '적을 능동적으로 이끌어야지, 내가 수동적으로 끌려가서는 안 된다'라는 이 한 마디에서 벗어나지 않는다."

중국 당나라의 장군 이정이 《손자병법》의 핵심을 짚어낸 말인데요. 이렇듯 《손자병법》의 핵심 내용은 '어떤 상황에서도 결코 적에게 주도권을 빼앗겨서는 안 된다'라는 한 문장으로 요약할 수 있습니다. 조금 거칠게 표현하자면 '절대로 적에게 목줄을 잡혀서는 안 된다'는 말이죠.

《손자병법》은 모두 13편으로 이뤄져 있는데요. 손자는 각각의 장에서 다양한 주제에 대해 이야기합니다. '전쟁의 승리와 패배를 결정짓는 5가지 기준은 무엇인지'부터 시작해서 '어떻게 하면 싸우지 않고 전쟁에서 이길 수 있는지' '전쟁터에서 병사들을 지휘하는 장수와 안에서 나라를 다스리는 군왕은 서로 어떻게 역할을 나누어야 하는지' '첩자는 어떻게 활용해야 하는지' 등등 전쟁과 관련된 매우 폭넓은 주제들을 다루고 있습니다. 그리고 이 모든 내용은 결국 전쟁의 주도권, 상황의 주도권을 내쪽으로 가져오기 위한 방법에 초점을 맞추고 있습니다.

《손자병법》 제1편의 제목은 '계(計)'입니다. '계획한다'는 뜻을 갖고 있는 한자로 전쟁을 하기 전에 미리 어떻게 싸울지를 철저하게 계획해야 한다는 말이죠. 계 편에서는 전쟁을 벌이기 전에 아군과 적군 중 누가 이길지를 미리 알 수 있는 5가지 기준에 대해 이야기하고 있습니다.

이 5가지 기준은 도(道, 도덕), 천(天, 천시), 지(地, 지리), 장(將, 장수), 법(法, 법도)인데요. 5가지 기준을 놓고 하나하나씩 따져보면서 아군과 적군 중 누가 각각의 기준에서 더 우위에 있는지를 먼저 비교해보라는 말입니다.

손자는 친절하게도 이 5가지 조건을 비교해볼 수 있는 구체적인 체크리스트를 제시하고 있는데요. 모두 7개 항목으로 이뤄져 있습니다.

1. 군주 중 누가 도를 갖추었는가?
2. 장수들은 누가 더 유능한가?
3. 천시와 지리는 누가 얻었는가?
4. 법령은 누가 잘 시행하는가?
5. 병력은 누가 더 강한가?
6. 병사들은 어느 쪽이 더 잘 훈련돼 있는가?
7. 상벌은 누가 더 분명한가?

《손자병법》의 첫 문장은 "전쟁이란 나라의 중대한 일이다. 죽음과 삶의 문제이며, 존립과 패망의 길이니 살피지 않을 수 없다"입니다. 전쟁을 통해 국가의 운명이 결정된다는 말인데요. 그만큼 중요한 일이기에 마음 내키는 대로 함부로 군대를 일으켜서는 안 되며, 전쟁을 벌이기 전에 미리 아군에게 승산이 얼마나 있는지를 철저하게 따져봐야 한다고 강조합니다.

앞서 말한 도천지장법(道天地將法), 즉 5가지 기준을 바탕으로 나와 적 중에서 누가 더 강한지를 따져보고 또 따져봐야 한다는 말입니다. 철저하게 살펴봤음에도 불구하고 아군에게 승산이 없다고 판단되면 절대 전쟁을 벌여서는 안 되는 것이죠. 애초에 이길 수 없는 전쟁을 벌였다가는 전쟁 내내 적에게 주도권을 빼앗긴 채 휘둘릴 수밖에 없고, 이 과정에서 병사와 국민들은 목숨을 잃고 국토는 폐허로 변해버려 결국 나라가 망하게 되기 때문입니다. 싸움을 벌이기 전에 이 싸움의 주도권이 누구에게 있는지부터 철저하게 살펴봐야 하는 것이죠.

《손자병법》의 다른 편에서도 주도권을 확보해야 한다는 사실을 반복해서 강조하는데요. 제6편인 허실 편 역시 마찬가지입니다. 《손자병법》 전체를 통틀어 가장 중요한 내용을 다루고 있는 부분으로 여겨지는데요. 중국 당 태종 이세민이 "《손자병법》 13편의 내용은 허실 편에서 다루는 내용을 벗어나지 않는다"라고 평가했을 정도입니다.

손자는 허실 편에서 "무릇 먼저 전쟁터에 터를 잡고 적을 기다리

는 자는 여유가 있고, (적보다) 늦게 전쟁터에 터를 잡고 전투에 달려
나가는 자는 피로하다. 그러므로 전쟁을 잘하는 자는 적을 끌어들
이지, 적에게 끌려가지 않는다"라고 말하고 있습니다. 먼저 전쟁터
에 도착해 유리한 위치를 차지한 채 만반의 태세를 갖춘 뒤 뒤늦게
'호랑이 입 안'으로 뛰어들어온 적군을 맞아 싸워야 한다는 뜻이죠.
자신이 원하는 시간에, 원하는 장소에서, 원하는 방식으로, 원하는
적과 전투를 벌여야 한다는 것입니다.

상대보다 먼저 도착해 기다리는 자세는 전쟁뿐 아니라 업무에 있
어서도 필요합니다. 회의 시작 전에 미리 여유 있게 도착해서 오늘
회의가 어떻게 흘러갈지, 내가 원하는 회의의 결론은 무엇인지, 상
대방은 어떤 의견을 내놓을 것이며 나는 이에 대해 어떤 식으로 대
응할지를 곰곰이 생각해보는 습관은 회의를 내게 유리한 방향으로
이끄는 데 큰 도움이 됩니다.

적을 속이는 기술

허실 편은 단순히 '주도권을 확보하라'는 말을 강조하는 것
에 그치지 않습니다. 어떻게 하면 내가 주도권을 쥘 수 있는지 그
구체적인 방법에 대해서도 이야기하고 있죠. 먼저 도착해서 적을
기다리는 것까지는 그렇다 쳐도 적이 내가 파놓은 함정에 스스로
빠져들게 하려면 어떻게 해야 할까요?

손자는 "적으로 하여금 스스로 오게 하는 것은 적을 이롭게 하는 것처럼 보이기 때문이고, 적으로 하여금 (스스로) 오지 못하게 하는 것은 적을 해롭게 하는 것처럼 보이기 때문이다"라고 말했습니다.

당연한 말입니다. 적군 역시 바보는 아닌데 아군이 철저한 공격 태세를 갖춘 채 기다리고 있다는 걸 안다면 이쪽으로 올 리가 없으니까요. 적군을 끌어들이기 위해서는 적에게 '지금 저곳을 공격하면 우리가 이길 수 있다'는 잘못된 확신을 심어줘야만 합니다. 적을 속여야 한다는 것이죠.

《손자병법》은 전쟁을 궤도(詭道), 즉 '속이는 도'와 '속임수의 예술'이라고 말합니다. 적을 속여야만 주도권을 잡을 수 있고, 주도권을 잡아야만 전쟁에서 이길 수 있습니다. 전쟁에서 이겨야만 나라와 국민을 지킬 수 있고요.

허실 전략이 《손자병법》의 핵심 전략으로 불리는 이유는 바로 적을 속이는 방법을 잘 담아내고 있기 때문입니다. 나의 약점은 강점으로 포장해 상대방이 함부로 공격하지 못하게 해야 하고, 반대로 나의 강한 부분은 약한 것처럼 보이게 해 적을 끌어들여야만 합니다. 적으로 하여금 나의 의도를 오판하게 만들어 엉뚱한 곳을 지키는 데 힘을 쏟게 해야 하고, 나는 적이 제대로 지키지 못하고 있는 허술한 곳을 향해 돌격해야 합니다.

"공격을 잘하는 자는 적이 어디를 수비해야 하는지 알지 못하게 한다" "아군이 진격해도 적이 방어할 수 없는 것은 아군이 그 허점을 찌르기 때문이다" 손자가 허실 편에서 남긴 말인데요. 많은 군사 전략가들이 《손자병법》의 허실 전략이 가장 잘 적용된 현대전으로 꼽는 것이 바로 6·25전쟁입니다. 6·25전쟁 중에서도 인천 상륙작전이야말로 허실 전략의 결정판이라고 불리는데요. 인천 상륙작전을 살펴보면 적을 속여 주도권을 가지고 온다는 것이 무엇을 의미하는지 명확히 알 수 있습니다.

당시 인천은 대규모 부대가 상륙작전을 치르기에는 부적절한 지역이었습니다. 실제로 더글라스 맥아더 유엔군 사령관의 이 같은 계획에 미군 합동참모본부와 해군, 해병대는 강력히 반대했는데요. 인천 앞바다는 밀물과 썰물 때의 수심 차이가 10미터나 되고, 썰물 때면 5.5킬로미터나 되는 갯벌이 펼쳐지기 때문에 대형 상륙함이 해안에 접근하는 것 자체가 쉽지 않은 지형입니다. 조수간만의 차가 크기 때문에 상륙작전이 가능한 시간 자체가 짧기도 했고요. 해안에 다다르기 위해서는 먼저 북한군이 지키고 있는 월미도를 장악해야 하는 것도 불리한 조건이었습니다.

이런 이유 때문에 미 육군참모총장과 해군참모총장까지 직접 맥아더를 찾아와 인천이 아닌 다른 지역에 상륙하는 방안을 검토해줄 것을 요청했는데요. 맥아더는 이런 강력한 반대에도 불구하고 인천 상륙작전을 포기하지 않았습니다. 북한군 역시 인천이 대규모 상륙작전을 펼치기에는 부적절한 곳이라는 사실을 모르지 않을 것이고 그렇기 때문에 유엔군의 기습 공격에 대비한 방어 태세를 제대로 갖추고 있지 않다는 걸 알았기 때문입니다. '방심하고 있는 북한군의 허점을 찔러 단번에 전세를 역전시킨다'는 게 맥아더의 전략이었습니다.

맥아더와 유엔군 사령부는 1950년 9월 15일을 인천 상륙작전의 디데이(D-day)로 정하고 작전 준비에 들어갔습니다. 그리고 그전에 북한군을 속이기 위해 여러 가지 기만 작전을 펼쳤는데요. 9월 12일에는 미 육군 부대와 영국군 해병 부대를 전남 군산 해안에 보내 상륙작전을 준비하고 있는 것처럼 보이게 했고, 폭격기를 보내 군산 지역에 폭탄을 들이부었습니다. 다음 날인 9월 13일에는 전함들을 동해안에 있는 삼척, 원산 그리고 서해안의 진남포로 보내 함포 사격을 가했습니다. 이 같은 행동들은 이들 지역 중 한 곳을 목표로 유엔군이 상륙작전을 준비하는 것처럼 북한군을 속이기 위한 것이었습니다.

이렇게 북한군을 속여 그들이 군산, 원산 등의 지역에 병력을 집중하게 만든 다음 기습적으로 인천 앞바다로 밀고 들어갔습니다. 적의 허점을 완벽하게 찌른 인천 상륙작전은 대성공이었고, 낙동강 전선까지 밀렸던 국군과 유엔군은 서울을 탈환한 것은 물론 평양을 비롯한 북한의 주요 도시들을 점령하고 압록강까지 진격할 수 있었습니다. 적을 속여야만 전쟁에서 이길 수 있다는 《손자병법》의 가르침을 완벽하게 구현한 작전이었죠.

리더는 누구보다 최신 기술에 밝아야 한다

나치 독일의 폴란드 침공으로 2차 세계대전의 비극이 막 시작된 1939년 9월 1일 이른 새벽, 폴란드의 전쟁터와는 수천 킬로미터 떨어진 영국 런던 교외의 시골 마을 차트웰에서는 창밖으로 호수가 보이는 어느 별장의 거실 소파에 머리가 벗겨진 퉁퉁한 몸집의 60대 노인이 몸을 푹 누이고 앉아 있었습니다.

유리잔에 든 브랜디를 홀짝거리는 그의 한쪽 손은 탄환이 장전된 권총 손잡이에 놓여 있었죠. 소파에는 언제든 쏠 수 있게 총알이 장전된 사냥용 라이플이 기대어 있었습니다.

한적하기 그지없는 시골의 밤이었지만 노인의 표정에는 긴장과 고뇌로 인한 깊은 피로가 가득했습니다. 밖에서 사그락거리는 작은 소리가 들릴 때마다 그는 일일이 몸을 일으켜 창문 밖을 살폈습니다. 혹시나 누가 쳐들어올까 경계하는 모습이었죠.

잠시 뒤 런던 경찰청 형사 출신인 퇴직 경찰관 톰프슨 경위가 역시 권총을 손에 든 채 거실로 나왔습니다.

"밤이 많이 늦었습니다. 이제 들어가서 쉬시죠. 지금부터는 제가 지키고 있겠습니다."

그러자 남자는 손에 든 브랜디를 마저 목에 털어 넣은 채 자리에서 일어났습니다. 침실로 쉬러 가는 이 남성의 이름은 윈스턴 처칠, 아돌프 히틀러가 일으킨 2차 세계대전에서 나치 독일에 맞서 연합국의 승리를 이뤄낸 그 처칠이었죠.

영국의 수상 자리에 올라 5년 동안 전쟁을 이끈 그였지만 전쟁이 터지던 그 순간까지 그는 수백 명의 하원의원 중 한 명에 불과했습니다. 하지만 그는 히틀러가 가장 두려워하던 인물이었죠. 만약 처칠이 정부 내각에 들어가 전쟁을 지휘하게 되면 그 이전까지 영국 정부가 보였던 나약하고 우유부단한 태도는 더 이상 찾아볼 수 없게 될거라는 걸 히틀러는 알았기 때문입니다.

처칠이 과거에 자신을 경호해준 퇴직 경찰관과 둘이서 교대로 보초를 섰던 건 히틀러가 자신을 암살하기 위해 영국 안에서 활동하는 나치 당원들을 보낼 수도 있다는 걱정 때문이었습니다. 처칠 역시 일단 전쟁이 시작되고 나면 영국이, 아니 전 유럽, 전 세계가 자신을 필요로 하게 될 것임을 알고 있었으니까요.

_____ 풍부한 경험, 단호한 결정

　영국의 수상이 된 처칠이 전쟁을 지휘하기 시작하던 무렵 프랑스, 벨기에, 네덜란드, 노르웨이, 폴란드 등 유럽 전역은 이미 나치 독일과의 전쟁에서 패해 점령당한 상태였고, 오로지 바다 건너 영국만이 홀로 남아 외로운 싸움을 펼치고 있었습니다.

　멸망 위기에 놓인 국가의 지도자가 되어 5년 동안 수많은 일들을 겪어내며 결국 전쟁을 승리로 이끈 처칠의 리더십과 경영 전략은 무엇이었을까요?

　처칠이 노벨문학상을 수상한 뛰어난 작가였다는 사실을 모르는 사람들이 많을 텐데요. 아무래도 험상궂은 불독을 닮은 그의 외모가 노벨문학상 수상자에게 기대하는 지적인 이미지와는 들어맞지 않기 때문인 듯합니다. 하지만 그는 여러 권의 책을 집필했고 수십 년 동안 생활비의 대부분을 책을 팔아서 번 인세와 언론사에 칼럼을 기고하여 받은 원고료, 강연을 다니며 받은 강연료로 마련했던 프로페셔널 작가였습니다.

　1953년 노벨상위원회는 그가 쓴 책들과 그가 전쟁 중에 했던 연설의 문학적 가치를 인정해 그에게 노벨문학상을 주었는데요. 처칠이 2차 세계대전을 치러낸 자신의 경험을 6권으로 정리하여 펴낸 《제2차 세계대전》이 특히나 높은 평가를 받았습니다. 《제2차 세계대전》을 통해 밝힌 그의 경험과 생각, 고민을 바탕으로 그가 유럽의 대부분을 장악했던 히틀러의 나치 독일을 제압할 수 있었던 전략을

3가지로 정리해보았습니다.

> **첫째,** 추측과 감이 아닌 정확한 데이터를 바탕으로 생각하고 행동한다. 조직 구성원들이 같은 기준에 따라 생각하고 같은 용어로 말하게 하라.
>
> **둘째,** 최고경영자일수록 첨단 과학과 공학 기술, 기술이 바꿀 미래에 대해 끊임없이 공부하고 고민해야 한다.
>
> **셋째,** 상황이 좋지 않을 때는 웃는 얼굴로 자신감에 찬 태도를 보여라. 특히 당신이 리더라면 더욱더 그래야 한다.

처칠은 전쟁이 터지고 나흘 뒤인 1939년 9월 5일 해군부 장관으로 임명되어 전쟁을 지휘할 영국 정부의 지도부에 합류합니다. 의원내각제인 영국에서는 의원들이 정부 내각의 각료, 즉 각 부처의 장관을 맡아 정부를 운영하는데요. 처칠에겐 약 15년 만에 다시 맡게 된 각료 자리였죠. 그 이전 10여 년 동안은 하원의원이긴 했지만 정부 내각에서 각료로 일하지는 못했습니다. 거물급 정치인이긴 했지만 공식적으로는 그저 수백 명의 의원들 중 한 명에 불과했던 거죠.

처칠은 1차 세계대전 당시에도 해군부 장관으로 일하며 수년 동안 영국 해군을 지휘한 경험이 있었습니다. 1908년부터 1925년까지 해군부 장관을 비롯해 상무장관, 군수장관, 공군장관, 육군장관, 식민지부 장관, 재무장관 등 여러 직책을 거치며 화려한 경력과 풍부한 경험을 쌓아갔죠. 그가 1940년 5월 수상 자리에 오르자마자 빠른 속도로 국내 정치 상황을 안정시키고, '덩케르크 철수작전' 같은 영국의 운명이 걸린 군사 작전을 단호하게 결정할 수 있었던 것도 이 같은 경험 덕분이었습니다. 어떻게 보면 처칠은 '준비된 전쟁 지도자' 같은 존재였습니다.

처칠이 가장 먼저 뽑은 여섯 명의 남자들

그렇다면 이렇게 긴박한 시기에 영국 해군을 책임지게 된 처칠이 장관직에 오르자마자 가장 먼저 한 일은 무엇이었을까요? 당장 해군 제독들을 불러 어떻게 하면 전쟁에서 이길 수 있을지 전략을 논의했을까요? 아니면 직접 함대를 몰고 전선에 나가 독일군의 움직임을 눈으로 관찰했을까요? 또는 해군 기지를 돌며 처칠 특유의 명연설로 해군 장병들의 사기를 끌어올렸을까요?

모두 아닙니다. 처칠이 영국 해군을 이끌게 되자마자 가장 먼저 한 일은 여섯 명의 통계학자와 경제학자를 고용하는 것이었습니다. 이들을 고용한 뒤에는 이들에게 모든 군사 정보에 접근할 수 있는 권한을 주었습니다. 편견, 희망, 공포, 분노 등 감정에 물들지 않은 객관적인 정보를 얻고 이를 합리적으로 분석하는 것이야말로 최선의 판단을 내릴 수 있는 방법이라고 생각했기 때문입니다.

처칠은 자신의 책에서 "해군부를 책임지고 전쟁 내각 각료가 됨으로써 내가 해야 할 임무의 첫 단계는 나 자신의 전략 전문 팀을 만드는 것이었다"라고 말했습니다. 그리고 자신이 뽑은 통계학자와 경제학자들에 대해 '오직 실질적인 것에만 관심이 있는 믿을 만한 인물들'이라고 표현했죠.

통계학자와 경제학자는 어지럽게 널려 있는 숫자들을 한데 모아 분석한 뒤 객관적인 사실을 밝혀내는 일을 전문으로 하는 사람들입니다. 처칠이 뽑은 통계학자와 경제학자들은 해군부 본부 이곳저곳에 산더미처럼 쌓여 있는 서류 뭉치들을 헤치며 그 안에 조각조각 흩어져 있던 정보들을 하나로 모으는 일부터 시작했습니다. 이렇게 정보를 모은 다음에는 그 내용들을 통계 기법을 활용해 분석한 뒤 현재 전쟁이 어떤 상황으로 흘러가고 있는지, 적과 비교했을 때 영국과 연합국은 어떤 부분에서 강하고 또 어떤 부분에서 약한지를 보여주는 정리된 자료를 만들어냈죠. 이 자료들을 한눈에 알아볼 수 있도록 도표와 그래프, 도형 등으로 나타내어 처칠에게 건네는 게 이들의 임무였습니다.

영국 해군이라는 거대 조직을 이끄는 처칠에게 두툼한 보고서를 한 장 한 장 읽어나갈 시간은 없었습니다. 현재 상황을 한눈에 이해할 수 있게 해주는 시각적인 자료가 필요했던 것이죠. 명확한 기준에 따라 체계적으로 정리되지 않은 정보는 그 양이 아무리 많더라도 그저 종이뭉치에 불과하다는 게 처칠의 생각이었습니다. 과거, 현재, 미래를 같은 기준으로 놓고 비교할 수 없는 정보 그리고 서로 다른 상대와 나를 객관적으로 비교하는 데 사용할 수 없는 정보 역시 큰 가치가 없다고 생각했죠.

2차 세계대전 당시만 해도 영국 정부 안에는 통계를 전문적으로 다루는 부서가 없었습니다. 오늘날에는 전 세계 대부분의 국가가 국가를 운영할 때 정확한 통계 정보를 갖는 것이 얼마나 중요한지 알고 있기 때문에 한국의 통계청과 같은 별도의 통계 전담 부처를 두고 있는데요. 80년 전에는 강대국 중 하나인 영국조차도 통계 정보의 중요성에 대해 별달리 인식하지 못하고 있었습니다.

정부 안에 통계를 전문으로 다루는 부서와 인력이 없기 때문에 같은 영국 정부에서 나온 통계 자료라 하더라도 어느 부서에서 만들었는지에 따라 통계의 기준과 용어 등이 제각각이었습니다. 처칠은 이 같은 현실에 대해 "공군부의 계산과 육군부의 계산이 달랐다. 조달부와 상무부는 같은 것을 의미하는 데도 다른 용어를 사용했다"라고 꼬집었습니다.

같은 상황을 두고도 어떤 기준을 놓고 조사하느냐에 따라 서로 다른 통계 결과가 나오고, 같은 내용을 서로 다른 용어로 표현했던 거죠. 이래서는 정부 부처 간의 의사소통이 제대로 이뤄질리 없었습니다.

처칠은 이에 대해 "(통계 기준이 제대로 마련돼 있지 않은 탓에) 내각 내부에서 특정한 핵심 내용이 제대로 전달되지 않아 가끔 오해를 빚고 시간을 낭비했다"고 말했는데요. 그가 해군부 장관을 맡으며 가장 먼저 통계학자와 경제학자들을 고용한 데는 통일된 통계 기준을 만들어서 정부 부서끼리 같은 상황에 서로 다른 기준을 적용하거나 같은 내용을 서로 다른 용어로 표현하느라 의사소통이 제대로 이뤄지지 않았던 문제를 해결하려는 목적도 있었습니다. 조직 구성원 모두 같은 기준, 같은 용어를 바탕으로 말해야만 의사소통이 제대로 이뤄질 수 있다는 걸 처칠은 알고 있었던 거죠.

꾸준히 공부하고 경험하라

처칠이 전쟁을 승리로 이끈 위대한 지도자로 기억될 수 있었던 두 번째 비결은 첨단 과학과 공학 기술, 기술이 바꿀 미래에 대해 끊임없이 공부하고 고민했던 그의 태도 때문입니다.

보통 정치지도자로서 처칠의 이미지를 떠올릴 때면 영국의 국회 의사당 연단에 서서 강렬한 연설을 토해내거나 아니면 라디오 방송을 통해 영국 국민들을 하나로 모으는 감동적인 연설을 내보내는 모습이 먼저 떠오르는데요. 처칠은 이런 뛰어난 연설가로서의 모습과 함께 첨단 과학과 공학 기술에 깊은 관심을 보이는 '엔지니어'로서의 면모도 갖추고 있었습니다.

2차 세계대전 당시 독일과의 결전을 앞둔 영국의 아킬레스건은 바로 취약한 공군력이었습니다. 〈다키스트 아워Darkest Hour〉처럼 2차 세계대전 당시의 영국을 다룬 영화들을 보면 독일 폭격기가 런던

상공에 나타나 도시 곳곳을 폭격하고, 시민들은 살기 위해서 온 힘을 다해 방공호로 달려가는 모습을 볼 수 있는데요. 수도인 런던까지 독일 폭격기들이 나타나 폭탄을 퍼부을 수 있었던 건 그만큼 영국의 공군력이 약했기 때문입니다.

처칠은 전쟁이 터지기 전부터 몇 년에 걸쳐서 하루라도 빨리 영국의 공군력을 강화해야 한다고 주장해왔습니다. 유럽 대륙과 떨어져 있는 섬나라에 해군력만큼은 어느 나라와 겨루더라도 지지 않을 자신이 있었기에 바다를 건너오는 독일 해군과 그들이 실어 나르는 육군의 침공은 충분히 막아낼 수 있었습니다. 하지만 영국 공군이 보유한 전투기, 폭격기의 성능과 그 수는 독일 공군에 비할 바가 못 됐는데요. 압도적인 화력을 보유한 독일 공군이 영국의 주요 도시와 군수 공장, 군사 기지들을 마음껏 폭격하게 놔둔다면 영국으로서는 전쟁에서 패배할 수밖에 없는 상황이었습니다.

처칠이 수년 동안 공군력 확충을 주장해온 것은 이 때문이었는데요. 하지만 히틀러와 평화로운 관계를 맺을 수 있다는 환상에 빠져 있던 당시의 볼드윈-맥도널드 정권은 처칠의 주장에 귀를 기울이지 않았습니다. 공군력 확충은 전쟁이 벌어질 게 확실시되고서야 추진됐죠.

보통의 정치인이었다면 정부가 곧 다가올 대재앙을 눈앞에 두고도 아무런 조치를 취하지 않는 모습에 절망했을 텐데요. 처칠은 달랐습니다. 그는 일단 자기 혼자서라도 독일 공군이 공습했을 때 어떻게 막아낼 것인지를 연구했죠.

처칠은 1930년대부터 지상에 있는 장비로 적의 전투기와 폭격기를 물리칠 수 있는 방법, 군사용어로는 '대공 방어'라고 불리는 전술을 공부해나갑니다. 그에게 대공 방어 전술과 현대전의 과학적 전술에 대해 많은 것을 가르쳐준 이는 프레더릭 린데만Frederick Lindemann으로 옥스퍼드 대학교에서 학생들에게 경험 철학을 가르치는 교수였습니다.

철학과 교수가 대공 방어 전술과 현대전 전술에 대해 가르쳤다는 것이 조금 의아할 수도 있을 텐데요. 린데만 교수는 1차 세계대전 당시 영국 공군의 파일럿으로 참전한 인물입니다. 당시 공군이 실행했던 여러 가지 위험한 비행 실험에 참여해 조종사로서 명성을 떨쳤죠. 군에서 나온 이후에도 꾸준히 군사 전술을 연구해왔고요.

린데만 교수와 교류하며 대공 방어 전술 등에 대해 꾸준히 공부해온 경험 덕분에 치칠은 전쟁 지도부에 합류한 뒤 독일 공군에 맞서서 영국 국민들을 최대한 지켜낼 수 있는 전술을 신속하게 마련할 수 있었습니다. 대공 방어 전술에 대한 지식을 갖고 있었기 때문에 지금 영국군이 갖고 있는 장비와 인력이라면 독일 공군에게 완벽하게 무너지지는 않을 것이라는 확신을 가질 수 있었죠. 그런 확신이 없었다면 독일에 휴전을 제의할 수밖에 없었을 겁니다. 국민들을 폭격기 앞에 무방비 상태로 놓아둔 채 전쟁을 이끌어갈 수는 없으니까요.

처칠의 전문 지식이 빛나던 분야는 특히 해군과 관련된 영역이었습니다. 1차 세계대전 당시 영국 해군을 이끌었던 경험 덕분에 그는 함대와 해군의 특성, 해전 전략에 대해 깊은 지식을 갖게 됐는데요. 해군 장관에서 물러난 뒤에도 해군 지휘부와 꾸준히 교류하며 함선에 도입되는 최신 기술과 새롭게 등장한 무기 체계, 해전의 전술 변화 동향에 대한 지식을 계속해서 쌓아나갔습니다.

처칠은 자신의 이 같은 노력에 대해 "사임 후에도 해군 문제와 관련된 연구도 하고 글도 썼다. 하원에서도 그 문제(해군 관련 문제)에 관해 여러 차례 발언했다. 항상 해군부와 긴밀한 관계를 유지했고, 그 시절 나는 가장 엄격한 비판자였음에도 불구하고 많은 비밀 사항을 알게 됐다"라고 말했습니다.

대영제국은 해군을 바탕으로 전 세계를 움켜쥐었던 국가입니다. 2차 세계대전 당시에도 영국의 해군력은 세계 최강으로 평가받았고 해군이야말로 나치 독일에 맞서서 영국을 지킬 수 있었던 가장 큰 방패이자 칼이었습니다. 최고지도자가 이처럼 국가의 가장 큰 무기인 해군에 대해 풍부한 지식과 경험을 갖고 있었다는 것은 영국이 전쟁 초기의 열세를 뒤엎고 독일을 물리칠 수 있었던 결정적인 이유 중 하나였습니다.

실제로 처칠은 탱크를 실은 배(상륙용 함정)를 해안에 상륙시키고, 그 뒤에 곧바로 탱크가 박차고 나가 적을 향해 돌격하는 상륙 전술을 구상하고 이를 위한 함정과 장비 개발을 지시했는데요. 이 같은 수륙양면 전술은 처칠이 1917년 1차 세계대전 때부터 이미 머릿속에 품고 있던 것이었습니다.

탱크와 병사들을 실은 수많은 상륙용 함정이 빗발치는 적군의 총탄과 포화를 뚫고 해안에 도착한 뒤 그 안에서 탱크와 병사들이 쏟아져 나와 적을 향해 돌격하는 모습. 이런 장면을 생각할 때면 떠오르는 대표적인 전투가 있는데요. 하나는 2차 세계대전을 연합국의 승리로 결정지은 노르망디 상륙작전이고, 다른 하나는 6·25전쟁 당시 밀리기만 하던 국군과 연합군에게 본격적으로 승기를 잡을 수 있게 해준 인천 상륙작전입니다.

이 같은 대규모 상륙작전을 처음 구상하고 이를 위해 국가 자원을 총동원해 탱크 상륙용 주정 L.C.T / Landing Craft Tank과 탱크 상륙용 함정 L.S.T / Landing Ship Tank을 건조한 사람이 바로 처칠입니다. 최고지도자가 최신 기술과 그런 기술로 인해 바뀌는 경쟁 환경에 대해 항상 공부하고 연구하는 태도가 얼마나 중요한지를 잘 보여주는 사례입니다.

처칠은 노르망디 상륙작전과 관련해 "탱크의 상륙을 위해 방대하게 준비하고, 함대를 만들어야 한다는 점을 강조했으며, 또 거기에 권한을 동원한 사람이 바로 나였다"라고 말했습니다.

리더의 한 마디가
전체 분위기를 이끈다

처칠이 전쟁을 승리로 이끌 수 있었던 세 번째 비결은 '리더의 감정은 조직 전체에 급속도로 전염된다는 것을 누구보다 잘 알고 있었다는 것'입니다.

태풍이 불어와도 끄떡하지 않을 것 같은 외모, 불굴의 의지를 담은 연설, 강력한 리더십처럼 겉에서 보여지는 모습과는 달리 처칠은 평생을 우울증에 시달렸습니다.

처칠의 책을 보면 그가 시간이 허락할 때마다 캔버스와 팔레트, 물감, 붓을 챙겨 한적한 시골마을에 가서 그림을 그렸다는 걸 알 수 있는데요. 실제로 처칠의 그림 실력은 아마추어 화가의 실력을 뛰어넘는 수준이었다고 합니다. 처칠이 이처럼 그림에 취미를 붙이게 된 이유는 그림을 그릴 때면 자신의 마음을 삼키려 드는 우울한 감정을 조금이나마 달랠 수 있었기 때문입니다.

내일이라도 당장 적의 군홧발에 짓밟힐지도 모르는, 위기에 처한 국가의 지도자라는 자리는 평생을 우울증에 시달려온 60대 노인이 감당할 수 있는 자리라고는 생각할 수 없습니다. 하지만 처칠은 그 누구보다도 성공적으로 위기에 처한 국가를 이끌었고 전쟁에서도 결국 승리할 수 있었습니다.

전쟁을 이끌던 시기에 그는 단 한순간도 '패배할지도 모른다는 불안감'을 겉으로 드러낸 적이 없었는데요. 최고지도자인 자신이 약한 모습을 드러내는 순간 국민들에게 불안함과 패배감이 급속도로 퍼져나갈 것이라는 걸 누구보다 잘 알았기 때문입니다.

"상황이 좋지 않을 때는 웃는 얼굴로 자신감에 찬 태도를 보여라." 처칠은 말했습니다.

전 세계 사람들이 사진을 찍을 때 가장 많이 하는 포즈가 있는데요. 바로 검지와 중지 두 손가락을 세워서 '브이(V)' 자를 만드는 겁니다. 이 포즈가 오늘날처럼 전 세계로 퍼져나갈 수 있었던 데는 처칠의 공이 컸습니다. 처칠은 대중 앞에서 사진이 찍힐 때마다 손가락 두 개를 펴서 V자 포즈를 취했습니다. 여기서 'V'는 Victory, 승리를 의미했죠. '우리는 꼭 승리한다'는 뜻의 V자 포즈와 함께 활짝 웃는 표정의 처칠 사진은 영국 국민은 물론 히틀러와 맞서 싸우고 있는 연합국 국민 모두에게 '이길 수 있다'는 희망을 심어주었습니다. 최고지도자의 표정, 몸짓, 말 한마디가 조직 구성원들에게 미치는 영향이 그만큼 크기 때문입니다.

처칠이 국민들에게 긍정과 희망의 메시지를 전달하기 위해 사용한 또 다른 중요한 수단은 라디오 연설이었습니다. 독일 공군의 폭격이 한창이던 시기에 처칠은 라디오 방송 연설을 통해 국민들에게 이길 수 있다는 희망을 몸소 불어넣었습니다.

처칠이 라디오 방송에서 했던 연설의 대부분은 그가 직전에 의회에서 했던 연설을 그대로 다시 반복하는 것이었는데요. 의회에서 했던 연설들은 신문과 같은 언론매체를 통해 국민들에게 전달되고 있었습니다. 하지만 국가가 전쟁을 치르고 있는 비상 상황에서는 리더가 직접 자신의 목소리를 국민들에게 들려줄 필요가 있다는 게 처칠의 생각이었습니다. 활자를 통해 읽는 것과 직접 지도자의 목소리를 통해 듣는 것은 그 차이가 엄청나다는 걸 처칠은 잘 알고 있었기 때문입니다.

같은 정보도 창의적으로 쓰면 다르다

2011년 우리 국군의 청해부대가 소말리아 해적들에게 납치된 삼호 주얼리호의 인질들을 구출하기 위해 펼친 '아덴만의 여명 작전'이 성공했을 때, 국내 언론들은 '한국판 엔테베 작전이 성공했다'는 표현으로 작전의 성공을 알렸습니다.

성공한 대테러 작전의 모범 사례로 여겨지는 '엔테베 작전'은 우간다의 엔테베 공항에서 이스라엘 특수부대가 벌인 인질 구출 작전으로 평소 군사 분야에 대한 관심이 없는 사람도 신문과 방송을 통해 한 번쯤은 들어본 적이 있을 것입니다.

이스라엘의 전직 대통령·총리이자 엔테베 작전 당시 국방장관을 지낸 시몬 페레스Shimon Peres의 자서전《작은 꿈을 위한 방은 없다》의 내용을 바탕으로 역사상 가장 대담한 군사 작전으로 평가받는 엔테베 작전의 성공 요인을 리더십과 경영의 관점에서 살펴보겠습니다.

납치된 승객
254명을 구하라

40여 년 전인 1976년 6월 27일, 이스라엘의 벤구리온 공항을 떠나 프랑스 파리 오를리 공항으로 향하던 에어프랑스 139호 항공기가 중간 경유지인 아테네 공항을 떠난 직후 테러범들에게 납치를 당합니다. 테러범들의 수는 모두 네 명으로 두 명은 팔레스타인 인민해방전선 소속 테러범이고, 나머지 두 명은 독일 혁명 분파 테러범이었습니다. 납치된 승객은 254명이었는데 그중 3분의 1이 이스라엘 국민이었습니다.

승객들을 납치한 테러범들은 리비아의 벵가지 공항에 잠시 들러 기름을 넣은 뒤 아프리카 우간다의 엔테베 공항에 착륙했습니다. 이곳에서 세 명의 테러범들이 새롭게 합류했죠. 테러범들이 우간다 엔테베 공항에 착륙한 건 당시 우간다를 다스리던 독재자 이디 아민Idi Amin이 테러범들의 뒤를 봐주고 있었기 때문입니다. 즉 납치된 승객들은 일곱 명의 테러범뿐 아니라 중무장한 우간다군의 감시에 놓인 상황이었습니다.

비행기가 납치된 직후부터 계속해서 이동 경로를 추적해오던 이스라엘 정부와 군대, 정보기관에서는 비행기가 우간다 엔테베 공항에 도착했다는 사실을 확인한 뒤 큰 고민에 빠집니다. 우간다는 이스라엘에서 4,000킬로미터나 떨어져 있어 이스라엘이 군사 작전을 펼치는 게 쉽지 않았고 설령 군대를 보낸다 하더라도 테러범뿐만 아니라 우간다군까지 제압하고 수백 명의 인질을 다시 비행기에 태워 데려온다는 건 사실상 불가능해보였기 때문입니다.

당시 이스라엘 국방장관이던 시몬 페레스는 자서전에서 그때를 떠올리며 "사령관들 대부분은 내심 인질 구출 작전이 불가능하다고 느끼는 것 같았다"라고 고백했습니다.

상황이 이렇게 되자 이스라엘 정부 안에서는 이스라엘 국민은 물론 외국인이 포함된 200여 명 인질들의 목숨을 구하기 위해 테러범들의 요구를 들어줘야 한다는 목소리가 높아졌습니다. 당시 테러범들은 테러를 저질러 이스라엘과 유럽 각국의 감옥에 수감돼 있는 다른 테러범들의 석방을 요구했습니다.

시몬 페레스의 자서전과 관련 자료를 살펴보면 당시 이스라엘 총리를 비롯한 내각은 테러범들의 요구를 받아주기 직전 단계까지 갔었는데요. 테러범들의 협박에 이스라엘 정부와 군이 내놓을 수 있는 대책이 사실상 없었기 때문입니다. 이때 끝까지 인질 구출 작전을 주장했던 이가 바로 시몬 페레스입니다. 그는 테러범들에 대한 군사 작전을 포기하지 않았던 이유에 대해 다음과 같이 말했죠.

"우리가 항복하면 전 세계 그 어느 나라도 버티지 못할 것입니다. 또한 앞으로 테러 집단의 요구를 더 많이 끌어안게 될 것입니다."

일단 한번 테러범들의 요구에 굴복하면 그 후에는 더 많은 테러범들이 자신들의 목적을 이루기 위해 테러를 저지를 것이고 이로써 훨씬 더 많은 희생자들이 생길 것이라는 말이었습니다. 한번 잘못된 요구에 무릎을 꿇으면 그다음부터는 더욱더 무리한 요구를 해올 것이라는 의미였죠.

시몬 페레스는 많은 사령관과 장교들이 인질을 구출할 방법이 전혀 없다고 말하면 다음과 같이 말하며 작전을 준비했습니다.

"만약 어느 한 전문가가 할 수 없다고 결론지으면, 다른 전문가를 구하라."

당시 시몬 페레스가 취한 행동들을 3가지 전략을 바탕으로 분석하면 다음과 같습니다.

구할 수 있는 최대한의 정보를 확보하라

납치 사건 초기 이스라엘 정부와 군을 가장 어렵게 만든 것은 테러범들이 누구고, 또 몇 명이고, 그들이 무엇을 원하고, 어디로 향하는지에 대한 정보가 전혀 없다는 점이었습니다.

시간이 흐른 뒤에는 정보기관인 모사드와 군 정보부대, 해외 대사관 등에서 서로 상반되는 내용의 정보들이 무수하게 쏟아져 들어와 어떤 게 진짜 맞는 정보인지 헷갈리는 상황이 됩니다. 어떤 정보가 맞는지 확신할 수 없으니 현재 상황을 제대로 파악할 수 없고, 상황을 파악할 수 없으니 당연히 이에 맞춘 작전을 세우고 준비하는 것도 불가능했죠.

그래서 시몬 페레스를 비롯한 이스라엘 정부 관리들은 가장 먼저 믿을 수 있는 정확한 정보를 확보하는 일에 집중했습니다. 비행기를 납치한 테러범들은 인질들 중에서 이스라엘인이나 유대인이 아닌 다른 외국인들은 풀어줬는데요. 풀려난 인질들이 프랑스로 향한다는 걸 알게 된 이스라엘 정부는 아미람 레빈이라는 첩보장교를 프랑스 파리로 보냅니다. 그는 이곳에서 프랑스 정보요원들과 함께 풀려난 인질들로부터 인질들은 어디에 갇혀 있는지, 그들의 건강상태는 어떤지, 테러범들은 몇 명이고 어떤 무기로 무장하고 있는지 등을 물어 상황을 파악합니다.

다행스럽게도 이스라엘에게는 운이 따랐는데요. 잡혀 있다가 풀려난 프랑스인 인질 중 한 명이 프랑스군의 전직 대령 출신이었습니다. 대령까지 지낸 인물인 만큼 그 노신사는 인질로 있는 동안 테러범과 우간다군의 병력과 경계 상태는 물론 터미널의 구조, 군사작전을 할 때는 병력이 어디로 진입해야 하는지를 상세하게 파악하고 이를 머릿속에 담아뒀습니다. 전직 대령을 비롯한 인질들이 말해준 정보 덕분에 이스라엘 정부와 군은 인질들이 처한 상태를 비교적 정확하게 파악할 수 있었죠.

이스라엘군은 테러범들의 뒤를 봐주고 있는 우간다의 독재자 이디 아민과 직접 접촉해 정보를 빼오는 일도 주저하지 않았습니다. 우간다에서 일했거나 이디 아민과 개인적인 인연이 있는 이스라엘군 장교 등을 통해 그에게 직접 전화를 걸어 정보를 수집하기도 했죠. 모든 것이 불확실한 상황에 처해 있다면 가장 먼저 해야 할 일은 조금이라도 더 많은 정보를 구해 판단을 내릴 수 있는 수준까지 쌓는 일입니다. 이스라엘 정부와 군은 이 같은 일을 잘 처리해냈습니다.

경험에 얽매이지 않는 창의적인 팀

앞서 말했듯이 사건 초기 이스라엘 정부는 테러범들과의 협상 여부를 두고 의견이 나뉘었는데요. 이런 상황에서도 시몬 페레스는 군사 작전의 세부적인 계획을 마련할 팀을 구성합니다. 군사 작전을 하게 될지 안 하게 될지 모르는 상황이었지만 사전에 철저한 계획을 가지고 있어야만 군사 옵션을 선택했을 때도 작전을 무리 없이 수행할 수 있고, 또 계획이 탄탄해야만 군사 작전을 펼치자고 사람들을 설득할 수 있기 때문입니다.

이 팀의 이름은 '판타지 위원회'였습니다. 상상과 공상을 뜻하는 영단어 'fantasy'라는 말처럼 불가능한 것으로 여겨지는 군사 작전을 성공시키기 위해서는 기존의 방식과 전혀 다른 방법을 선택해야 했기 때문입니다. 4,000킬로미터는 서울에서 방콕까지 정도의 거리인데요. 우리나라 특수부대를 방콕에 보내 테러범들을 쓸어버린 다음 잡혀 있는 인질 100여 명을 데리고 다시 서울로 돌아와야 하는 상황인 셈이죠.

판타지 위원회에서는 실현 가능하든 불가능하든 상상할 수 있는 모든 구조 작전을 검토해야만 했습니다. 낙하산 부대를 보내 인질들을 구출하는 작전, 스피드보트를 탄 병력이 빅토리아 호수를 가로질러 공항으로 들어가는 작전부터 시작해서 대규모 병력을 보내 엔테베 공항 인근의 도시와 항구를 장악하는 작전 등 온갖 작전이 논의됐습니다.

이렇게 장군과 장교들이 모여 계급장을 떼고 상상 속에서 가능한 온갖 작전들을 이야기하면서 계획은 점점 구체적이고 현실적이 되어갔습니다. 처음에 나왔던 낙하산 부대를 공항에 떨어뜨리는 방식 대신 아예 병력을 실은 수송기를 공항에 착륙시키자는 의견이 나왔습니다. 우간다군도 설마 인질들을 구출하러 온 비행기가 떡하니 공항 활주로에 내릴 거라고는 상상하지 못할 테니 초반에 의심을 덜 수 있다는 장점이 있고, 구출한 인질들을 데리고 돌아가기에도 유리하다는 의견이었습니다.

이 같은 아이디어가 점점 다듬어지면서 모두 4대의 수송기를 보내고, 수송기 안에는 병력과 함께 장갑차를 싣고 가서 우간다군의 중화기에 맞서자는 작전이 세워졌습니다.

당시 판타지 위원회가 내놓은 작전이 얼마나 참신했는가 하면 한 장교는 비행기 착륙 자체를 이디 아민이 외국에 나갔다가 엔테베 공항을 통해 돌아오는 행렬처럼 위장하자는 의견을 내놨습니다. 이를 위해 실제로 이디 아민이 타고 다니는 것과 같은 검은색 벤츠 차량을 구하려 했는데요. 당시 이스라엘에는 같은 모델의 흰색 벤츠만 있어서 차에 검은색 구두약을 칠한 뒤 이디 아민의 차인 것처럼 위장했습니다.

비록 이디 아민이 예상보다 일찍 귀국해 이디 아민의 차량인 척하지는 못했지만 이스라엘 특수부대는 수송기에 싣고 온 이 벤츠를 타고 우간다군 고위 장군인 것처럼 속인 뒤 작전에 들어갑니다.

당시 이스라엘군 지휘부가 과거의 교범에 얽매이지 않는 새로운 아이디어를 찾기 위해 얼마만큼의 노력을 쏟았는지 잘 보여주는 사례입니다.

____ 항상 반대만 하는 사람으로 보이지 말라

시몬 페레스를 비롯한 이스라엘 특수부대 지휘관들의 서로 다른 의견과 정부 관리 및 군인들의 회의적인 시각에도 불구하고 엔테베 작전을 성공시킨 또 하나의 요인은 바로 '회의 자리에서 언제나 반대만 하는 사람으로 보여서는 안 된다'는 시몬 페레스의 원칙 때문이었습니다.

시몬 페레스는 처음부터 군사 작전만을 주장하지는 않았습니다. 치밀하게 군사 작전을 준비하면서도 테러범들과의 협상을 주장하는 다른 각료들의 의견에도 귀를 열어두었고 협상안을 논의하는 과정에도 적극적으로 참여했습니다.

시몬 페레스는 그 당시 자신에게는 확신할 만한 군사 작전 계획이 없는 상태였기 때문에 가장 필요한 건 바로 '작전을 준비할 시간'이었다고 말합니다. 느리게라도 테러범들과의 협상을 시작하면 군사 작전을 준비할 시간을 조금이라도 더 벌 수 있다고 생각했죠. 또한 적군과 의사소통을 시작하면서 그들에 대한 더 많은 정보를 구할 수 있다고도 생각했습니다.

무엇보다 협상안에 찬성하는 것처럼 행동했던 중요한 이유 중 하나는 이렇게 함으로써 자기 자신을 늘 반대만 하는 쓸모없는 사람처럼 보이지 않게 하는 효과가 있었다고 말합니다. 나중에 군사 작전을 완벽하게 마련한 뒤 총리를 찾아가 결재받을 때를 미리 생각해서 한 행동이었죠. 총리와 다른 장관들의 신뢰를 얻기 위해서는 한쪽 의견만 주구장창 주장하는 사람이 아니라 양쪽 의견 모두를 합리적으로 놓고 따져보는 신뢰할 수 있는 인물로 보이는 게 중요했다고 합니다. 사람들의 신뢰를 얻고 시간을 벌기 위해서는 때론 자신의 마음에 들지 않는 의견이라도 어느 정도는 따르는 모습을 보여주는 것도 전략적으로 중요하다는 말입니다.

역사상 가장 성공한 인질 구출 작전

그렇다면 지금껏 말한 노력들을 바탕으로 준비된 엔테베 작전은 어떤 결과를 거뒀을까요? 글 초반에 말했듯이 이 작전은 역사상 가장 성공한 인질 구출 작전으로 불립니다. 4대의 수송기 편으로 엔테베 공항에 도착한 이스라엘 특공대는 테러범들을 제압하고 잡혀 있는 인질들의 거의 대부분인 105명을 구출하여 이스라엘로 돌아오는 데 성공합니다. 총격전 중에 사망한 세 명의 인질과 병원 치료를 위해 다른 곳에 가 있던 인질 한 명만을 제외하고는 대부분의 인질을 구출한 것이죠.

첫 비행기가 엔테베 공항에 착륙한 지 90분 만에 모든 인질을 구출하고 마지막 비행기가 엔테베 공항을 떠났습니다. 엔테베 작전이 역사상 가장 성공한 인질 구출 작전으로 불리는 이유입니다.

작전 중 사망한 이스라엘 특수부대 요원은 단 한 명이었는데요. 바로 특수부대 대장인 요나단 요니 네타냐후 중령이었습니다. 그는 현재(2020년 1월 기준) 이스라엘 총리인 베냐민 네타냐후의 형이기도 합니다. 지휘관이 앞장서서 작전을 이끄는 이 같은 자세는 이스라엘 군대가 작지만 강한 군대로 불리는 이유입니다.

2016년 9월 타계한 시몬 페레스는 죽기 일주일 전 비로소 자신의 자서전 집필을 마칠 수 있었습니다. 그는 엔테베 작전을 이끌었던 국방장관임과 동시에 이스라엘-팔레스타인 분쟁을 해결하기 위한 첫걸음으로 평가받는 '오슬로 협정'을 이끈 공로로 노벨평화상을 받았습니다.

자서전에서 그는 자신이 굉장한 낙관주의자라는 사실을 여러 차례에 걸쳐서 이야기합니다. 자신이 이스라엘과 인류의 미래에 대해 낙관하는 이유를 역사 속에서 찾고 있었죠. 아무리 괴로운 일을 겪었더라도 사람들의 삶이 느리게나마 조금씩 나아져 온 역사를 통해 낙관주의에 대한 믿음을 갖게 되었다고 합니다. 그는 "역사야말로 비관적인 세계관에 대한 가장 효과적인 치료제다"라는 말을 남겼습니다.

최신 정보의
길목을 장악하라

1957년 일본 사가현(賢) 도스시(市)에 있는 무허가 판잣집에서 재일
교포 3세로 태어난 소프트뱅크 창업자 겸 회장 손정의(일본명 손 마사
요시). 돼지에게 먹일 음식찌꺼기를 나르던 리어카 위에서 어린 시
절을 보낸 그는 60여 년 뒤 재산 28조 원, 일본 최고 부호가 됐습니
다(《포브스》, 2018년 조사 기준).

그가 이끄는 소프트뱅크그룹이 2017년에 거둔 매출은 9조 1587
억 엔, 우리 돈으로 100조 원이 넘습니다. 그가 사우디아라비아 국
부펀드, 애플 등과 함께 설립해 전 세계 유망 기업들에 투자하는 비
전펀드가 굴리는 투자금은 1000억 달러, 약 110조 원에 달합니다.
그만큼 대단한 인물이기에 인터넷과 뉴스 기사 등에서 그에 대한
글들을 쉽게 찾아볼 수 있습니다.

몇 가지 예를 들자면 이렇습니다. '2000년에 창업한 지 1년밖에

안된 알리바바의 사장 마윈을 만나 6분 만에 200억 원의 투자를 결정했다' '열여섯 살의 나이에 결핵에 걸려 쓰러진 아버지를 뒤로 하고 홀로 미국 유학을 떠났다' '닷컴 버블 당시 주가가 100분의 1로 떨어졌지만 6시간의 주주총회 끝에 결국 주주들을 감동시켰다' 같은 에피소드들입니다.

이런 에피소드들만 읽어도 손정의가 어떤 사람이고, 그가 어떤 방식으로 어려움을 극복해왔는지 아는 데 도움이 됩니다. 여기서 조금 더 나아가 그가 사업 초창기에 어떤 전략으로 사업 규모를 빠르게 늘려갔는지, 창업자라면 누구나 마주하게 되는 여러 문제들을 어떻게 해결했는지에 대한 구체적인 답을 찾아보겠습니다.

소프트뱅크 초창기 시절 그가 실천했던 전략은 상대적으로 잘 알려져 있지 않습니다. 그가 창업 8개월 만에 잡지를 내는 출판사를 차리고, 미국의 미디어그룹과 전시회업체를 인수하는 데 거액을 쏟아부은 이유 등에 관해서는 말이죠. 그 이유는 각각 제품 홍보, 정보 획득, 인프라 장악이라는 3가지 키워드로 요약할 수 있습니다.

지금은 매출 100조 원대 회사인 소프트뱅크이지만 1981년 창업 당시에는 소프트웨어 유통회사로 시작했습니다. 여러 개발업체로부터 소프트웨어 유통 판권을 사들인 뒤 이를 패키지로 묶어 기업 고객과 일반 소비자들에게 판매했죠. 미국 유학에서 돌아온 손정의가 1년 반 동안 구상한 40여 개의 사업 모델 중 고민 끝에 선택한 사업이었습니다. 소프트웨어를 개발하는 대신 이를 유통하는 회사를 차리면 위험 부담을 최소화할 수 있고 IT(정보통신) 산업이 성장하는 속도에 맞춰 빠른 속도로 회사를 키워나갈 수 있다고 판단했기 때문입니다.

실제로 소프트뱅크는 설립 직후 당시 일본 최대 소프트웨어 개발업체인 허드슨과 독점 판매 계약을 맺은 덕분에 급성장할 수 있었습니다. 손정의는 이에 대해 "첫 매출을 올린 지 1년 만에 소프트뱅크는 매출 35억 엔(2020년 1월 환율 기준 376억 원)의 중견 기업이 됐다"라고 말했습니다.

홍보 채널과
콘텐츠의 중요성

창업 8개월 뒤인 1982년 5월에는 출판사를 차렸습니다. 이유는 간단합니다. 제품을 홍보하려고 해도 마땅한 채널이 없었기 때문입니다. 기존에 발행되던 유명 PC잡지에 광고를 내려고 했지만 거절당했는데요. 그 잡지의 본사 역시 소프트웨어 유통회사였기 때문에 '경쟁사의 광고를 내줄 수는 없다'는 게 이유였습니다.

이에 손정의는 자신이 직접 PC잡지를 만들기로 결정합니다. 〈오! PC〉와 〈오! MZ〉라는 잡지였는데요. 홍보 채널을 만들기 위해 야심 차게 시작한 사업이었지만 첫 결과는 참담했습니다. 창간호의 80퍼센트가량이 팔리지 못한 채 반품됐습니다.

이후 그는 본인이 직접 출판부장을 맡아 어떤 내용을 취재할지, 편집은 어떻게 할지를 결정하는 편집회의를 주관합니다. TV광고를 통해 잡지를 알리고 잡지 가격을 내려서 더 많은 독자들이 잡지를 집어들 수 있도록 했습니다. 오너 경영자가 직접 밀어붙인 결과는 곧 나타났습니다. 3년 뒤에는 아홉 종류의 잡지를 매달 60만 부씩 발행할 정도로 사업이 성장했으니까요. 잡지 판매량이 늘어난 만큼 소프트뱅크가 판매하는 소프트웨어 상품의 광고와 이에 대해 다룬 기사도 사람들의 눈에 자주 띄게 된 것은 물론입니다.

제품을 판매하기 위해서는 소비자에게 제품의 존재를 알리는 게 우선이고, 이를 위해서는 독자적인 홍보 채널과 콘텐츠가 필요하다는 교훈을 얻을 수 있는 대목입니다. 최근 많은 스타트업들이 콘텐츠 마케팅에 힘을 싣는 것도 같은 맥락에서 해석할 수 있습니다. 잡지에서 소셜 네트워크 서비스(SNS) 등으로 미디어는 달라졌지만 콘텐츠를 활용하여 홍보하는 것이 효과가 좋다는 사실은 달라지지 않았으니까요.

IT 미디어는 보물 지도와 같다

창업 초기 소프트뱅크는 계속해서 빠른 속도로 성장합니다. 일본 언론에서는 손정의를 '괴물 실업가' '컴퓨터로 거부를 쌓은 신데렐라 보이' 등으로 묘사합니다. 1986년 마이크로소프트(MS)로부터 일본 독점 판매권을 따낸 것도 성장의 기폭제가 됐습니다. 1992년 MS가 내놓은 윈도우 3.1이 전 세계에서 큰 인기를 끌면서 일본 판권을 가진 소프트뱅크의 매출도 덩달아 치솟았습니다.

덕분에 소프트뱅크는 창업 13년 만인 1994년 7월 일본 주식시장에 상장합니다. 기업공개(IPO)를 통해 소프트뱅크는 한 번에 2000억 엔(2020년 1월 환율 기준 2조 1535억 원)의 거금을 손에 쥐게 되었죠.

손정의가 이 돈을 어디에 투자했는지를 살펴보면 그의 사업 전략과 경영 철학을 한눈에 알 수 있습니다. 그는 이 돈을 미국에 있는 세계 최대 IT(정보통신) 미디어그룹과 역시 세계 최대 IT 전시회업체를 인수하는 데 아낌없이 퍼붓습니다. '정보의 길목'인 미디어업체야 말로 자신과 소프트뱅크를 더 큰 성공의 길로 안내하는 '보물 지도'라고 생각했기 때문입니다.

그는 1995년 21억 달러를 주고 IT 미디어 지프 데이비스 출판 부문을 인수합니다. 이미 그 이전에 세계 최대 IT 전시회인 컴텍스와 지프 데이비스의 전시회 부문(인터롭)을 인수해 미국 IT 전시 시장의 70~80퍼센트가량을 차지한 상태였습니다. 1995년 당시 소프트뱅크의 매출은 600억 엔이 조금 넘었습니다. 그런 회사가 1년 6개월 동안 3100억 엔 규모의 기업 인수합병(M&A)을 연달아 성사시킨 것이었죠.

당시 지프 데이비스는 수많은 IT 잡지를 발간하는 미디어업계의 큰손이었습니다. 그중에서도 〈PC매거진〉은 전 세계 IT업계 종사자들이 트렌드와 기술 흐름을 읽기 위해서 꼭 읽어야 하는 필독서로 꼽혔습니다. "광고로 벌어들이는 돈이 〈플레이보이〉나 〈포춘〉보다 많았다"는 게 손정의의 설명입니다.

또한 연 매출의 다섯 배를 들여 인수한 이 회사들은 그가 소프트뱅크 제국을 건설하는 든든한 밑바탕이 됩니다. 세계 최대 IT 전시·출판그룹을 이끌게 되면서 전 세계 IT업계에서 그가 차지하는 존재감도 훨씬 커지게 됐습니다.

성장은 정보와 인프라를 선점할 때 시작된다

소프트뱅크가 일본을 벗어나 글로벌 기업으로 발돋움하는 데 날개를 달아준 야후에 대한 투자 역시 지프 데이비스 인수가 계기가 됐습니다. 손정의에게 야후 투자를 권유한 사람이 바로 지프 데이비스의 고위 임원이었기 때문입니다.

손정의는 지프 데이비스를 인수한 직후 에릭 히포 사장에게 전화를 걸었습니다.

"인터넷 시대가 본격화되면 없어서는 안 될 회사에 투자하고 싶습니다. 지프 데이비스의 정보력을 동원하여 물색해주세요."

그리고 이 같은 질문에 에릭 히포 사장은 기다렸다는 듯이 한 업체를 추천합니다. 창업한 지 반년밖에 안 됐지만 이미 벤처캐피탈인 세콰이어캐피탈로부터 200만 달러를 투자 받은 회사였죠. 바로 1990년대 후반부터 2000년대 중반까지 전 세계 검색 시장을 휘어잡았던 '야후'였습니다.

에릭 히포 사장의 소개로 야후 공동 창업자인 제리 양과 데이비드 파일로를 만난 손정의는 우선 야후의 지분 5퍼센트를 확보할 수 있었습니다. 이후 추가 투자를 통해 지분율을 34퍼센트까지 높일 수 있었죠. 당시만 해도 야후는 연 매출 100만 달러에 적자가 200만 달러인 회사였습니다. 이런 회사에 1억 달러가 넘는 돈을 집어 넣었으니 미국 언론들이 그를 '일본에서 온 거품남'이라고 비웃은 것도 무리는 아니었습니다.

하지만 불과 1년 만에 이 같은 비웃음은 싹 사라졌습니다. 1996년 야후 본사가 미국 나스닥에 상장하고 1997년에는 야후와 소프트뱅크의 합작 회사인 야후재팬이 일본 자스닥에 상장됐기 때문입니다. 두 회사의 주가는 이후 하늘 높은 줄 모르고 치솟았습니다. 손정의가 단 사흘이었지만 빌 게이츠를 제치고 세계 IT 부호 1위를 차지했던 것도 이때였습니다. 손정의의 말대로 IT 미디어와 전시회 업체 인수는 그를 황금의 땅으로 안내하는 '보물 지도'가 됐던 거죠.

손정의가 자신의 사업 전반부 20년 동안 어떤 전략으로 사업을 급속도로 키워나갔는지 살펴봤습니다. 이 전략의 뼈대를 요약하자면 다음과 같습니다.

첫째, 고객들에게 자신의 상품을 알릴 수 있는 독자적인 홍보 채널을 구축하라.

사업 8개월 만에 출판사를 차려 수십만 부의 IT 잡지를 찍어냈고, 또 이후에는 세계 최대 IT 미디어·전시회업체를 인수하면서 이 전략을 실천했습니다.

둘째, 정보의 길목을 장악하라.

미디어 그룹을 인수한 데는 또 다른 이유가 있었습니다. 지프 데이비스는 세계 IT 산업을 이끄는 미국에서 독보적인 취재력을 자랑하는 매체였습니다. 이곳의 정보력을 통해 당시만 해도 잘 알려져 있지 않았던 야후를 발굴했고 투자를 통해 지분을 얻는 데 성공했습니다. 야후가 보물섬이라면 지프 데이비스는 보물섬을 안내하는 보물 지도였습니다.

셋째, 인프라를 선점하라.

소프트웨어 개발업체가 아닌 유통회사를 차린 것도 이 때문이었습니다. 개별 상품을 만드는 것이 아니라 여러 상품들이 사고 팔리는 시장 자체를 자기 것으로 만들기 위해서였죠. 이후에 세계 최대 IT 전시회업체를 인수하여 전 세계 모든 IT 회사들이 소프트뱅크를 찾아오게 만들었습니다.

70퍼센트,
신중함과 과감함의 숫자

손정의는 새롭게 뛰어들 사업을 선택하고, 거액을 투자할 기업을 선택할 때 '70퍼센트 룰'을 적용합니다.

흔히들 손정의 하면 일단 마음에 확신이 서면 망설임 없이 조 단위의 돈을 투자하는 과감한 승부사 이미지를 떠올리는데요. 알리바바 창업자 마윈을 만난 지 단 6분 만에 2000만 달러(200여억 원)의 투자를 결정하고, 2016년에는 영국의 반도체 설계회사 ARM을 3조 3000억 엔, 당시 환율로 약 36조 원을 주고 인수했던 모습이 그에게 거침없는 승부사라는 명성을 가져다줬습니다.

하지만 막상 손정의는 스스로에 대해 '조심성이 많은 사람'이라고 말합니다. 수없이 많은 생각과 고민을 하고, 철저한 자료 조사와 분석을 통해 승률이 70퍼센트라는 확신이 섰을 때만 도전에 나섰다는 말입니다.

실제로 그가 첫 사업을 시작하기 전에 얼마나 많은 준비를 했는지 살펴보면 그가 매우 신중하고 꼼꼼한 인물이라는 사실을 알 수 있습니다. 앞서 이야기했듯이 손정의는 소프트뱅크를 창업하기 전에 1년 반의 시간을 들여 어떤 사업에 뛰어들지 고민했습니다. 한 번 선택하면 평생 계속해야 하는 사업이고 중간에 잘못돼서 사업이 망하기라도 하면 처음부터 다시 시작해야 하니 1년 반의 시간을 들이더라도 충분히 검토하고 또 검토해야 한다는 생각이었습니다.

이 시기에 손정의는 자기가 하고 싶은 사업을 40여 가지 떠올린 뒤 각각의 사업 아이템에 대해 사업 계획을 세우고 그 계획이 실현 가능한 것인지 하나하나 세부적으로 검증하며 조사했습니다.

"한 가지 사업에 대해 10년분의 사업 계획을 세웠습니다. 예상 자금 조달표, 예상 손익계산서, 예상 대차대조표, 예상 인원 계획, 예상 매출, 그리고 당연히 시장 점유율 같은 것들도 조사했습니다. 나아가 경쟁사가 될 것으로 보이는 회사의 규모, 비즈니스 모델, 매출, 이익, 대차대조표도 철저히 조사했죠. 하나의 비즈니스 모델에 대해 높이 1미터 이상의 자료를 모을 만큼 열심히 조사했습니다."

한 가지 사업에 대해서 10년 치 사업 계획을 세운다는 것도 쉽지 않은 일인데 각 연도별로 예상되는 재무제표와 인원 계획까지 예측해보고 또 경쟁사가 될 만한 회사들에 대해서도 샅샅이 알아보는 것은 진정한 인내심과 신중함, 꼼꼼함이 뒷받침되지 않고서는 하기 힘든 일입니다.

그리고 이렇게 한 가지 사업에 대해 계획을 짜다가도 더 좋은 사업 아이디어가 생각나면 다시 처음부터 이 모든 과정을 반복했습니다. 이런 과정을 마흔 번 넘게 거친 뒤 선택한 사업이 바로 소프트뱅크였습니다. 1년 반의 준비 과정을 거치고서야 70퍼센트의 승률을 확신할 수 있었던 거죠.

'승률이 70퍼센트일 때 승부한다'는 그의 철학은 이와 같은 신중함과 함께 과감한 결단의 필요성도 함께 담고 있는 말입니다. 그는 과거 인터뷰에서 "이길 확률과 질 확률이 반반일 때 싸움을 거는 자는 어리석다. 하지만 그렇다고 해서 승률 90퍼센트라는 숫자가 70 퍼센트보다 좋다고는 생각하지 않는다"라고 말했습니다.

이 말을 조금 풀어보면 자신과 회사의 모든 것을 걸어야 하는 신규 사업에 있어 성공할 확률이 50퍼센트일 때 도전하는 건 지나치게 위험 부담이 크다는 말입니다. 그리고 성공 확률이 70퍼센트일 때 도전하는 게 90퍼센트일 때 도전하는 것보다 낫다는 말은 이미 승률이 그렇게까지 높아졌을 때, 그러니까 시장의 불확실성이 모두 다 사라진 뒤에 뛰어들어봐야 이미 경쟁자들이 시장을 다 차지했기 때문에 건질 게 없다는 말이었죠.

그렇다면 지금 시점이 승률 70퍼센트라는 건 어떻게 알 수 있을까요? 이에 대해 손정의는 "어떤 상황이 되어도 틀림없이 70퍼센트 이상이라는 확신이 들 때까지 생각하고 또 생각하고 또 생각해야 한다"고 말합니다. '아마 이 정도면 70퍼센트쯤 되지 않을까'라는 생각으로 결정해서는 결코 안 된다고 강조합니다.

'승률이 70퍼센트일 때 승부한다'는 말로 대표되는 신중함과 과감함의 조합이야말로 그가 오늘날 성공한 기업인이자 투자자가 될 수 있었던 비결입니다.

데이터를
측정하라

하버드 경영전문대학원(MBA)에서 공부한 뒤 하버드대 경영대 교수를 거쳐 포드자동차 사장이 된 경영학자이자 기업인 로버트 맥나마라Robert McNamara. 그는 자신만의 경영학과 통계 지식, 기업인으로서의 경험을 바탕으로 미군이라는 당시 전 세계 최대 규모의 조직이자 또 매우 비효율적이었던 조직을 개혁한 인물입니다.

로버트 맥나마라는 미국의 8대 국방장관으로 군을 개혁하기 위해 당시로써는 낯선 비용-대비효과분석cost-effectiveness analysis이란 기법을 군에 도입했습니다. 비용대비효과분석은 뉴스에서도 쉽게 접할 수 있는 비용대비편익분석, 예산타당성조사와 같이 기업을 경영하고, 정책을 결정하고, 대규모 인프라 투자 프로젝트를 할 때 적합 여부를 검토하는 수단입니다. 좀 더 쉽게 말하자면, 돈을 낸 만큼 값어치를 하는지 '가격 대비 성능비, 즉 가성비를 따져보는 것'이라고 할 수 있습니다.

하버드 교수,
포드자동차 사장이 된 천재

　　로버트 맥나마라 같은 인물을 부르는 말이 있습니다. 바로
'천재'입니다. 천재라는 말 그대로 그는 자신만의 경영학, 통계학 이
론을 만들어냈습니다. 실제로 이 이론을 활용해 당시 세계 최대 규
모의 대기업이던 포드자동차의 경영 실적을 크게 개선시켰죠.

　포드자동차 사장을 거친 뒤에는 7년간 미국 국방장관으로 있으
면서 미군의 여러 비효율적인 시스템을 개혁했습니다. 7년이란 재
임 기간은 역대 미국 국방장관 가운데 가장 길죠.

　1916년에 태어난 그는 캘리포니아대학 버클리 캠퍼스 경제학과
를 졸업한 뒤 하버드대 경영대학원(MBA)에서 석사학위를 받았습니
다. 이후 잠시 회계법인에서 일했던 그는 스물넷이라는 이른 나이
에 하버드 경영대학원 최연소 교수가 됩니다. 나이는 어렸지만 연
봉은 가장 많은 교수였습니다.

　2차 세계대전이 한창이던 1943년, 그는 육군 항공대 대위로 군복
을 입게 됩니다. 전쟁 당시 그는 전쟁부 통계국에서 일했는데요. 여
기서 그가 했던 일은 크게 두 가지였습니다. 경영학, 통계학 지식을
바탕으로 군수물품을 구해다가 군인들에 나눠주는 조달·보급 절차

를 개선하고, 어떻게 하면 전투기와 폭격기를 비롯한 공군 전력을 보다 효율적으로 활용해 적군에게 더 큰 타격을 줄 수 있을지를 수학과 통계 기법으로 연구하는 일이었죠.

그는 이 시기의 공로를 인정받아 미합중국 공로훈장을 받았고, 전쟁이 끝난 1946년 중령 계급으로 군에서 전역합니다. 군 생활의 전부를 후방에서 보내고 적군을 향해 총 한 번 쏴보지 않은 그가 훈장과 함께 3년 만에 대위에서 중령으로 두 계급이나 승진했으니 군에서 그가 했던 역할이 작지 않았음을 알 수 있습니다.

군에서 전역한 그는 다시 하버드대로 돌아가는 대신 포드자동차에 들어갑니다. 자동차왕으로 불리는 헨리 포드가 그를 비롯해 2차 세계대전 당시 전쟁부 통계국에 있던 민간 출신 통계학자들을 모두 고용했기 때문입니다. 헨리 포드가 고용한 통계학자들은 영어로 'Data Whiz Kids'라고 불렸는데요. 우리말로 번역하면 '데이터 신동'이나 '통계 신동'쯤 되었죠.

경영과 통계로
회사를 되살리다

헨리 포드가 로버트 맥나마라를 비롯한 '데이터 신동'들을 뽑은 이유는 간단합니다. 경영학, 통계학 지식을 바탕으로 비효율적이고 방만하게 운영되던 포드자동차를 싹 바꿔달라는 것이었죠.

세계 최초의 대량 생산형 자동차인 모델 T로 시장을 휩쓸고, 컨베이어 벨트 조립 방식을 도입하는 등의 혁신으로 포드자동차는 사업 초기 미국 자동차 시장을 휩쓸었습니다. 하지만 그런 포드도 설립된 지 반세기 가까이 지나자 관료주의, 부서 이기주의, 비효율적 경영 때문에 큰 어려움을 겪게 되는데요. 이런 문제를 해결하기 위해 구원 투수로 투입된 사람들이 로버트 맥나마라를 포함한 데이터 신동들이었습니다.

로버트 맥나마라는 이런 포드자동차의 기대를 100퍼센트 만족시켰는데요. 정확한 통계를 바탕으로 한 경영 방식을 도입하면서 포드자동차의 실적은 크게 좋아졌고 로버트 맥나마라 역시 회사 안에서 초고속 승진을 했습니다. 입사 14년 만인 1960년 마흔넷의 나이에 포드자동차의 사장이 되었는데요. 포드 집안사람이 아닌 외부인이 사장 자리에 오른 것은 그가 처음이었습니다.

그런데 포드자동차 사장이 된 지 한 달이 조금이 지났을 때 그에게 국방장관을 맡아달라는 제안이 들어옵니다. 당시 대통령은 우리에게도 익숙한 존 F. 케네디였는데요. 케네디가 로버트 맥나마라를 데려오려고 한 이유는 헨리 포드가 로버트 맥나마라를 포드자동차에 데려온 이유와 같았습니다. 방만하고 비효율적인 미군 전체를 대상으로 개혁을 실시해 보다 효율적이고 강한 군대를 만들어달라는 요구였죠.

앞서 이야기했듯이 그는 군대에 비용대비효과분석 기법을 도입했는데요. 맥나마라가 이 기법을 도입하기 전까지만 해도 미군은 다음과 같은 아주 단순한 방식으로 예산을 사용했습니다.

먼저 백악관에서 전체 국방 예산의 한도를 정해 국방부에 보냅니다. 그러면 국방장관이 육군, 해군, 공군 등 각 군이 이 예산을 각각 몇 퍼센트씩 가져갈지 결정해주었죠. 이렇게 예산이 정해지면 육군은 육군끼리, 해군은 해군끼리, 공군은 공군끼리 어떻게 사용할지를 각자 결정하고 예산을 사용했습니다.

이렇듯 나눠 먹기식으로 예산을 쓰다 보니 여러 가지 문제점이 나타났는데요. 국가 차원의 큰 전략적인 목표에 따라 우선순위를 정해놓고 중요한 과제부터 추진해나가는 게 힘들었습니다. 또 각 군이 알아서 예산을 사용하다 보니 똑같은 무기를 저마다 따로따로 개발하는 비효율적인 중복 투자도 자주 일어났습니다.

예를 들어 1950년대 육군, 해군, 공군은 각자 따로따로 대륙간 탄도미사일을 개발하려 했습니다. 미사일이나 전투기 하나를 개발하는 데는 천문학적인 액수의 돈이 들어가는데요. 같은 종류의 무기를 각 군이 따로 개발한다는 건 엄청난 낭비였죠.

로버트 맥나마라는 이 문제를 해결하기 위해 예산을 어디에 쓸지 결정하는 권한, 예산 결정·배분 권한을 국방부로 갖고 옵니다. 큰 돈이 들어가는 무기 개발 사업을 각 군이 따로 하지 말고 함께 개발할 수 있게 하면 여기에 들어가는 비용과 시간을 큰 폭으로 줄일 수 있기 때문입니다. 각 군에 예산을 나눠주고 알아서 쓰게 하는 방식이 아니라 구체적인 목표 그리고 예산을 투입했을 때 기대되는 전략적 효과에 따라 어디에 예산을 쓸지 국방부가 직접 정하겠다는 것이었습니다.

좀 더 자세히 살펴보면, 5년 단위의 중장기 계획과 목표를 세워서 이를 바탕으로 예산을 사용하도록 했습니다. 예를 들면 앞으로 5년 동안 동유럽에서 소련의 세력을 견제하는 군사적 능력을 강화하겠다는 구체적인 목표를 세운 뒤, 이 목표를 달성하기 위해서는 어떤 수준의 무기가 필요하고 이 무기를 개발하기 위해서는 어느 정도의 예산이 필요한지를 계산했습니다. 이에 따라 연도별로 얼마씩의 돈을 투자할지 결정했죠.

사업을 해볼 만한 경제성이 나오는가

앞서 비용대비효과분석, 비용대비편익분석, 예산타당성조사란 가격 대비 성능비, 가성비를 따져보는 것이라고 이야기했는데요. 이 분석 기법들은 거의 비슷한 방식으로 이뤄집니다. 가령, 비용대비편익분석은 말 그대로 비용을 들였을 때 얼마만큼의 편익, 즉 이익을 거둘 수 있는지를 따져보는 것으로 돈을 이 정도 들이면 얼마만큼의 이익을 거둘 수 있을지를 미리 살펴보는 수단입니다.

예를 들어 바다를 메워 땅을 만드는 간척 사업은 비용이 매우 크게 드는 사업입니다. 우선 바다를 메우기 위한 토목공사 비용으로 많은 돈이 들고요. 땅이 만들어진 뒤에도 여기에 도로, 다리, 상하

수도관, 전력 시설, 각종 건물들을 지어야 하는데 이런 데 쓰이는 모든 돈이 간척사업 비용으로 잡힙니다. 그렇다면 간척사업으로 거둘 수 있는 이익에는 어떤 것들이 있을까요?

간척된 땅에 아파트와 주택이 들어서면 주택 공급량이 늘어나는 것이므로 이만큼이 이익으로 잡히고, 이 땅에 새롭게 공장을 지어 만든 제품 생산량도 이익으로 잡힙니다. 간척된 땅에서 농사를 지으면 그 농산물 생산량도 이익으로 계산됩니다.

이런 식으로 어떤 사업을 할 때 들어가는 모든 비용과 이를 통해 거둘 수 있는 모든 이익을 일정 기간을 두고 비교하는 것이 비용대비편익분석의 기본적인 방식입니다. 비용대비편익분석을 할 때 중요한 건 모든 성과를 화폐가치, 즉 돈으로 환산해서 나타낼 수 있어야 한다는 것입니다.

예를 들어 새롭게 도로를 뚫게 되면 기존 도로의 교통난이 해소되고 사람과 제품의 이동시간이 줄어들게 되는데요. 이렇게 교통난이 해소되고 이동시간이 단축된 것을 돈으로 따지면 얼마만큼의 가치가 있는지를 미리 정해놓은 기준에 따라 분석해서 금액으로 환산한 뒤 이를 도로 건설 비용과 비교하는 방식입니다.

비용대비편익분석으로 특정 사업에 들어가는 비용과 편익이 계산되면 편익을 비용으로 나눠보는데요. 보통 이 값이 1 이상이어야만 그 사업이 경제성, 즉 가성비가 나오는 것으로 판단합니다. 편익을 비용으로 나눴을 때 그 값이 1을 넘는다는 건 들어가는 비용보다 편익이 더 크다는 말이죠. 돈이 1원 들어갔을 때 최소한 그 효과도

1원 이상은 나와야 사업을 해볼 만하다는 아주 단순한 논리입니다.

왜곡된 통계,
베트남전 수렁에 빠지다

다시 로버트 맥나마라의 이야기로 돌아가면 그는 앞서 설명한 비용대비효과분석을 자신이 국방장관으로 있던 7년 동안 전 미군에 도입합니다. 그는 자신이 지휘하던 베트남 전쟁의 전세를 분석하는 데도 비용대비효과분석 기법을 사용했습니다.

구체적으로 살펴보면, 베트남전 당시 폭격기의 출격 횟수와 폭격기가 떨어뜨린 폭탄의 종류와 양을 집계한 뒤 이를 통해 몇 명의 적군을 사살했는지 비교했습니다. 폭격기의 출격 횟수와 떨어뜨린 폭탄의 양이 미군이 사용한 비용이 되고 사살한 적군의 수가 효과 혹은 편익으로 계산되는 방식이었습니다.

맥나마라는 이 수치를 보고 미군이 전쟁에서 이기고 있다고 생각했죠. 그러나 사실과 달랐습니다. 맥나마라에게 보고된 적군의 사망자 수와 실제로 사망한 적군의 수가 크게 차이 났기 때문입니다. 자신들의 보스인 맥나마라가 적군의 사망자 수를 매우 중요하게 여긴다는 걸 잘 알고 있던 베트남 현지 미군 부대들이 자신들이 사살한 적군의 수를 부풀려서 보고했기 때문입니다. 보스에게 잘 보이기 위해 통계를 조작한 것이죠.

그 결과 현실과 동떨어진 보고서들이 맥나마라와 대통령에게 보고됐고, 이는 결국 백악관과 국방부가 잘못된 판단을 내리게 만들었습니다. 최고지휘부가 전쟁 상황에 대해 현실과 동떨어진 생각을 갖게 됐으니 당연히 전쟁에서는 질 수밖에 없었습니다. 미국이 베트남전에서 패배한 주된 이유였죠.

만약 이 같은 조작이 없었다면 미국은 베트남전에서 이길 수 없다는 걸 좀 더 일찍 깨달았을 것입니다. 그리고 이에 따라 더 빨리 전쟁에서 철수했다면 수많은 군인의 목숨을 지키고 전쟁에 들어가는 불필요한 비용을 줄일 수 있었을 겁니다. 통계를 구할 때 정확하고 믿을 수 있는 출처를 확보하고, 특정한 의도에 따라 통계 집계 과정이 휘둘리지 않도록 막는 게 얼마나 중요한지를 잘 보여주는 사례입니다.

베트남전에 대한 잘못된 판단은 평생 맥나마라를 따라다니는 오명이 됐는데요. 2009년 7월 6일, 그가 사망했을 당시 〈뉴욕타임스〉가 그의 부고 기사에 '헛된 전쟁의 설계자 로버트 맥나마라, 93세를 일기로 죽다'라는 제목을 붙인 것만 보더라도 그에 대한 비판적인 시각을 짐작케 합니다.

하지만 그가 내세운 경영과 통계 이론이 미국 기업계와 미군에 미친 영향은 결코 작지 않았는데요. 그가 국방장관 시절 확립한 기획예산체계, 비용대비효과분석 기법을 이후 미군은 물론 전 세계 주요 국가의 군대와 기업들이 새로운 표준으로 받아들이게 됩니다.

1968년 국방장관에서 물러난 맥나마라는 같은 해 세계은행 총재

로 취임해 1981년까지 13년간 일하면서 개발도상국의 가난과 식량
문제를 해결하는 일에도 앞장섰습니다.

세상을 설득하는 강력한 방법

"미국이란 나라에서는 대통령이 하녀가 월급으로 얼마를 받는지까지 걱정한다. 에도 막부 300년 동안 단 한 번이라도 쇼군이 이런 생각을 가진 적이 있던가. 국민들의 삶을 걱정하지 않는 막부는 더 이상 존재할 가치가 없다."

스스로의 힘으로 360년 역사의 왕조를 무너뜨리고 새로운 시대를 열어젖힌 한 젊은이가 있었습니다. 아니, 그가 만든 세상이 그 이전과는 비교하는 게 불가능할 정도로 새로운 세상이었다는 점에서 수천 년 동안 이어져오던 과거의 세상을 통째로 부숴버린 인물이라고 하는 게 더 정확한 표현이겠네요.

역사를 살펴보면 왕이 바뀌거나 더 나아가 왕조가 교체되는 일은 수도 없이 일어납니다. 역사는 수많은 혁명과 반란으로 물들어 있고 그만큼 많은 혁명가와 야심가들이 나타났다가 사라졌습니다. 하지만 혁명을 통해 기존 왕조를 무너뜨리고 새로운 나라를 세웠다고 해서 세상이 달라지는 건 아닙니다. 세상은 그대로이고 그저 사람만 달라질 뿐이죠.

하지만 사카모토 료마는 달랐습니다. 그가 주도한 메이지유신이 성공하며 일본은 수백 명의 영주들이 할거하던 전근대적 봉건 왕국에서 벗어나 근대 국가로 탈바꿈할 수 있었으니까요. 료마는 그 이전까지 일본을 다스리던 에도 막부의 쇼군이 일왕에게 통치권을 되돌려준 대정봉환을 성사시키는 데 결정적인 역할을 한 인물입니다. 이를 통해 일본은 중앙집권적인 근대 국가로 나아가는 발판을 마련할 수 있었습니다.

1835년, 일본 남서부에 자리 잡은 도사 번(오늘날의 고치현)에서 하급 무사의 아들로 태어난 사카모토 료마는 메이지유신 직전인 1867년 자객들의 칼을 맞고 숨을 거둡니다. 서른셋의 젊은 나이에 세상을 등진 것인데요. 그가 검술 수련을 위해 난생처음 고향을 떠나 에도(지금의 도쿄)로 향했던 건 1853년입니다. 그리고 14년 뒤 그는 교토에서 숨을 거둡니다. 14년이라는 시간 동안 그가 대체 무슨 일을 해냈길래 오늘날과 같은 명성을 얻게 된 걸까요? '최초의 일본인'이라는 호칭과 함께 말이죠.

손정의를 매료시킨 사나이

사카모토 료마라는 인물에 대해 처음 관심을 갖게 된 건 손정의 소프트뱅크 사장 때문이었습니다. '손정의가 사업 초기 사업을 급성장시킨 전략'에 대해 글을 쓰기 위해 손정의에 대한 여러 건의 자료를 읽어보던 중 계속 반복해서 나오는 한 사람의 이름과 마주쳤습니다. 바로 사카모토 료마였습니다.

손정의는 자신이 가장 존경하는 인물로 사카모토 료마를 꼽습니다. 자신의 집무실에 료마의 사진을 실제 사람 크기와 똑같이 확대해서 출력한 등신대까지 마련해두었을 정도니까요. 이 정도면 존경을 넘어 숭배한다고도 표현할 수 있지 않을까요.

어린 시절에 감명 깊게 읽은 책은 그 사람의 일생에 걸쳐서 매우 큰 영향을 미칩니다. 손정의 역시 마찬가지였는데요. 그는 중학생이던 열다섯 살 때 일본의 국민 작가라 불리는 시바 료타로가 쓴 《료마가 간다》를 읽게 되었습니다. 사카모토 료마의 일대기를 다룬 대하소설이었죠.

손정의는 고등학생이 되자 홀로 미국 유학길에 오릅니다. '보다 큰 세상을 만나고 싶다'는 열망 때문이었습니다. 당시 그의 아버지는 결핵에 걸려 병석에 누워 있었는데 말이죠. 이는 료마가 새로운 일본을 만들겠다는 자신을 꿈을 실현하기 위해 가족을 버리고 탈번의 길에 오른 것과 마찬가지였습니다. 료마가 살던 당시의 일본은 엄격한 신분제 사회라서 번(지방 봉건 왕국)을 다스리던 영주의 허락

없이는 누구든 번의 영토를 벗어날 수 없었습니다. 허락 없이 번을 벗어나는 건 가족을 위험에 빠뜨리는 행동이었죠. 하지만 료마는 새로운 세상을 만들겠다는 꿈을 찾아 탈번을 감행합니다.

손정의는 2011년 〈중앙일보〉에 연재했던 글에서도 료마의 삶이 자신의 인생에 어떤 영향을 미쳤는지에 대해 설명했는데요.

> 미국 유학을 가기로 결정했다. 이건 말하자면 료마의 '탈번' 같은 행동이었다. 지난해 일본에서 경이적 시청률을 기록한 NHK 드라마 〈료마전〉에도 이를 묘사한 장면이 나온다. 료마는 탈번을 고민한다. 하지만 가족들에게 피해가 갈까 두려워 실행하지 못한다. 이때 료마의 누이가 말한다.
> "료마, 가라! 너는 초야에 묻히고 말 재목이 아니다. 나가서 더 큰 일을 하거라. 그것을 위해서라면 우리는 괜찮다. 떠나라!"
> 그 장면을 보며 펑펑 울었다. 눈물이 쏟아져 애를 먹었다. 내가 그토록 하염없이 운 건 그 스토리에 내 지난날이 겹쳐 떠올랐기 때문이다.

손정의가 료마의 삶에서 자신의 모습을 찾아냈다는 것을 잘 보여주는 내용입니다. 손정의에 대한 글을 쓴 직후 《료마가 간다》를 사서 읽어봤습니다. 모두 8권으로 이뤄진 전집이라서 다 읽는데 시간이 꽤 걸렸는데요. 읽으면서도 '손정의는 이 책을 읽으며 어떤 생각을 했을까?'라는 생각을 놓지 않았습니다. 사카모토 료마의 이야기를 읽으며 손정의를 생각했던 건데요. 소설 속 료마의 모습과 오늘날 손정의의 모습은 겹치는 부분이 참 많았습니다.

손정의가 료마를 존경하는 이유는 다음 3가지로 추측됩니다.

첫째, 이념이 아닌 이익으로 세상을 설득한다.

둘째, 세상의 큰 흐름을 읽는다.

셋째, 아무리 강한 상대라도 여론을 내 편으로 만들면 꺾을 수 있다.

이익으로 설득하라

《료마가 간다》를 보면 그의 친구, 동료, 지인 그리고 적에 이르기까지 여러 인물들이 그를 가리키며 '무슨 저런 놈의 무사가 다 있지'라고 어이없어하는 장면이 자주 나옵니다. 그만큼 그는 당대에 찾아보기 힘든 유형의 인물이었습니다.

사농공상의 신분 질서가 엄격했던 조선과 마찬가지로 에도 막부 시기 일본에서도 상업은 무사가 할 만한 일이 아닌 걸로 여겨지던 분야입니다. 조선의 선비들이 손으로 돈을 만지는 것조차 꺼려했던 것과 마찬가지로 일본에서도 무사들이 돈에 대해 공공연히 이야기하거나 장사를 하는 건 무사의 품격을 땅바닥에 던져버리는 일로 여겼습니다.

하지만 료마는 동시대의 다른 무사들과 달리 '돈이 뒷받침돼야만 대업을 이룰 수 있다'는 걸 본능적으로 알고 있었습니다. 실제로 그는 비즈니스 감각도 매우 뛰어난 인물이었습니다. 그것은 그가 태어나서 자라난 환경 덕분일 텐데요. 그가 속한 사카모토 일족은 향사라 불리던 하급 무사 계급임에도 불구하고 상업으로 큰 부를 일군 가문이었습니다.

료마는 20대 초중반을 에도에서 검술을 수련하며 보냅니다. 이때는 정식으로 영주의 허락을 맡고 에도에 머무르던 시기였죠. 이 시기에 그가 생계에 대한 걱정 없이 뜻이 맞는 동료들과 함께 활발하게 교류하면서 지낼 수 있었던 것도 그 덕분이었습니다.

'돈이 뒷받침돼야 대업을 이룰 수 있다'는 생각은 그가 일본 최초의 근대적 해군 조직으로 꼽히는 해원대를 창설해 운영하는 모습에서 잘 나타납니다. 해원대는 서양에서 들여온 군함과 무기, 서양식 운영 체제를 갖춘 사설 함대였습니다. 영국과 미국을 비롯한 서구 열강들이 세계를 휘저을 수 있었던 힘의 근원이 막강한 해군력이란 걸 간파한 료마가 여러 세력의 지원을 받아 만든 조직이었습니다. 여차하면 막부 해군과 맞서 싸울 해군력이 필요했으니까요.

서양 군함과 무기를 갖춘 사설 함대라 하면 군사 조직이라고 생각하는 게 당연한데요. 하지만 이 해원대는 평시에는 일본 전역의 항구를 오가면서 무역을 해 돈을 벌고, 남는 시간에는 군사 훈련을 받다가 전투가 벌어지면 해군으로 참전하는 기업과 군대의 중간에 위치한 조직이었습니다.

이 해원대라는 조직은 처음 만들어질 때부터 주식회사 형태로 설립됐습니다. 빈털터리 일개 낭인이던 료마가 자기 돈으로 서양 군함을 사들인다는 건 애초에 불가능한 일이었죠. 혁명가로서 료마의 장점은 남의 주머니 속 돈도 자기 돈으로 여기는 배포와 자신에게 돈을 빌려주면 막대한 이익을 얻을 수 있다고 상대방을 설복시키는 능력이었습니다.

돈은 없지만 해군 조직을 만들고 싶었던 그는 막부 타도를 원하는 여러 번들을 찾아가 자신에게 투자하라고 설득합니다. 평소에는 배를 타고 전국 곳곳을 누비면서 무역을 해 돈을 벌고, 전시에는 당신들을 위해 막부에 맞서서 바다에서 싸워줄 사설 함대를 만들겠다며 설득했죠. 해원대에 투자하면 각 번이 투자한 지분에 따라 벌어들인 이익도 나눠주겠다는 제안이었습니다. 즉, 해원대라는 주식회사를 설립해 벌어들인 이익을 정기적으로 배당해주겠다는 말이었죠. 평소 서구 문물과 제도에 관심이 많았던 료마는 이미 서양에 주식회사라는 제도가 있다는 걸 알고 있었습니다. 그리고 해원대를 창설할 때 이 주식회사 방식을 도입한 것이죠.

막부 타도라는 대의명분만 들고 무작정 찾아가서 혁명 자금을 내놓으라고 했다면 어땠을까요? 글쎄요. 처음 몇 번은 자금을 지원받을 수 있었겠지만 아무리 대의에 공감한 후원자라고 해도 매번 도와주는 데는 한계가 있었을 것입니다.

사설 함대의 무역을 통해 돈을 버는 게 중요한 이유는 한 가지 더 있었습니다. 조직을 운영하는 데는 큰돈이 들기 때문이죠. 당시 료마 휘하에는 그를 따르던 수십 명의 낭인들이 있었는데 이들 대부분은 료마가 고베에 세웠던 사설 해군학교에서 전문적으로 항해술과 포술을 배운 항해 전문가였습니다.

하지만 아무리 항해술이 뛰어난 인재들이 모여 있다 해도 돈을 벌지 못하면 배를 곯는 건 어쩔 수 없는 일입니다. 이들이 갖고 있던 항해술이란 재능을 활용해 돈을 벌어야만 수하들을 먹이고, 입히고, 재우는 데 필요한 돈을 마련할 수 있었죠. 료마가 애초에 처음 사설 함대를 만들 때부터 반민반군 형태의 조직을 구상했던 건 이 때문입니다. '사람을 설득하고 세상을 움직이는 건 이념이 아닌 이익'이라는 게 료마의 생각이었죠.

세상의 흐름을 파악하고 있는가

료마는 느긋한 성격과는 달리 바깥세상이 어떻게 돌아가는지 세상의 큰 흐름을 파악하는 데 촉각을 늦추지 않는 인물이었습니다. 료마가 처음 서구 열강의 위용을 눈으로 목격한 건 에도에 올라온 지 얼마 지나지 않은 1853년 여름이었습니다. 일본이 개항과 근대화의 길을 선택하게 된 사건이 이 시기에 있었죠. 페리 제독이 이끌던 미국 해군 함대가 에도 코앞인 우라가 앞바다까지 찾아와 막부에 일본의 개항을 요구한 겁니다.

막부는 갑작스레 나타난 미국 함대에 대응하기 위해 직속 무사들은 물론 각 번에 속한 무사들까지 총동원했습니다. 에도에 머물던 료마 역시 당연히 소집됐는데요. 덕분에 료마는 온 일본을 뒤흔들어놓은 미국 함대의 모습을 두 눈으로 똑똑히 볼 수 있었고, 이에 대한 막부 측의 대응이 얼마나 형편없는지도 눈으로 직접 확인할 수 있었습니다. 이런 이들에게 나라의 운명을 맡길 수는 없다고 생각했죠.

그저 검술 배우는 것을 좋아하던 한 청년이 혁명가의 길로 접어든 순간이었습니다. 그 이후에도 료마는 서구 문물과 제도에 대한 정보라면 출처를 가리지 않고 수집했습니다.

료마는 한때 네덜란드어학당에 나가 수업을 듣기도 했는데요. 그가 네덜란드어 수업을 들은 건 다른 학생들처럼 네덜란드어를 잘 익혀서 통역사나 번역가가 되기 위해서는 아니었습니다. '네덜란드어를 알아듣고 내 뜻을 전하게 하는 건 다른 사람을 시켜도 충분하다'는 게 료마의 생각이었죠.

그가 어학당에 나간 건 서구의 정치·경제 제도에 대해 배우기 위해서였습니다. 당시의 어학 수업은 교사가 네덜란드어 원서를 읽고 그 뜻을 풀이해주는 방식으로 이뤄졌는데요. 료마는 다른 학생들처럼 교사의 발음을 앵무새처럼 따라 하는 데는 별 관심이 없었습니다. 《료마가 간다》에 나오는 표현을 그대로 옮기자면 '그저 뒷자리에 앉아 코털이나 뽑을 뿐'이었죠.

하지만 료마가 누구보다 수업에 집중하던 순간이 있었는데요. 서구의 정치·경제 제도에 대해 설명하는 내용이 나올 때였습니다. 교재로 쓰는 원서에서 그런 내용을 다루는 경우도 많았으니까요. 교사의 입에서 나오는 네덜란드어 발음 따위가 아닌 그가 이야기해주는 서구의 정치·경제 제도와 그 운영 방식을 이해하는 데 온 정신을 집중했습니다. 그렇게 료마는 의회, 민주주의, 삼권분립, 입헌군주국, 주식회사, 유한회사, 상법 등 근대 서구 민주주의 국가를 지탱하는 핵심적인 제도와 가치들을 배워나갈 수 있었습니다. 세상을 바꾸기 위해서는 먼저 지금 세상이 어떻게 흘러가고 있는지 그 큰 흐름부터 파악해야 한다는 게 료마의 생각이었습니다.

____ 여론을 내 편으로 만들어라

손정의가 료마를 존경하는 세 번째 이유는 아무리 강한 적과 맞서 싸우더라도 결국에는 여론을 사기 편으로 만들어 이겨버리는 료마의 자세 때문입니다.

료마가 해원대를 만들어 운영한다는 소문이 곳곳에 퍼지면서 투자에 참여하려는 번들이 점차 늘어났고, 료마는 이 같은 투자를 바탕으로 마침내 그토록 꿈꾸던 증기선까지 얻게 됩니다. 돛으로만 움직이는 범선은 바람이 제대로 불어주지 않으면 원하는 대로 움직일 수 없지만 석탄을 떼서 얻은 증기기관의 힘으로 움직이는 증기선은 바람이 불지 않더라도 얼마든지 움직일 수 있었습니다. 증기선을 갖게 된 료마는 천군만마를 얻은 기분이었죠.

하지만 이 같은 기쁨은 얼마 못가 산산조각이 났습니다. 해원대의 증기선이 첫 항해에서 다른 배와 충돌하여 침몰했기 때문입니다. 간략하게 설명하자면, 이 사고의 책임은 전적으로 상대방인 기슈 번의 책임이었습니다. 기슈 번의 배를 조타하던 항해사의 실수로 사고가 터졌고 해원대의 배는 두 동강이 났죠.

당시 국제적으로 통용되던 해상법과 관례에 따르면 기슈 번의 배가 모든 책임을 져야 할 상황이었습니다. 하지만 당시 일본은 법에 따라 분쟁을 해결한다는 관념이 희박한 봉건 사회였습니다. 법보다 신분이 더 앞서는 사회였죠. 하급 무사가 상급 무사에게 불손하게 행동했다면 상급자가 단숨에 하급자를 칼로 베어버리더라도 문제되지 않는 사회였습니다.

사고를 일으킨 기슈 번은 이른바 '친번'이라고 불리던 번이었습니다. 쇼군이던 도쿠가와 가문의 친척 집안이 다스리는 번이라는 뜻이죠. 이에 비해 료마가 이끌던 해원대는 갈데없는 낭인들이 모인 집단에 불과했습니다. 최소한 당시 일본의 지배층이 봤을 때는 그랬죠.

처음 사고가 터졌을 때 기슈 번 측에서는 '저깟 낭인들의 무리, 그냥 돈 몇 푼 쥐어주고 쫓아버리자'는 생각이었습니다. 료마가 아닌 다른 이었다면 이런 대접에 그냥 울분만 토하며 뒤돌아섰을 수밖에 없었을 겁니다.

하지만 료마는 설사 칼부림이 나더라도 그냥 물러설 수는 없다고 생각했습니다. 자신이 그토록 열망하던 증기선이 첫 항해에서 박살났는데 순순히 물러날 수는 없었죠. 자신을 믿고 배를 사준 투자자들을 위해서라도 그렇게 물러날 수는 없다고 결심했습니다.

사고를 일으키고도 그냥 떠나려는 기슈 번 인사들을 근처 도모항에 머무르게 한 료마는 이들과 나가사키에서 담판을 짓기로 합니다. 그리고 나가사키로 향하기 전 자신과 해원대의 후원자인 사쓰마 번과 조슈 번에 연락해 자신을 지지하는 여론을 만들어줄 것을 부탁합니다. 그리고 이들로부터 '만약 기슈 번과 싸움이 벌어진다면 우리도 가만히 있지는 않겠다'는 확약을 받아냈죠.

그 이후에도 료마는 바쁘게 움직입니다. 우선 자신의 고향이자 후원자인 도사 번을 움직여 막부가 기슈 번의 편을 들지 않고 이 문제에서 중립적인 태도를 취하게 합니다. 이때는 료마가 고향인 도사 번으로부터 탈번했던 죄를 용서받고 료마와 도사 번이 서로를 돕는 상황이었죠. 당연히 쇼군의 친족인 기슈 번의 편을 들 게 뻔한 막부의 팔을 묶어놓은 것만 해도 큰 성과였습니다.

이렇게 기슈 번을 조금씩 코너에 몰아넣으면서 그들로 하여금 자신과의 협상을 받아들일 수밖에 없도록 했죠. 하지만 기슈 번 측에서는 차일피일 협상을 미루는 지연 전술을 펼쳤습니다.

이때부터 료마는 본격적인 여론전에 들어갑니다. 부하들과 함께 고급 술집을 찾은 그는 그곳에서 일하는 기녀 10여 명에게 직접 노래를 가르칩니다.

"배를 침몰시킨 보상으로 돈보다는 나라를 받아내련다"라는 가사가 들어간 자신이 직접 작사 작곡한 노래였는데요. 기슈 번의 뻔뻔함을 조롱하는 노래였습니다. 안 그래도 배를 잃은 료마를 동정하는 여론이 널리 퍼져 있던 터라 부르기 쉽고 재미있기도 한 이 노래는 순식간에 나가사키의 유행가가 됐습니다. 밤이 되면 여러 술자리에서 이 노래를 합창하는 모습이 펼쳐졌죠.

쇼군의 친척이 다스리는 친번인 기슈 번이 한낱 술자리의 조롱거리로 전락한 것인데요. 기슈 번으로서는 울며 겨자 먹기로 료마와의 협상에 임할 수밖에 없는 처지가 되고 맙니다. 그리고 이런 여론전 뒤에 이어진 여러 노력 덕분에 료마는 배 값과 화물 값으로 애초에 생각했던 것보다 많은 8만 5,000냥이라는 거금을 손에 쥘 수 있었습니다. 자신보다 훨씬 강한 상대와 싸울 때는 먼저 대의명분과 여론의 지지를 손에 넣어야 한다는 걸 누구보다 잘 알고 있던 료마였기에 가능한 일이었습니다.

사카모토 료마가 손정의를 비롯한 수많은 일본인들의 존경을 받는 이유를 알게 해준 《료마가 간다》의 책장을 덮으며, 조선 시대의 한 선비가 남긴 문장이 함께 떠올랐습니다.

"이 나라는 털끝 하나라도 병들지 않은 것이 없다. 지금 당장 개혁하지 않으면 나라가 망하고 나서야 그칠 것이다. 이러하니 어찌 충신지사가 팔짱만 끼고 방관할 수 있겠는가."

— 다산 정약용의 〈경세유표〉 중에서

4장

고민하지 말고
결단하라
_ 판단력

판단력

게임의 법칙을
따르지 않는 자가
승리한다

2005년 독일 총리 자리에 오른 앙겔라 메르켈Angela Merkel은 15년이
지난 지금도 여전히 독일을 이끌어가고 있습니다. 2020년 1월 1일
기준으로 독일 역사상 두 번째로 자리를 오래 지키고 있는 총리입
니다. 그의 정치적 아버지로 불리는 헬무트 콜 총리에 이어 역대 두
번째 장수 총리죠.

2005년부터 2020년까지 한국에는 모두 네 명의 대통령이 있었는
데요. 이처럼 짧지 않은 기간 동안 독일이라는 강대국을 이끌어온
인물이기 때문에 메르켈이란 이름은 우리에게 많이 익숙합니다.

하지만 그가 서른다섯 살이 될 때까지 공산주의 독재 국가인 동
독에서 살았고, 원래는 〈양자 화학의 분석적 방법에 기반한 속도상
수 계산과 단수 결합 파열의 방사성 붕괴 반응에 대한 연구〉라는 제
목의 논문으로 박사학위를 받은 물리학자, 과학자라는 사실은 잘

모르는 경우가 많습니다. 오늘날에는 강력한 리더십을 바탕으로 독일뿐 아니라 유럽연합(EU)을 이끌면서 '유럽의 여왕'이라 불리는 그가 처음에는 그저 구색 맞추기용으로 임명된 장관에 불과했다는 사실도 마찬가지입니다.

내성적이고 수줍음 많은 서른다섯 살의 과학자가 어떻게 독일의 통일이라는 거대한 변화의 흐름에 올라타 권력의 핵심부에 들어갔고, 동독 출신 여성이라는 약점을 이겨내며 권력을 장악해나갈 수 있었을까요? 실험실에 틀어박혀 연구만 하던 물리학 박사가 2차 세계대전 이후 독일 역사상, 아니 유럽연합 역사상 어떻게 가장 강력한 리더가 될 수 있었는지 그 이유에 대해 알아보겠습니다.

특히 메르켈이 처음 정치권에 발을 들인 1989년 동독 붕괴 무렵부터 총리직의 발판이 되는 기독교민주연합(기민련)의 당수 자리에 오르는 2000년까지의 기간에 초점을 맞춰 살펴보겠습니다. 그 누구도 이름을 모르던 무명의 과학자가 경쟁자들을 하나씩 제거해가며 권력을 장악해나갔던 11년에 대한 이야기입니다.

이해를 돕기 위해 메르켈이 권력을 틀어쥐는 과정을 3단계로 나누어 각 단계에서 활용했던 전략들을 살펴보면 다음과 같습니다.

> **첫째,** 애송이일 때는 먼저 거물에게 다가가 내가 도움이 될 수 있는 사람이라는 것을 알려라.
> **둘째,** 사람들의 비웃음은 신경 쓰지 말라. 조용히 힘을 키우며 성과로 자신을 증명하라.

셋째, 게임의 법칙을 따르지 않는 자만이 이길 수 있다. 누구도 예상하지 못하는 기습적인 방법으로 치고 나가라.

많은 사람들이 메르켈이라고 하면 2015년에 시작된 유럽 난민 위기 당시 100만 명의 난민을 받아들이는 대담한 결정을 내린 진보적 정치인이자 트럼프, 시진핑, 푸틴 같은 다른 강대국들의 거친 남성 지도자들과는 달리 부드럽고, 친화력 좋으며, 순박한 이미지의 정치인을 떠올리는데요.

그런 이미지와 달리 실제로 그는 자신의 정치적 경쟁자들은 물론 독일 사회의 많은 지식인들에게 타고난 마키아벨리스트라는 평가를 받고 있습니다. 《군주론》의 저자 니콜로 마키아벨리가 말했듯 권력을 손에 넣고 유지하기 위해 비정하고 냉혹한 결정을 내리고, 온갖 책략을 사용하는 걸 망설이지 않는 인물이란 뜻이죠. 그렇지 않았다면 칼부림과 배신이 난무하는 정치 세계에서 15년이라는 세월 동안 최고의 자리를 유지할 수는 없었을 겁니다.

공산주의 체제에서 물리학을 공부한 이유

메르켈이 오늘날 서구권의 지도자, 자유진영의 지도자들과 가장 구분되는 특징은 인생의 절반을 공산주의 독재체제 아래서 보냈다는 사실입니다.

사실 메르켈이 태어난 곳은 동독이 아닌 서독의 함부르크였습니다. 하지만 개신교의 일파인 루터교 목사이자 동독 출신이던 그의 아버지 호르스트 카스너가 동독에서의 선교 활동을 위해 동독행을 택하면서 메르켈은 태어난 지 8주 만에 요람에 담겨 공산주의 독일로 떠나게 됩니다. 원래 공산주의 국가는 종교의 자유는 물론, 종교 자체를 인정하지 않지만 1,500여 년이 넘는 세월 동안 기독교 문화가 이어져 내려온 유럽에서는 아무리 공산당이 철권통치를 한다 해도 기독교 자체를 금지시킬 수는 없었습니다. 동독 역시 마찬가지였고요.

그렇기 때문에 메르켈의 아버지 같은 개신교 목사들도 형식적으로나마 교회를 열고 사람들에게 기독교의 교리를 전할 수 있었습니다. 물론 이들에게는 언제나 동독의 비밀경찰인 슈타지의 집요한 감시가 따라붙었죠. 메르켈의 아버지 역시 그의 사소한 행동과 가벼운 대화까지 슈타지에 의해 일일이 감시당하곤 했습니다.

이처럼 메르켈은 어린 시절을 공산주의 국가에서 불온한 사상을 지닌 것으로 여겨지는 기독교 목사의 딸로서 보내게 되는데요. 청소년기의 메르켈은 수학과 러시아어 성적이 매우 뛰어난 학생이었습니다. 특히 러시아어 실력은 전국 러시아어 올림피아드에 출전해 금메달을 받을 정도였습니다. 덕분에 당시 소련의 모스크바에도 견학을 갈 수 있었죠. 뛰어난 러시아어 능력은 이후 메르켈에게 동독이 붕괴되고 통일을 앞두고 있던 혼란스러운 시기에 자신의 가치를 크게 높일 수 있는 발판이 됐습니다.

　우수한 성적으로 고등학교를 졸업한 메르켈은 이후 동독 남부의 대도시 라이프치히에 있는 카를마르크스대학에서 물리학을 전공하게 됩니다. 메르켈은 훗날 "내가 물리학을 공부하고 싶었던 이유는 동독체제가 기본적인 연산 규칙과 물리학 법칙은 억압할 수 없었기 때문입니다"라고 말했습니다. 공산당과 공산주의가 사상과 학문을 통제하는 독재사회에서 자연과학이야말로 그러한 억압으로부터 그나마 자유로운 안식처였다는 의미인데요.

　그녀는 1978년에 대학을 졸업하자마자 동독 과학학술원의 연구원으로 채용됩니다. 이때 메르켈의 나이는 스물넷이었는데요. 이후 1989년 동독이 무너질 때까지 과학자로서 살아갑니다. 대학 시절에 만난 첫 남편과 이혼하고 1986년에는 물리학 박사학위를 받는 등 개인적으로는 여러 일들이 있었던 시기지만 이후 통일 독일의 최고지도자가 될 인물 치고는 조용하게 보낸 젊은 시절이었습니다.

승자를 만나야만 기회가 생긴다

　1989년 11월 9일, 베를린 장벽이 무너지는 걸 계기로 독일의 통일이 급물살을 타면서부터 오늘날 우리가 알고 있는 정치인 메르켈이 처음으로 등장하게 되는데요. 메르켈이 권력을 장악한 첫 번째 전략인 '애송이일 때는 먼저 거물에게 다가가 내가 도움이 될 수 있는 사람이라는 것을 알려라'에 대해 구체적으로 알아보도록 하겠습니다.

공산주의 정권이 무너지면서 동독에서는 수십 년 만에 진정한 의미의 선거가 치러지게 됩니다. 서독과의 통일을 위해서는 동독에서도 국민들의 자유로운 투표에 따라 선출된 정부가 있어야만 했기 때문이죠. 이에 따라 여러 신생 정당들이 창당됐는데요. 메르켈은 이런 정당들 중 하나인 민주개혁에 입당함으로써 정치 활동을 처음 시작합니다.

그러나 민주개혁은 몇 달 뒤 치러진 동독 국회의원 선거에서 0.92퍼센트라는 아주 보잘것없는 득표율을 기록하며 처참하게 패배하고 마는데요. 하지만 메르켈은 이 신생 정당에 입당한 지 불과 1년도 안 돼 통일 독일의 장관 자리에 오르게 됩니다. 자기가 몸담았던 당이 동독에서 치러진 선거에서 1퍼센트의 지지도 얻지 못했음에도 불구하고 서독과 동독이 합쳐진 통일 독일의 내각에 들어갈 수 있었던 거죠. 어떻게 이런 일이 가능했을까요?

자신의 당이 선거에서 참패했다는 사실이 드러난 선거일 저녁, 메르켈은 결과를 접하자마자 40.8퍼센트의 지지율로 선거의 승자가 된 동독 기독교민주연합의 승리 축하 파티가 열리고 있는 레스토랑으로 향합니다. 동독 기민련의 승리를 만들어낸 인물이자 통일이 되기 전까지 짧은 기간 동안이나마 동독을 이끌어갈 로타어 데메지에르를 만나기 위해서였습니다. '승자를 만나야만 기회가 생긴다'는 사실을 본능적으로 알았기 때문인데요. 하지만 초대장이 없던 메르켈은 파티장에는 들어가보지도 못한 채 쓸쓸히 되돌아올 수밖에 없었습니다.

그러나 곧 놀라운 일이 벌어집니다. 자신이 그토록 만나고 싶어하던 데메지에르가 신임 총리의 취임 인사를 겸해 민주개혁 당원들이 모여 있는 곳으로 찾아온 것이죠. 메르켈은 이 기회를 놓치지 않고 그에게 다가가 자신에 대해 소개합니다. 이런 식으로 신임 총리는 물론 그와 함께 찾아온 동독 기민련 지도부에게 자신이 누구인지 깊은 인상을 남길 수 있었습니다.

선거 당일뿐 아니라 그 이전에도 메르켈은 자신에게 길을 열어줄 수 있을 만한 사람들에게 자신을 알리는 일에 적극적이었는데요. 동독에서 치러질 선거를 돕기 위해 서독 개발부에서 파견 나와 있던 보좌관 한 명도 메르켈과 만난 뒤 깊은 인상을 받았습니다. 동독의 신임 총리인 데메지에르와 당 지도부 인사들, 서독에서 온 보좌관에 이르기까지 메르켈이 새로운 정부에서 괜찮은 역할을 해낼 만한 유능한 인재라는 데 동의했습니다. 덕분에 메르켈은 새로운 동독 정부의 부대변인으로 임명될 수 있었죠. 신생 정당의 당원으로 입당한 지 몇 달 만에 정부 부대변인이 된 것이니 그야말로 초고속 승진이었습니다.

메르켈은 자신에게 찾아온 기회를 절대 놓치는 인물이 아니었습니다. 독일의 통일 과정을 취재하기 위해 독일 전역은 물론 전 세계에서 찾아온 기자들을 상대하며 부대변인으로서 일을 착실하게 해나가는 동시에 통일을 위한 다른 강대국들과의 협상에서도 자신의 능력을 마음껏 발휘했습니다.

서독과 동독의 통일은 그저 두 나라의 의지만으로 이뤄질 수 있는 일이 아니었습니다. 2차 세계대전의 승전국이자 독일을 둘로 나눠놓은 미국, 영국, 프랑스, 소련 이 네 강대국들의 협조 혹은 허락 없이는 불가능했죠. 그렇기 때문에 통일 과정에 대해 논의하는 회담은 2(서독, 동독)＋4(미국, 영국, 프랑스, 소련) 방식으로 이뤄졌습니다.

사실상 소련에게 지배받는 동독이었던 만큼 특히 소련과의 협상 결과가 중요했는데요. 그렇기 때문에 동독 총리는 모스크바로 날아가 소련 공산당 간부들과 협상을 벌여야 했습니다. 하지만 동독 총리인 데메지에르의 러시아어 실력은 협상 테이블에서 사용하기에는 턱없이 부족했습니다. 그렇기 때문에 옆에 있으면서 복잡하고 민감한 내용을 정확하게 통역해줄 인물이 필요했는데요. 그 역할을 한 것이 바로 메르켈이었습니다.

메르켈은 영어 실력 또한 러시아어에 뒤지지 않았는데요. 이 같은 메르켈의 외국어 실력은 강대국들과의 통일 협상 과정에서 더욱 빛났습니다. 공식 직위는 정부 부대변인이었지만 뛰어난 외국어 실력과 과학자로서의 냉철한 분석 능력을 바탕으로 총리를 바로 옆에서 도우며 주변 강대국들과의 협상에 깊숙이 참여할 수 있었죠. 이같은 메르켈의 활약은 당시 동독 지도부는 물론 서독 정부의 고위급 인물들에게도 깊은 인상을 남겼습니다. 메르켈이 통일된 독일에서도 계속해서 위로 올라갈 수 있었던 이유이기도 합니다.

성과로
자신을 증명하라

1990년 10월 3일 독일은 끝내 통일을 이뤄냈습니다. 메르켈은 곧바로 통일 독일의 여성청소년부 장관으로 임명됐죠. 서른여섯 살의 나이에 임명된 역대 최연소 장관이었습니다.

메르켈이 장관에 임명된 데는 그의 뛰어난 능력과 인맥도 큰 영향을 미쳤습니다. 하지만 장관 자리는 그저 능력과 인맥만으로 임명될 수 있는 자리는 아니었는데요. 국회의원 선거 결과에 따라 정부가 구성되고 의원들이 장관을 맡아 책임지고 행정을 이끌어나가는 의원내각제 국가인 독일에서 장관에 임명됐다는 건 앞으로 국가를 이끌어나갈 지도자 후보군에 들어갔다는 걸 의미합니다. 하지만 메르켈은 장관에 임명됐음에도 불구하고 이 같은 인정을 받지 못했습니다.

사실 메르켈의 장관 임명은 능력에 대한 고려보다는 구색을 맞추기 위한 성격이 강했습니다. 30대 중반의 젊은 여성이자 동독 출신인 메르켈을 장관 자리에 앉힌다면 정부 입장에서는 내각의 다양성을 뽐내고, 동서독의 화합된 모습을 보여주는 데 큰 도움이 될 테니까요.

실제로 당시 헬무트 콜 총리는 기존에 있던 정부 부처를 여러 개로 쪼갠 뒤 그 자리에 여성 장관들을 임명했습니다. 나이 든 남성들 위주의 보수적인 내각이라는 비판을 피하기 위한 방법이었죠. 정치권과 언론도 이 같은 사실을 모르지 않았습니다. 그렇기 때문에 장관에 임명되긴 했어도 메르켈이 앞으로 그가 몸담은 기독교민주연합, 더 나아가 독일 정치권에서 큰 역할을 해내는 거물로 성장할 수 있을 거라고는 생각하지 않았습니다.

메르켈은 훗날 당시의 상황을 떠올리며 "사람들은 나라는 사람을 '구색 맞추기'라고 이미 멋대로 단정 지었더군요. 굉장히 화가 났죠"라고 말했습니다. 그리고 남들이 자신에 대해 뭐라고 말하던 신경 쓰지 않고 여성청소년부 장관으로서 자신에게 주어진 과제들을 하나씩 완수해나갑니다. 그가 처음 장관 자리에 앉자마자 한 일은 자신에게 충성하는 능력 있는 인물로 보좌진을 꾸리는 일이었습니다. 조직 안에 자신의 지지 세력을 갖춘 뒤에는 민감한 문제들을 하나씩 해결해나갔죠.

그중 대표적인 것이 낙태법을 둘러싼 논쟁이었습니다. 진보 세력과 보수 세력 사이에 의견이 첨예하게 엇갈린 문제인 데다 종교계 역시 낙태 관련 규제를 완화하는 데 결사반대하고 있었기에 누구도 쉽게 해결하기 힘든 문제였습니다. 이 문제를 잘못 다뤘다간 메르켈 자신의 정치 생명이 끝장날 수도 있었죠.

하지만 메르켈은 찬성과 반대, 양측을 오가며 끈질기게 타협안을 이끌어냈고 결국 문제를 매끄럽게 해결하는 데 성공합니다. 30대 젊은 장관이 거둔 정치적 승리였는데요. 이렇게 5년 6개월 동안 장관으로 일하며 자신에게 주어진 일들을 하나하나씩 처리해나간 덕분에 정치인으로서의 입지를 탄탄히 다질 수 있었습니다.

결정적 한 방,
기습적으로 치고 나가라

자신의 자리에서 꾸준히 힘을 키워나간 메르켈은 마침내 세 번째 전략인 '게임의 법칙을 따르지 않는 자만이 이길 수 있다. 누구도 예상하지 못한 기습적인 방법으로 치고 나가라'는 전략을 실행에 옮깁니다. 정치에 입문한 지 10년이 지난 1999년 메르켈은 기민련의 사무총장을 맡으며 어느덧 중견 정치인으로 성장했죠.

하지만 이때까지만 해도 그를 기민련의 차기 지도자감으로 여기는 이들은 그리 많지 않았습니다. 지도자보다는 꼼꼼한 실무 책임자라는 게 메르켈이 갖고 있던 이미지였는데요. 한 단계 더 성장해 정치적 체급을 키우기 위해서는 결정적인 한 방이 필요한 시점이었습니다.

메르켈은 여기서 아무도 예상하지 못한 방식으로 정치적 승부수를 던집니다. 자신을 정치의 길로 이끌어준 '정치적 아버지' 헬무트 콜과 콜의 후계자로서 기민련 당수를 맡고 있던 볼프강 쇼이블레의 등에 무자비하게 비수를 꽂은 건데요.

1999년 12월 전직 총리인 헬무트 콜은 캐나다의 무기상이자 로비스트로부터 100만 마르크에 달하는 불법 정치자금을 받았다는 스캔들에 휩싸여 있었습니다. 뇌물 스캔들을 조사하는 과정에서 콜이 이끌던 기민련이 불법 정치자금을 관리하기 위해 비밀계좌까지 만들었다는 사실이 드러났고요.

이에 따라 독일의 통일을 이뤄낸 전직 총리인 헬무트 콜과 기민련의 지지율은 급락했습니다. 이렇듯 자신의 정치적 아버지가 위기에 빠져 있던 그때 메르켈은 독일의 대표 유력 조간 신문인 〈프랑크푸르터알게마이네차이퉁〉의 기자 카를 펠트마이어에게 전화를 겁니다. 보통 때라면 당의 사무총장으로서 당의 입장을 변호하기 위해 전화를 걸었을 텐데요. 이때는 달랐습니다. 메르켈은 기자에게 정치권의 불법 정치자금에 관련된 인터뷰에 관심이 있냐고 물으며 미리 써놓은 자신의 칼럼을 보냅니다.

칼럼의 제목은 거침이 없고 단도직입적이었습니다. '콜은 당에 피해를 입혔다'가 제목인 1,017글자의 이 칼럼은 헬무트 콜은 변명할 수 없는 큰 잘못을 했으며 기민련은 콜을 당에서 내보내야 한다는 내용이었습니다. 자신에게 정치적 발판을 마련해준 콜이었지만 더 이상 당에서 그를 받아주고, 변호해줄 수 없다는 걸 분명히 한 것이죠.

이 칼럼은 헬무트 콜뿐 아니라 그의 후계자인 볼프강 쇼이블레 역시 겨냥하고 있었습니다. 그리 길지 않은 칼럼으로 당의 장애물이 돼버린 전직 총리와 자신의 정치적 경쟁자를 한 번에 제거할 수 있었던 건데요.

칼럼이 게재된 이후 쇼이블레 역시 불법 정치자금 스캔들에 연루됐다는 사실이 추가적으로 밝혀졌고, 결국 쇼이블레는 2000년 2월에 당수직에서 물러나게 됩니다. 그리고 그로부터 두 달 뒤인 2000년 4월 전당대회에서 치러진 선거에서 메르켈은 선거단인단 95퍼센트의 지지를 받으며 기민련 당수로 선출됩니다. 기민련 당수를 맡고 5년이 지난 2005년에는 비로소 독일의 총리 자리에 올랐고요. 공산주의 독재체제에서 35년을 자란 물리학자가 정치에 발을 디딘 지 불과 16년 만에 민주주의 국가의 리더로 일어서는 순간이었습니다.

"게임의 법칙을 고수하지 않는 사람만이 승리한다"는 자신의 말처럼 정치권에 입문한 이후 다른 이들의 예상을 깨는 전략과 행동으로 하나씩 목표를 이뤄낸 것이 메르켈이 오늘날 유럽의 여왕이라고 불릴 정도의 영향력을 갖게 된 비결입니다.

당연히 해야 할 일을 하는 것

필립 피셔Philip Fisher는 흔히 '성장주Growth stocks 투자의 아버지'라고 불리는 인물입니다. 워런 버핏 버크셔해서웨이 회장은 그를 가리켜 "오늘의 나를 만든 스승이다"라고 말했는데요. 그가 이처럼 유명한 투자자로 꼽히는 건 1950년대에 처음으로 '성장주'라는 개념을 소개해 이후 월 스트리트의 투자 방식에 커다란 변화를 불러왔기 때문입니다.

그가 창안한 성장주 투자란 쉽게 말하면 성장 가능성이 매우 높다고 판단되는 초창기 기업에 투자한 뒤 그 기업이 충분히 커나갈 때까지 장기간 기다리는 전략을 말합니다. 잠재력이 높은 초기 기업에 투자한다는 측면에서 스타트업에 대한 투자를 전문으로 하는 벤처캐피탈과 일맥상통하는 부분이 있습니다.

투자에서 성공하기 위해서는 남들이 보지 못하는 걸 볼 수 있는 관찰력, 사람들의 심리를 꿰뚫어 볼 수 있는 지혜, 그리고 자신의 선택을 과감하게 밀고 나가는 결단력 같은 자질들이 필요합니다. 세상을 보는 자신만의 관점이 있어야 한다는 말인데요. 워런 버핏이나 레이 달리오 같은 유명 투자자들의 책을 보면 재테크 서적이라기보다는 철학 서적처럼 느껴지는 것도 이 때문입니다.

필립 피셔가 쓴《위대한 기업에 투자하라Common Stocks and Uncommon Profit》도 마찬가지입니다. 1958년 첫 출판되어 나온 지 62년이나 된 책이지만 이 책은 오늘날까지도 꾸준히 팔리고, 널리 읽히고 있습니다. 그 이유는 이 책이 오랫동안 믿고 투자할 수 있는 기업, 즉 '위대한 기업'을 찾는 방법을 설명하고 있기 때문입니다. 필립 피셔는 이 책에서 위대한 기업 혹은 그런 회사가 되고자 하는 기업들이 갖춰야 할 15가지 조건들에 대해 말하고 있습니다. 그가 모토로라, 텍사스 인스트루먼트 같은 1950년대 당시에는 작은 규모의 회사였지만 이후 폭발적으로 성장한 회사들을 찾아낸 비결이죠.

성장주 투자가 성장 가능성이 높은 기업을 발굴해 장기간 투자하는 전략이라고 할 때 여기서 말하는 '장기간'은 우리가 생각하는 기간을 훨씬 뛰어넘을 거라고 장담합니다. 필립 피셔는 1956년 처음으로 모토로라 주식을 사들인 이후 이 주식을 35년 동안이나 갖고 있으면서 144배의 수익을 거뒀는데요. 그의 아들 켄 피셔 등에 따르면 그가 남은 모토로라 주식까지 모두 처분한 건 그의 삶이 얼마 남지 않은 2000년대에 들어서였습니다. 한 주식을 거의 반세기 동안 갖고 있었다는 뜻이죠.

필립 피셔가 말하는 위대한 기업의 15가지 조건을 통해 나와 지금 일하고 있는 회사가 크게 성장하기 위해서는 어떤 부분에 더 많은 노력을 기울여야 하는지 생각해볼 수 있습니다. 이 같은 내용들을 간추린 뒤 이를 각각 제품과 서비스, 영업, 경영과 기업문화라는 키워드로 정리해보겠습니다.

꾸준한 성장을 이뤄낼 수 있는 마음가짐

필립 피셔가 위대한 기업을 찾기 위해 던진 첫 번째 질문은 "적어도 향후 몇 년간 매출액이 상당히 늘어날 수 있는 충분한 시장 잠재력을 가진 제품이나 서비스를 갖고 있는가?"입니다.

그는 아무리 뛰어난 기업이라고 해도 매출액이 항상 전년도보다 늘어날 수는 없다고 강조합니다. 신제품이나 새로운 기술을 개발하기 위한 연구개발 과정은 매우 복잡하고 여기에 들어가는 비용은 결코 작지 않습니다. 이렇게 새로운 제품을 개발하더라도 이 제품이 시장에 자리 잡을 때까지 쏟아부어야 하는 마케팅 비용도 만만치 않죠. 이렇게 투자를 하고도 실제로 매출이 일어나기까지는 상당히 오랜 시간을 기다려야 하는 경우가 많고요.

필립 피셔가 말하는 성장 가능성이 높은 기업이 매년 매출액이 꾸준히 늘어나는 회사를 뜻하는 건 아닙니다. 그는 기업의 성장세를 파악할 때는 1년 단위로 매출액 성장률을 분석해서는 안 된다고 말합니다. 연도마다 매출액이 늘어나기도 하고 줄어들기도 하면서 들쭉날쭉한 모습을 보이더라도 몇 년 단위로 묶어서 비교했을 때 매출액이 늘어나고 있는 흐름에 올라탄 기업이라면 일단 가능성이 있다는 겁니다. 앞으로 폭발적으로 성장할 기업들은 그 전에 대부분 이런 매출액 그래프를 그린다는 말이죠. 물론 이런 매출액 그래프를 보이는 기업이 모두 폭발적으로 성장할 기업이라는 말은 결코 아닙니다.

필립 피셔는 급성장하는 기업들은 크게 두 가지 부류로 나눌 수 있다고 말합니다. 첫째는 '운이 좋으면서 능력이 있는 기업'이고요. 둘째는 '능력이 있기 때문에 운이 좋은 기업'들입니다.

운이 좋으면서 능력이 있는 기업은 쉽게 말해 성장 가능성이 높은 산업 분야에 속해 있는 회사들입니다. 남들보다 한 발 앞서 새로운 제품과 서비스를 개발했는데 이후 회사가 만든 제품이 사용되는 시장 자체가 커지면서 회사의 성장에 가속도가 붙는 경우죠. 즉 날아오르는 로켓에 올라탄 기업들을 말합니다.

반면, 능력이 있기 때문에 운이 좋은 기업들은 정체됐거나 혹은 쇠퇴하는 산업 분야에 속해 있었지만 해당 업계에서 오랫동안 일하면서 쌓아온 기술력과 네트워크, 영업 노하우를 바탕으로 끊임없이 기존 사업의 이익률을 높이고 또 새로운 산업 분야에 진출해 성공을 거두는 회사를 말합니다.

성장 가능성이 높은 기업을 가려내기 위해서는 우선 그 기업이 속한 업계가 앞으로 어떻게 변할지를 먼저 따져봐야 한다는 말입니다. 회사가 몸담고 있는 산업 자체의 영토가 앞으로 크게 넓어질 업계라면 좋겠지만 만약 그렇지 않은 회사라면 그 회사가 갖고 있는 기술력과 노하우를 바탕으로 그 회사가 어떤 산업 분야에 새롭게 진출할 수 있을지를 따져봐야 한다는 조언입니다.

회사의 제품 및 서비스와 관련해서 이어지는 또 다른 질문은 "앞으로 몇 년 동안의 성장을 책임져줄 제품과 서비스의 성장세가 멈추면 다시금 새롭게 매출 증가를 이끌어나갈 새로운 제품과 서비스에 대해 최고경영진이 얼마나 고민하고 준비하고 있는가?"입니다. 한두 개 제품의 성공만으로 회사가 장기적으로 성장할 수는 없기 때문이죠.

이 질문은 최고경영진이 갖고 있는 '마음가짐'에 대한 물음이라고 필립 피셔는 강조합니다. 장기적인 성장을 원하는 최고경영진이라면 지금 준비하고 있는 제품 이후에 내놓을 차차기 제품에 대한 청사진도 머릿속에 담아두고 있어야 한다는 말입니다. "더 큰 시장을 가진 신제품을 개발해야 계속해서 성장할 수 있다는 점을 최고경영진이 인식하고 있는 회사야말로 꾸준한 성장을 이뤄낼 수 있다"는 게 필립 피셔의 지론입니다. 당연한 말 같지만 의외로 많은 회사들이 현재의 작은 성공에 취해 미래에 대한 대비를 게을리하는 것이 사실입니다.

성장할 수 있는 기초 체력이 튼튼한가

필립 피셔는 투자할 기업을 고르는 데 있어서 '영업이익률'이라는 지표도 중요하게 생각하고 있습니다. 투자자 입장에서는 아무리 매출액이 늘더라도 이익이 늘어나지 않는다면 큰 의미가 없다는 게 그의 생각인데요. 영업이익과 영업이익이 전체 매출액에서 차지하는 비율, 즉 영업이익률이야말로 기업의 성장 가능성을 보여주는 숫자라고 말합니다.

다만 앞서 매출액과 관련해서 말한 것과 같은 이유로 영업이익률 역시 연도별로 끊어서 보지 말고 몇 해에 걸친 전반적인 흐름을 봐야 합니다. 필립 피셔는 같은 업종에 속해 있더라도 회사들마다 영업이익률은 크게 차이가 난다고 말합니다. 또한 특정 업종의 경기가 유난히 좋을 때는 모든 기업의 매출이 커지고 영업이익률도 올라가지만 그중에서도 특히 애초에 영업이익률이 낮았던 부실기업들의 영업이익률이 더 큰 폭으로 올라가는 경향이 있다고 지적합니다. 갑자기 어떤 회사의 영업이익률이 큰 폭으로 올랐다고 해도 그것이 회사의 기초 체력이 튼튼해졌기 때문은 아닐 수도 있다는 설명이죠.

그는 영업이익률이 턱없이 낮은 기업을 장기 투자 대상으로 고려할 수 있는 경우는 단 하나뿐이라고 말합니다. 매우 예외적인 경우인데요. 기업의 기초 체력을 키우기 위해 즉 시장점유율을 늘리고 매력적인 신제품을 내놓기 위해 기업이 버는 이익의 전부나 대부분을 연구개발과 마케팅 비용으로 사용하는 경우를 말합니다. 만약에 진짜로 이 기업이 연구개발 투자를 늘리는 바람에 영업이익률이 크게 떨어진 거라면 이런 기업이야말로 '아주 매력적인 투자 대상'이 될 수 있다는 게 그의 설명입니다.

필립 피셔는 또 비슷한 영업이익률을 거두는 기업이라고 해서 같은 수준의 성장 잠재력을 가졌다고 판단해서는 안 된다고 조언합니다. 기업들이 저마다 어떤 방식으로 영업이익률을 유지하고 있는지 하나하나 따져봐야 한다는 건데요. 임금이 오르고, 원료비가 오를 때마다 판매 가격도 함께 높이는 방식으로 영업이익률을 '방어'하는 기업이라면 얼마 안 가 위기에 처할 수밖에 없습니다. 이 기업이 원가 상승분을 판매 가격에 덮어씌우는 방식으로 영업이익률을 유지할 때 경쟁자는 뼈를 깎는 노력으로 원가를 절감해 판매 가격을 낮춘 상품을 들고 나오기 때문입니다.

'회사가 갖추고 있는 영업 조직이 얼마나 탄탄하고 생산적인지'는 필립 피셔가 오랫동안 투자할 기업을 선택하는 중요한 기준입니다. 강력한 영업 조직과 폭넓은 유통망을 갖추지 못한 기업이라면 아무리 우수한 제품과 서비스를 내놓더라도 꾸준히 성장하는 건 불가능하다는 게 그의 생각인데요.

영업 조직이 회사의 성과와 장기적인 생존에 미치는 영향은 막대합니다. 하지만 대부분의 투자자들은 생산, 연구개발, 재무 등 기업의 여러 다른 부문들을 분석하는 데 들이는 노력에 비해 영업력을 분석하는 데는 훨씬 적은 시간을 들이고 있습니다.

생산, 연구개발, 재무 등의 부문이 처해 있는 상황과 부문별 생산성은 명확한 수치로 나타낼 수 있고 또 그렇기 때문에 경쟁사들과 비교하는 게 어렵지 않습니다. 그러나 판매와 유통이 얼마나 효율적으로 이뤄지고 있는지는 수치로 표현하기 힘들고, 재무제표를 살펴봐도 영업력을 한눈에 보여주는 항목은 찾기 어렵다고 말합니다. 얼마나 많이 판매하고 있느냐가 아니라 얼마나 효율적으로 판매하고 있느냐에 관한 질문이기 때문이죠. 숫자를 중요하게 여기는 투자업계와 금융업계 전문가들이 회사의 영업력이 기업 성과에 미치는 영향력을 실제보다 낮게 평가하는 것도 이 때문입니다.

필립 피셔는 어떤 기업이 얼마나 강한 영업력을 갖고 있는지 평가하는 가장 좋은 방법은 그 회사의 경쟁업체, 협력업체, 고객 등 기업 외부에 있는 관계자들에게 물어보는 거라고 말합니다. 신중한 투자자라면 투자를 결정하기 전에 그 기업과 관련된 여러 이해관계자들을 직접 만나봐야 한다는 말인데요. 이들로부터 가장 쉽게 그리고 또 가장 정확하게 답변을 들을 수 있는 주제가 바로 '기업의 영업력'이라는 거죠.

기업의 연구개발 프로젝트가 어떤 성과를 거두고 있는지, 이 회사의 제품 생산 공정이 얼마나 효율적으로 이뤄지고 있는지는 기업의 외부 관계자들이 잘 알 수 없습니다. 하지만 그 회사의 판매, 유통, 영업이 얼마나 잘 이뤄지고 있는지는 회사 밖에서 바라봤을 때 더 정확하게 판단할 수 있습니다. 거래처 사람들이나 고객만큼 어떤 회사가 영업을 잘하는지 못하는지, 경쟁업체들에 비해 영업력이 좋은지 나쁜지를 잘 알고 있는 이들은 없으니까요.

해야 할 일들을 완벽하게 해내라

필립 피셔는 회사 경영진의 능력과 자세, 기업문화도 투자할 기업을 고를 때 빼놓을 수 없는 기준들이라고 강조합니다. 예를 들어 회사의 노사 관계가 얼마나 끈끈하고 화목한지는 매우 중요한 기준이라고 말하는데요. "근로자들이 사용자로부터 정당하게 대우받고 있다고 느낄 때만이 근로자 1인당 생산성 향상이라는 경영진의 목표가 달성될 수 있다"고 단언하고 있습니다.

제 몫을 하는 한 명의 직원을 길러내는 데는 많은 시간과 비용이 들어갑니다. 많은 노력을 들여 이제 '일 좀 하게' 키워낸 직원이 떠나버리면 회사로서는 매우 큰 손실이죠. 필립 피셔는 좋은 노사 관계와 기업문화야말로 이런 불필요한 손실을 줄일 수 있는 가장 효과적인 방법이라고 말합니다.

회사를 이끌어가는 경영진과 관련된 내용도 빼놓을 수 없는데요. 그가 말한 조건을 몇 가지 살펴보면 우선 임원들 간에 서로 협력하는 관계가 형성돼 있어야 합니다. 임원들 사이의 권력 다툼이 잦은 회사라면 최고경영자가 회사를 제대로 이끌어나가는 데 어려움이 따르기 때문입니다.

기업이 두터운 경영진을 갖추고 있는 것 역시 빼놓을 수 없는 조건입니다. 규모가 작은 기업이라면 능력이 뛰어난 최고경영자 혼자서 회사 경영과 관련된 모든 결정을 내릴 수 있습니다. 하지만 회사의 규모가 점점 커지기 시작하면 최고경영자 혼자서 모든 일을 결정하는 건 불가능해지는데요. 소수의 경영진에게 지나치게 의존하는 회사라면 계속해서 꾸준하게 성장하는 건 힘들 수밖에 없습니다. 이나모리 가즈오 교세라 명예회장이 회사의 규모가 커지면서 이전처럼 자신이 혼자 모든 일을 처리할 수 없는 상황에 처하자 '아메바 경영'이라는 분권형 경영시스템을 만든 것도 이 때문이었습니다.

전설적인 투자자로 꼽히는 필립 피셔가 자신이 수십 년 동안 믿고 투자할 위대한 기업들을 선별했던 15가지 기준은 사실 누구라도 할 수 있는 당연한 이야기처럼 보입니다. '영업이익률이 높은 회사여야 한다' '경영진이 신제품에 대한 구상을 항상 하고 있어야 한다' '연구개발비를 효율적으로 사용해야 한다' '몇 년 동안 매출을 책임질 수 있는 제품을 갖고 있는 회사여야 한다' 같은 내용들이니까요.

필립 피셔가 선택한 기업들이 실제로 대단한 기업이 될 수 있었던 건 이처럼 '당연히 해야 할 일'들을 최선을 다해 완벽하게 해냈기 때문입니다. 필립 피셔 역시 수많은 기업을 찾아가 무수히 많은 경영진을 만나면서 자신이 정한 위대한 기업의 조건을 충족하는 회사

들에만 투자했습니다. 그리고 한 번 투자한 뒤에는 짧게는 몇 년에
서 길게는 반세기에 가까운 시간 동안 자신의 선택을 믿고 기다렸
기에 오늘날 전설적인 투자자라는 칭호를 얻을 수 있었습니다.

단 한 번의 실천만으로는 위대한 기업이 갖춰야 할 모든 조건들
을 충족할 수 없습니다. 각자의 일터에서 하루하루 내가 일하는 회
사가 위대한 기업에 한 발 더 가까이 다가갈 수 있게 만드는 일에
필립 피셔의 조언이 도움이 되기를 바랍니다.

필립 피셔의 〈위대한 기업을 고르는 15가지 체크리스트〉

1. 적어도 향후 몇 년간 매출액이 상당히 늘어날 수 있는 충분한 시장
   잠재력을 가진 제품이나 서비스를 갖고 있는가?
2. 최고경영진은 현재의 매력적인 성장 잠재력을 가진 제품 생산라인
   이 더 이상 확대되기 어려워졌을 때도 회사의 매출을 늘릴 수 있는
   신제품이나 신기술을 개발하고자 하는 결의를 갖고 있는가?
3. 기업의 연구개발(R&D) 노력은 회사 규모를 감안할 때 얼마나 생산
   적인가?
4. 평균 수준 이상의 영업 조직을 가지고 있는가?
5. 영업이익률은 충분히 거두고 있는가?
6. 영업이익률 개선을 위해 무엇을 하고 있는가?
7. 돋보이는 노사 관계를 갖고 있는가?

8. 임원들 간에 훌륭한 관계가 유지되고 있는가?

9. 회사가 기업 경영에 대해 깊은 통찰력을 갖고 있는가?

10. 원가 분석과 회계 관리 능력은 얼마나 우수한가?

11. 해당 업종에서 아주 특별한 의미를 지니는 별도의 사업 부문을 갖고 있는가? 그리고 이것은 경쟁업체에 비해 얼마나 뛰어난 기업인가를 알려주는 중요한 단서를 제공하는가?

12. 이익을 바라보는 시각이 단기적인가 아니면 장기적인가?

13. 성장에 필요한 자금 조달을 위해 가까운 미래에 증자를 할 계획이 있으며, 이로 인해 현재의 주주가 누리는 이익이 상당 부분 희석될 가능성은 없는가?

14. 경영진은 모든 것이 순조로울 때는 투자자들과 자유롭게 대화하지만 문제가 발생하거나 실망스러운 일이 벌어졌을 때 입을 꾹 다물어버리지는 않는가?

15. 의문의 여지가 없을 정도로 진실한 최고경영진을 갖고 있는가?

위기를 벗어나는 과감함의 힘

장거정(張居正). 이 이름을 들어본 적이 있다면 중국 역사에 대해 상당히 잘 알고 있는 사람일 겁니다. 명나라 말기의 재상인 장거정에게는 '시대를 구했다'는 평가가 따라붙는데요. 명나라 276년 역사 동안 모두 164명의 재상이 있었지만 이 같은 평가를 받는 인물은 장거정이 유일합니다. 그 이유는 무엇일까요?

많은 역사가들이 장거정의 업적에 대해 평가하며 '그의 개혁 덕분에 망해가던 명나라의 생명이 70년은 더 연장됐다'고 말합니다. 그가 재상으로 나라를 이끌던 16세기 중후반, 중국 명나라는 인구는 물론 경제 규모에서도 세계 최대 국가였습니다. 하지만 그 거대한 규모와 달리 외적의 침략, 공직 사회의 부패와 무능, 만성적인 재정 적자로 인해 나라는 금방이라도 무너질 위기에 처해 있었습니다. 백성들은 살인적인 세금과 지배계층의 착취에 시달리며 살려달라고 비명을 지르고 있었죠.

이런 상황에서 집권한 장거정이 망해가던 나라의 생명을 반세기 이상 연장시킬 수 있었던 비결은 무엇일까요? 장거정의 사례를 통해 역사상 가장 성공한 개혁을 만들어낸 3가지 원칙에 대해 알아보겠습니다.

혼란에 빠진 나라를 어떻게 구할 것인가

1525년에 태어나 1582년에 눈을 감은 장거정이 살았던 16세기 중반의 명나라는 나라 안팎의 위기로 인해 금방이라도 망할 듯 위태로웠습니다.

우선 국방력이 약해지면서 사방에서 외적의 침입이 끊이지 않았습니다. 이 같은 명나라 중기 이후의 상황을 나타내는 말이 북로남왜(北虜南倭)인데요. '북쪽의 오랑캐와 남쪽의 왜구'라는 뜻입니다. 이 말처럼 명나라의 북쪽 국경은 몽골족 기병대에게, 동남해안은 일본에서 온 해적들에게 끊임없이 침략을 당했습니다.

장거정이 조정의 중신으로 활동하던 1567년에도 몽골족 군대가 수도 베이징 인근까지 쳐들어와 백성과 가축들을 끌고 가는 일이 벌어졌습니다. 장거정이 "지금 당장 군비 문제를 해결하지 않는다면 송나라가 망한 전철을 다시 밟게 된다"고 말할 만큼 충분히 걱정할 만한 상황이었습니다.

중앙과 지방 가릴 것 없이 관료 사회 전반에 만연한 부정부패와 매관매직도 나라를 뿌리부터 갉아먹고 있었습니다. 관리들의 승진이 능력과 성과에 대한 평가가 아니라 상관에게 바치는 뇌물 액수에 의해 결정되면서 관리들은 관직을 사기 위한 돈을 마련하기 위해 백성들을 쥐어짰습니다. 관료 사회의 기강이 무너진 탓에 중앙 정부에서 지시를 내리더라도 지방 관리들은 그냥 뭉개고 앉아 있으면서 어느 것 하나 제대로 시행하지 않았습니다.

국가 재정 위기도 심각한 수준이었습니다. 1500년대 중반 명나라는 매년 250여만 냥을 세입으로 거둬들였지만 지출은 400여만 냥에 달했습니다. 매년 150여만 냥씩의 적자가 쌓이고 있었던 거죠. 513조 원의 정부 예산이 편성된 2020년 한국 정부를 예로 들자면, 전체 예산 중 331조 원만 세금으로 마련할 수 있었고 나머지 182조 원은 빚으로 메꾼 셈이었습니다. 이런 적자 행진이 수십 년째 계속되었죠. 외적의 침입, 수해와 한파 같은 자연재해로 인해 들어오는 세수는 크게 줄어든 반면 국방비를 포함한 각종 예산 부담은 크게 늘어났고, 황제와 그 일가친척의 사치를 위한 지출 역시 급증했기 때문입니다.

이처럼 나라가 혼란에 빠지면서 백성들의 삶 역시 극도로 피폐해져 갔습니다. 특히 명나라 중기로 접어들면서 세금을 면제받는 특권계층의 수가 크게 늘어나면서 백성들이 짊어져야 하는 부담은 커져만 갔는데요.

명나라는 지방에서 치러지는 과거시험인 향시에 합격한 생원(生員)들에게 세금을 면제해주는 특혜를 줬습니다. 이들 생원은 시간이 흐르면서 점차 신사(紳士)라고 불리는 지방 농촌 사회의 견고한 특권집단으로 자리 잡아갔는데요. 생원들의 수가 크게 늘어난 데다 부유한 지주나 상인들이 세금을 피하기 위해 자신의 땅을 면세 혜택을 받는 생원들의 이름으로 등록해놓는 일도 흔했습니다.

부유한 계층일수록 세금을 내지 않는 게 당연한 일처럼 돼버렸고 원래 이들이 부담했어야 하는 세금은 가뜩이나 살기 힘든 평범한 백성들이 떠안아야만 했습니다. 가혹한 세금을 견디다 못한 농민들 중에서 남의 집 종이 되거나 고향을 떠나 정처 없이 떠돌아다니는 이들이 늘어났죠. 이는 결국 남아 있는 백성들의 부담을 더욱 키우는 악순환으로 이어졌습니다. 이처럼 장거정이 집권할 무렵의 명나라는 심각한 위기에 처해 있었습니다.

일을 했으면 성과를 내라, 과감한 개혁의 시작

1572년, 48세의 나이에 내각 수보로 임명되며 권력을 잡은 장거정이 개혁의 토대를 마련하기 위해 가장 먼저 한 일은 관리들의 흐트러진 근무 자세를 바로 잡는 일이었습니다. 현장에서 일하는 관리들의 자세를 뜯어고치지 않고서는 어떤 정책을 내놓더라도 효과를 볼 수 없다는 것을 잘 알고 있었기 때문입니다.

이를 위해 장거정이 적용한 첫 번째 원칙은 바로 '일을 했으면 성과를 내야 한다. 구체적인 목표와 마감 기한이 없다면 사람들은 움직이지 않는다'였습니다. 이러한 현실을 반영한 고성법(考成法)은 장거정의 개혁이 성공할 수 있었던 밑바탕이자 개혁의 시작점으로 꼽히는 제도입니다. 땅에 바짝 엎드린 채 아무 일도 하지 않고 버티는 관료 사회를 바꾸기 위해 도입한 정책이죠.

시행되자마자 관료 사회의 업무 효율성을 크게 끌어올린 정책이지만 그 내용은 의외로 매우 간단한데요. 업무를 지시할 때 언제까지 끝마쳐야 하는지 마감 일자를 함께 정해주는 제도라고 이해하면 됩니다. 황제의 명령이나 중앙 정부의 지시 사항을 지방 관리들에게 내려보낼 때 공문서의 상단에 언제까지 이 일을 끝마쳐야 하는지 함께 적어보냈던 것이죠. 그리고 지방 관리에게 내려보낸 것과 똑같은 문서를 세 개 더 만들어서 관리들을 감독하고 그들의 성과를 측정하는 담당 부서 두 곳과 장거정이 이끌던 내각에 보냈습니다.

달의 마지막 날과 연말이 되면 감독 부서는 지방 관리들이 지시사항을 잘 처리했는지 확인하고 지시 내용을 마무리하지 못했을 때는 그 이유를 확인했습니다. 타당한 이유 없이 일 처리를 늦췄다고 판단되면 해당 관리를 처벌했죠.

장거정은 고성법을 통해 크게 두 가지 효과를 거둘 수 있었는데요. 우선 중앙에서 어떤 지시가 내려오든 '세월아 네월아' 하면서 뭉개고만 있던 관리들을 움직이게 할 수 있었습니다.

"마차가 앞으로 나가지 못하는 것은 말이 힘을 쓰지 않기 때문인데, 말을 채찍질하지 않고 마차를 탓하면 되겠는가? 법이 실행되지 않는 것은 관료가 복지부동하기 때문인데 관료를 탓하지 않고 법만 탓하면 되겠는가?"

그가 남긴 말을 살펴보면 그가 개혁의 성공을 좋은 법과 제도를 만드는 데서 찾지 않았다는 걸 알 수 있는데요. 실무 담당자들을 자신의 뜻대로 움직이게 하는 방법을 찾는 것이야말로 개혁의 성패를 가른다는 게 장거정의 생각이었습니다.

고성법을 통해 관리들의 능력과 성과를 보다 더 정확하게 평가하는 효과도 거둘 수 있었습니다. 당시 명나라는 관리들의 성과를 3년에 한 번씩 일괄적으로 평가해왔는데요. 고성법을 시행하게 되면서 정기 인사 평가 시즌뿐만 아니라 평소에도 상시적으로 관료들의 능력과 성과를 평가할 수 있게 된 것이죠.

이렇게 관료 개개인의 능력을 보다 세밀하고 정확하게 평가할 수 있게 되면서 능력 있는 인재들을 적재적소에 임명할 수 있었습니다. 업무를 지시할 때 마감 기일을 정하고, 일이 제대로 진행되고 있는지를 정기적으로 체크하는 것만으로도 이 같은 효과를 누릴 수 있었습니다.

자기 사람을
믿음으로 지켜라

장거정의 개혁을 성공시킨 두 번째 요인 역시 고성법과 마찬가지로 사람을 다루는 기술에 대한 내용인데요. '최고의 전문가를 등용하는 것만으로는 충분치 않다. 리더가 그들을 믿고 지켜준다는 걸 직접 보여줘야 한다'는 원칙입니다.

"믿지 못하면 아예 쓰지 말고 일단 사람을 쓰면 의심하지 말라."

고(故) 이병철 삼성그룹 창업자가 자신의 용인술을 한마디로 표현한 말인데요. 일단 한번 사람을 발탁해 자리에 앉혔으면 그가 성과를 낼 수 있도록 믿고 기다려줘야 한다는 걸 강조하는 말입니다.

장거정이 개혁을 위해 인재들을 활용하는 모습을 살펴보면 여기에 더해 '리더는 자기가 믿고 일을 맡긴 인재들을 지켜주는 든든한 바람막이가 돼줘야 한다'는 사실도 알 수 있습니다. 특히 장거정처럼 작게는 관료 사회, 크게는 나라 전체를 개혁하려는 인물이 발탁한 인재들은 개혁에 반대하는 세력으로부터 끈질긴 공격을 받았는데요. 개혁을 완수하기 위해서라도 장거정은 자신이 기용한 인물들을 꼭 지켜내야만 했습니다.

장거정 자신이 직접 나서서 바람막이가 돼준 대표적인 부하가 명나라 말기의 명장으로 꼽히는 척계광(戚繼光)입니다. 척계광은 그에 대해 다룬 영화나 드라마가 꾸준히 나올 정도로 중국에서는 유명한 인물인데요. 젊은 시절에는 중국 동남해안에 출몰하던 왜구들을 소탕하는 데 큰 공을 세웠습니다. 그의 활약 덕분에 동남해안의 왜구 문제는 어느 정도 큰 불길을 잡을 수 있었죠. 조선에 이순신이 있다면 명나라에는 척계광이 있다고 할 만했습니다.

척계광이 왜구를 소탕하는 모습을 눈여겨본 장거정은 이후 그를 북쪽 국경 지역인 계주(薊州)의 방어 책임자로 임명하려 했습니다. 하지만 이에 대해 다른 많은 신하들이 반대 의견을 내놓았는데요. 남쪽의 왜구와 북쪽의 몽골 기병은 손에 들고 싸우는 무기부터 전술과 규모까지 모든 것이 다르다는 게 가장 큰 이유였습니다.

하지만 장거정은 뜻을 굽히지 않고 척계광을 북쪽 국경의 방어 책임자로 임명합니다. 왜구의 전술과 검법을 분석한 뒤 이를 제압할 수 있는 원앙진(鴛鴦陣)이라는 기존에 없던 진법을 만들어낸 창의력과 수십 차례의 전투를 승리로 이끈 지휘력과 판단력이라면 충분히 몽골 기병도 막아낼 수 있다고 생각했기 때문입니다.

척계광이 북쪽 국경 지역에 부임한 뒤에도 그가 내놓은 의견들을 적극적으로 지지하면서 그에게 힘을 실어주었습니다. 척계광이 만리장성 위에 망루를 설치해 적군의 침입을 감시하고 대비하자는 의견을 내놓자 비용이 많이 든다는 이유로 반대하는 의견이 많았는데요. 장거정은 이때도 척계광의 의견을 받아들였고 다른 장군들에게도 장성 위에 망루를 설치하게 했습니다.

척계광이 부임한 이후 몇 년 동안 적과 전투를 벌이지 않고 방어에 집중하자 일부 신하들은 '척계광이 아무런 전공도 세우지 못했다'고 비판했는데요. 장거정은 이때도 '다른 지역에 주둔한 군대는 전투를 벌여 적을 죽이는 것을 공으로 평가해야 하지만 척계광이 주둔한 지역은 애초에 적이 쳐들어오지 못하게 하는 걸 최우선 목표로 삼아야 하는 지역'이라고 말하면서 척계광을 보호해주었습니다. 부하가 지금 어떤 임무를 맡고 있고, 무슨 일을 하고 있는지 정확히 파악하고 있었기 때문에 그러한 변호가 가능했던 것이죠.

이처럼 장거정의 든든한 지원을 받은 척계광은 이후 16년 동안 북쪽 국경 지역인 계주 일대를 안전하게 지켜냈습니다. 북쪽 국경이 안정되면서 베이징도 적군의 침략으로부터 한시름 놓을 수 있게 되었죠.

장거정이 남긴 기록을 보면 그가 척계광뿐 아니라 변방에서 국경 방어를 책임진 여러 장수들과 여러 통의 편지를 주고받은 것을 알 수 있는데요. 그는 장수들과 일일이 의견을 주고받으며 국경 지역의 동태를 실시간으로 파악하고 현장 지휘관들의 건의 사항을 신속하게 받아들였습니다. 이 역시 장거정이 집권한 이후 명나라가 외적의 침입을 막아낼 수 있었던 중요한 배경입니다.

리더가 모범을 보여야 변화가 시작된다

장거정의 개혁으로부터 배울 수 있는 세 번째 교훈은 '처음에는 꼭 필요해서 만들었던 시스템도 시간이 지나면 반드시 악용하는 이들이 나타난다. 제도와 정책이 원래 목적대로 사용되는지 항상 점검해야 한다'입니다. 처음 만들 때는 분명 타당하고 합리적인 이유가 있어서 도입된 제도라 하더라도 시간이 지나면 조직에 지나치게 큰 부담을 주거나 특정인들만을 위한 특혜 제도로 변질될 수 있는데요. 그렇기 때문에 처음 제도를 도입할 때부터 부작용을 예방할 수 있는 방법을 함께 내놓고, 제도가 애초의 도입 취지에 맞게 제대로 운영되고 있는지 계속해서 점검해야 한다는 말입니다.

장거정이 권력을 잡은 뒤 해결하기 위해 노력했던 문제들의 대부분이 오랜 시간 지나면서 애초의 취지와는 다르게 변질된 제도들이었다는 점에서 이 원칙의 중요성을 잘 알 수 있습니다.

당시 가장 대표적인 문제로 꼽히던 것은 역참제(驛站制)였습니다. 역참제는 수도와 지방 주요 도시를 연결하는 도로망에 일정한 거리를 두고 국가가 운영하는 교통·숙박 시설인 역참을 설치한 제도입니다. 역참에는 말, 나귀와 같은 교통수단과 식량, 땔감 등이 마련돼 있었습니다. 공무를 위해 이동 중인 관리는 이곳에서 식사와 숙소를 제공받고 지친 말과 나귀를 바꿔 탈 수 있었죠.

역참에서 일하면서 관리들의 말과 나귀 끄는 일을 하는 역졸과 마부는 모두 역참 근처에 거주하는 백성들이었습니다. 이들은 아무런 대가도 받지 못한 채 역참에서 수년간 일해야만 했습니다. 역참에서 일하는 기간 동안 먹을 음식과 입는 옷마저 자기 스스로 마련해야 했죠.

역참 주변에 사는 백성들은 이처럼 노동력을 무상으로 징발당했을 뿐 아니라 역참을 운영하는 데 들어가는 각종 비용 역시 부담해야 했습니다. 관리들을 대접하고 말을 키우고 먹이는 비용 역시 이들로부터 거둬들였죠.

중국처럼 넓은 국가를 다스리기 위해서는 역참제를 통해 안정적인 교통망을 확보하는 일이 꼭 필요했습니다. 관리들이 중앙과 지방 사이를 안전하고 빠르게 오갈 수 있어야만 중앙의 명령을 지방에 전달하고 지방의 사정을 중앙 정부에 정확하게 보고할 수 있었으니까요.

명나라 초기에만 해도 역참을 이용할 수 있는 자격은 엄격히 제한돼 있었습니다. 명나라 조정 역시 역참의 운영이 그 주변에 사는 백성들에게 큰 부담이 된다는 걸 알고 가급적 부담을 키우려 하지 않았던 것이죠. 중요한 공무가 있을 때만 감합(勘合)이라는 사용증을 발급 받아 역참을 이용할 수 있었습니다.

명나라 건국 초기에는 규정을 어기고 역참에서 말을 빌려 탔다는 사실이 들통난 한 고위 관료에게 태조 주원장이 불같이 화를 낸 일도 있었습니다.

"모두 너와 같이 역참을 마음대로 이용한다면 백성들은 자식을 내다 팔아도 감당할 수 없을 것이다."

그리고 실제로 세월이 흘러 관리들이 제멋대로 역참을 이용하자 주원장의 걱정은 그대로 현실이 됐습니다. 관리들이 공무가 아니라 사적으로 여행을 다닐 때도 역참을 이용한 것은 물론이고, 역참 사용증인 감합을 민간인에게 선물로 주는 일도 흔했습니다. 공무를 마친 뒤에도 감합을 반납하지 않고 평생 동안 사용하기도 했죠. 상인들에게 뇌물을 받고 상인들의 화물을 역참의 말과 마부를 이용해 운반하도록 하는 일, 관리의 식구와 하인들까지 수십 명이 몰려들어 역참을 통째로 거덜 내는 일도 적지 않았습니다.

이렇게 관리들이 역참 제도를 악용하면서 역참 주변에 사는 백성들의 부담은 한도 끝도 없이 늘어나게 됩니다. 살인적인 부담을 견디다 못해 파산하고 도망치는 백성들이 줄지어 나타났죠. 주원장의 예견처럼 곤궁한 처지를 견디다 못해 자식을 내다 파는 사례도 잇따랐습니다.

역참에서 일을 하고 운영비를 납부해야 하는 백성들이 달아나니 역참이 제대로 운영될 리 없었죠. 문을 닫는 역참이 늘어나면서 국가의 중요 교통·통신망인 역참제는 결국 무너졌습니다. 관리들의 해이해진 기강이 국가 통치 시스템 자체를 무너뜨린 것입니다.

명나라 말기를 살았던 지식인이라면 역참제를 악용하는 관리들 때문에 백성들이 큰 고통을 겪고 있다는 것을 모르는 이가 없었는데요. 하지만 이 같은 폐해에도 불구하고 누구 하나 나서서 역참제를 개혁하려고 하지 않았습니다. 역참제를 악용하여 가장 큰 이익을 보는 집단은 사회의 기득권층인 관리들이었기 때문입니다. 관료집단의 특권을 제한하려면 지배계층 전체를 적으로 돌릴 수밖에 없었죠. 관리들뿐 아니라 그들의 일가친척이자 특권을 공유하는 지방 향촌사회의 신사계층 역시 개혁에 반발할 것은 불 보듯 뻔했습니다.

하지만 장거정은 백성들의 삶을 피폐하게 만들고, 국가 통치 시스템을 갉아먹는 이 같은 문제를 더 이상 두고 보지 못했는데요. 역참제 정비는 그의 여러 개혁 정책 중에서도 대표적인 업적으로 꼽힙니다.

사실 장거정이 역참제 개혁을 위해 내놓은 방안은 상식적인 수준의 내용이었습니다. 역참은 공무를 위해 이동할 때만 이용하고, 공무를 마친 뒤에는 역참 사용증을 반납하며, 말을 빌릴 때도 직급에 따라 규정된 마리 수의 말만 빌려야 한다는 내용이었죠. 역참 사용증을 갖고 있다 해도 백성들을 함부로 징발해서 부릴 수 없다는 조항도 있었습니다.

한 마디로 '공적인 업무를 위해 만들어진 국가 시설이니 공무가 있을 때만 이용하라'는 말이었는데요. 지극히 당연한 내용이었지만 특권에 찌들어 있던 당시 관료계층에게는 자신들이 그동안 누려온 큰 특권을 한순간에 빼앗아가는 조치였습니다. 따라서 역참제 개혁은 대부분의 관료들이 장거정에 대해 이를 갈며 원한을 품는 계기가 됐죠.

역참제 정비 방안을 발표한 장거정은 자신이 직접 모범을 보이며 개혁을 밀어붙였는데요. 자신의 아들들이 사적으로 여행을 떠날 때는 절대로 역참을 이용하지 못하게 했고, 자신의 동생이 사사로이 역참 사용증을 발급받았다는 걸 알고는 크게 꾸짖으며 그 즉시 반납하게 했습니다. 민감한 개혁 과제를 추진할 때일수록 자신과 주변 지인들의 사소한 실수 하나가 개혁 전체를 좌초시킬 수 있다는 걸 잘 알고 있었기 때문입니다.

이렇게 권력자가 직접 개혁을 밀어붙인 덕에 관리들의 역참 악용 문제는 그가 집권하던 시기 동안에는 어느 정도 완화되는 모습을 보였습니다.

앞서 말했듯이 장거정이 해결하려 했던 명나라의 적폐들은 대부분 처음에는 나름대로 타당한 이유가 있어서 만들어진 제도였지만 시간이 지나면서 그 순기능은 사라지고, 변질돼버린 시스템이었습니다. 유학 교육을 장려하고 농촌 사회의 질서를 바로 세우기 위해 도입했던 생원에 대한 면세 혜택 역시 농민들을 옥죄는 제도가 되고 말았죠.

한번 조직 안에 뿌리내린 제도는 시간이 흘러 원래의 기능을 잃어버리고 조직에 피해만 입히더라도 없애는 것이 쉽지 않은데요. 특히 이 제도를 통해 특별한 혜택을 입는 이들이 있다면 제도를 개혁하는 것이 더욱 쉽지 않습니다. 제도의 혜택을 보는 이들이 뭉쳐서 조직적으로 반발하기 때문이죠. 따라서 제도를 도입할 때는 누군가 이 제도를 악용할 가능성은 없는지 고민하고 이에 대한 예방법을 함께 마련해놓는 것이야말로 강하고 효율적인 조직을 만드는데 꼭 필요한 태도입니다.

누가 하든
올바른 판단이
중요하다

레이 달리오 브리지워터 어소시에이츠 창업자는 오늘날을 살아가는 '투자의 전설' 중 한 명입니다. 1975년, 스물여섯 살의 나이에 자신이 살던 방 두 개짜리 아파트에서 시작한 회사를 40여 년 만에 운용 자산 1,600억 달러(약 193조 원, 2019년 기준)에 달하는 세계 최대 자산 운용사로 키워냈으니까요.

자산 운용사란 쉽게 말해 기업, 기관, 은행, 연기금, 정부 등 여러 투자자로부터 투자금을 받은 뒤 그 돈을 대신 굴려주고 그 대가로 수수료를 받거나 투자 수익의 일부를 가져가는 회사입니다. 주식, 채권, 파생금융상품, 상품 선물 등 전 세계 시장의 다양한 상품에 투자해 최대한의 투자 수익을 거두는 게 목적인 회사죠. 자산 운용사 대신 헤지펀드 운용사로 불리기도 합니다.

레이 달리오는 자기 자신에 대해 "빈털터리에서 부자가 되었고,

평범한 사람에서 유명인이 되었다"라고 말하는데요. 그의 말처럼 그는 개인적으로도 엄청난 부를 일궜습니다. 미국 경제전문지 〈포브스〉의 2018년 조사에서 177억 달러의 재산을 갖고 있는 세계 67위 부자로 뽑히기도 했죠.

그와 브리지워터의 명성이 전 세계적으로, 또 대중적으로 널리 알려진 건 2008년 글로벌 금융위기가 터지고 난 이후였습니다. 금융위기가 터지기 1년 전인 2007년에 그가 '앞으로 곧 큰 위기가 닥칠 것이다'라고 경고하며 투자 전략을 위기에 대응할 수 있도록 전환했던 사실이 큰 조명을 받은 것이죠.

위기를 미리 알아차리고 철저히 대비한 것은 막대한 보상으로 돌아왔는데요. 글로벌 금융위기라는 쓰나미가 전 세계를 휩쓸었음에도 불구하고 브리지워터는 2008년에 14퍼센트라는 놀라운 수익률을 거둡니다. 당시 미국은 물론 전 세계의 대형 투자자들 대부분이 30퍼센트 이상의 큰 손실을 입었기 때문에 이 같은 수익률은 사람들을 깜짝 놀라게 만들었죠. 금융위기의 여파가 남아 있던 2010년에는 회사 역사상 가장 많은 수익을 거뒀고요. 브리지워터가 이런 성과를 거두자 미래를 예측할 수 있었던 그의 비결에 대해 사람들의 궁금증이 쏠릴 수밖에 없었습니다.

의사결정의 원칙이 있는가

레이 달리오는 '투자업계의 스티브 잡스'라고도 불리는데요. 잡스가 자기 집 차고에서 애플을 시작했던 것과 마찬가지로 그역시 집을 사무실 삼아 비즈니스를 시작했다는 점이 비슷합니다. 하지만 무엇보다 잡스가 매킨토시, 아이팟, 아이폰 같은 기존에 없던 혁신적인 상품을 내놓으며 시장 자체를 만들었던 것과 마찬가지로 레이 달리오 역시 '퓨어 알파 펀드' '올웨더 펀드' 같은 그 이전에는 존재하지 않던 새로운 투자 상품으로 시장을 휩쓸었다는 점이 그를 잡스에 비유하는 가장 큰 이유입니다.

뒤에서 보다 자세히 설명하겠지만 레이 달리오는 컴퓨터가 본격적으로 보급되기 이전인 1970년대 후반부터 컴퓨터를 활용해 시장의 흐름을 분석, 예측하고 투자 전략을 세웠습니다. 그 이전까지 사람의 직관과 감에 크게 의존하던 투자업계에 데이터 분석과 수학적추론이라는 새로운 무기를 갖고 뛰어든 것이죠. 덕분에 위험은 줄이면서 기대 수익은 높인 투자 상품을 고객들에게 판매할 수 있었습니다.

다른 회사들과 차별되는 독특한 기업문화를 만들어 내고 성공을 거둔 뒤에도 결코 만족하지 않으며 직원들에게 자신이 세운 높은 기준을 따를 것을 끊임없이 요구한 것도 잡스와 매우 비슷한 점입니다. 듣는 이의 감정을 고려하기보다는 업무 성과를 높이는 것에 집중하는 직설적인 화법과 극단적으로 솔직한 태도 역시 잡스와 매우 닮았죠. "솔직하지 못한 건 상대방을 대하는 올바른 태도가 아니다"라는 게 그의 철학입니다.

그가 2017년에 출간한 《원칙Principles》은 제목 그대로 그가 40여 년간 투자를 하고 회사를 경영하면서 쌓아온 원칙들에 대해 다루고 있는 책입니다. 그가 이 책에서 설명하는 원칙들은 실제로 브리지워터 안에서 임직원들이 의사결정을 내릴 때 따라야 하는 업무 매뉴얼에 뿌리를 두고 있는데요. 매뉴얼에 나와 있는 지침들 중에서 업무와 일상에서 참고할 수 있는 내용들을 추려내어 자세히 설명하고 있습니다.

레이 달리오는 2006년에 처음으로 회사 직원들에게 자신의 경험을 바탕으로 만든 60개의 짤막한 문장들로 이뤄진 업무 원칙을 공개했는데요. 이후 이 원칙은 수정과 보완을 거쳐 212개까지 늘어납니다. 원래는 회사 직원들을 위해 만든 내부 지침이었지만 금융위기 이후 그의 철학과 브리지워터의 조직문화에 큰 관심이 쏠리게 되면서 그는 2010년에 이 원칙들을 외부에 공개하기로 합니다.

212개에 달하는 이 원칙들은 사업과 업무, 일상에서 끊임없이 반복되는 여러 상황들에 공통적으로 적용할 수 있는 내용들을 담고 있는데요. 레이 달리오는 "원칙은 인생에서 원하는 것을 얻도록 만들어주는 행동의 기초가 되는 근본적인 진리다. 이런 원칙들은 여러 비슷한 상황에서 목표 달성을 위해 반복적으로 적용될 수 있다"라고 설명합니다.

그의 책 《원칙》과 그에 대해 다룬 인터뷰 기사 등을 읽으면서 레이 달리오식 사고법의 핵심에 대해서 알 수 있었는데요. 사업을 하고, 인생을 살아가면서 마주하게 되는 수많은 상황들을 그 특성에 따라 몇몇 유형으로 정리한 뒤 각각의 유형에 맞춘 대응법(원칙)을 결정하고, 이후 특정 유형에 해당하는 상황이 발생하면 미리 정한 원칙대로 행동하는 것이 바로 핵심입니다. 어떤 상황에서는 어떻게 행동해야 하는지를 미리 정한 뒤, 그런 상황에 처하면 고민 없이 정해놓은 대로 행동하라는 거죠. 인생을 살면서 맞닥뜨리는 수많은 선택의 순간들을 미리 유형화, 패턴화하라는 말입니다.

"원칙이 없다면 인생이 우리에게 던지는 모든 상황을 마치 처음 경험하는 일처럼 대응해야 할 것이다. 상황들을 유형으로 분류하고 그에 따른 대응 방식에 대한 훌륭한 원칙들을 가지고 있다면 우리는 더 빨리, 더 좋은 결정을 내릴 수 있다"라는 그의 말에는 이러한 그의 생각이 잘 나타납니다.

'나는 옳다'는 맹목적인 자신감을 버려라

레이 달리오는 결정을 내리기 전에 '내가 옳다는 것을 어떻게 아는가?'라는 반문을 던져봐야 한다고 강조합니다. 올바른 판단을 내리는 게 중요하지 그 생각이 자신의 머릿속에서 나온 것인지 아니면 다른 사람의 의견을 받아들인 것인지는 중요하지 않다고 말합니다. 얼핏 보면 당연한 말 같지만 레이 달리오는 여러 차례 실패와 좌절의 쓴맛을 맛본 뒤에 이 같은 사실을 진정으로 깨달을 수 있었습니다.

레이 달리오가 회사를 차리기 전, 그러니까 하버드 경영전문대학원을 막 졸업하고 증권사에서 일했던 스물네 살 무렵에 그는 처음으로 큰 손해를 보았는데요. 그에게 손실의 쓰라림을 남긴 상품은 다름 아닌 삼겹살Pork bellies이었습니다. 증권사 직원이 삼겹살 때문에 손해볼 일이 뭐가 있겠냐고 생각할 수도 있는데요. 레이 달리오가 증권사에 근무할 당시 그리고 브리지워터를 창업하고 나서도 상당 기간 동안 그가 주로 투자했던 상품은 돼지고기나 소고기 같은 축산물, 대두와 옥수수를 비롯한 곡물 선물 상품이었습니다. 여기서 말하는 선물Futures 상품은 곡물, 축산물 등의 식재료나 원유 같은 에너지 자원 그리고 금속 광물 같은 원자재 등을 미래의 특정한 시점에 정해진 가격에 살 수 있는 권리를 말합니다.

식재료나 에너지 자원, 원자재 등은 공급량의 변화에 따라 가격이 오르고 내리는 폭이 큰 편인데요. 예를 들어 몇 달 동안 농작물이 자라기에 안 좋은 날씨가 이어져 작물 수확량이 줄어들면 농산물 가격이 큰 폭으로 오르게 됩니다. 그렇기 때문에 미래의 특정 시점에 미리 정해놓은 가격으로 상품을 살 수 있는 권리 자체가 투자 상품이 돼서 거래될 수 있는 거죠.

레이 달리오는 1970년대 초반에 시카고 상품 시장에서 삼겹살 선물 상품에 투자했다가 큰 손해를 입었습니다. 상품 시장이 문을 열자마자 바로 삼겹살 가격이 하한가까지 떨어지는 날이 며칠 연속으로 반복된 것이죠. 그는《헤지펀드 시장의 마법사들》이란 책에서 그 당시 느꼈던 심정에 대해 다음과 같이 털어놓았습니다.

"시카고 상품 시장에서의 경험은 잘못된 판단에 대한 나의 두려움을 증대시켰고, 한 건의 투자나 심지어 여러 건의 투자 결정이 내가 감당할 수 있는 규모 이상의 큰 손실을 초래하도록 해서는 안 된다는 교훈을 확실하게 가르쳐주었다."

삼겹살 투자 경험을 통해 위험 분산과 정확한 판단의 중요성을 깊이 새길 수 있었던 건데요. 하지만 이 실패 경험은 그가 그 뒤에도 본격적으로 투자와 사업을 해나가면서 겪어야 했던 실패의 예고편에 불과했습니다. 레이 달리오는 스스로 "지금까지 내가 내린 투자 결정의 3분의 1은 틀렸다"라고 말할 정도로 숱한 시행착오를 겪어나갑니다.

그는 자신의 책과 여러 인터뷰에서 자신이 맛본 가장 큰 실패로 1982년 미국 경제가 극심한 불황에 처할 것으로 예상하고 이에 맞춰 베팅했던 것을 꼽습니다.

1982년 당시 멕시코는 자국이 해외에서 빌려온 채무를 갚지 않겠다는 선언을 했는데요. 당시 미국 은행들은 멕시코처럼 신용도가 낮은 국가들에 자기 자본금의 250퍼센트에 달하는 돈을 대출해주고 있었습니다. 다른 채무국들이 멕시코처럼 채무 불이행을 선언하면 미국 경제가 휘청거릴 수 있었고, 다른 국가들도 멕시코의 뒤를 따를 것처럼 보였습니다. 당시 레이 달리오는 이러한 이유 때문에 미국 경제에 큰 불황이 찾아올 것으로 예측했죠. 경제위기를 대비하기 위해 열린 의회 청문회와 투자 관련 TV 프로그램에서 자신의 예측을 거침없이 말했고, 실제로 투자 포트폴리오도 불황이 찾아올 것에 대비하는 방향으로 바꿨습니다.

하지만 그의 예상은 완전히 빗나갔는데요. 불황이 찾아오기는커녕 경제가 빠르게 성장하면서 주식시장 역시 높이 뛰어오릅니다. 미국 경제가 붕괴하는 최악의 상황까지 예상하고 투자에 나섰던 그와 브리지워터는 매우 큰 손해를 보게 됐죠. 그는 그 당시 자신이 느꼈던 감정에 대해 "야구 방망이로 머리를 한 대 맞은 것 같았다"고 말합니다.

잘못된 예측과 판단으로 투자한 결과 레이 달리오는 그 이전 8년 동안 회사를 운영하면서 쌓아온 모든 것을 잃게 됩니다. 동료와 직원들에게 월급을 줄 수 없는 형편까지 내몰려 모든 직원을 내보내야 했고, 생활비가 없어 아버지에게 4,000달러를 빌리고 자동차도 팔아야만 했습니다. 아내와 두 어린 아들을 먹여 살릴 길이 막막한 상황이었죠. 한 번의 잘못된 투자 결정이 얼마나 큰 피해를 불러올 수 있는지 뼈저리게 느낀 시기였습니다. '나는 옳다'는 맹목적인 자신감을 버리고 '내가 옳다는 걸 어떻게 확신할 수 있을까?' '내가 지금 이 판단을 내리기 위해 사용한 근거들은 정말 믿을 만한 걸까?'라는 자신에 대한 끊임없는 의심과 겸손함을 항상 품고 있어야 한다는 걸 가르쳐준 경험이었죠.

스스로 생각할 줄 아는 사람이 돼라

투자에서 성공하기 위해서는 반드시 역사를 공부해야만 한다는 사실을 깨달았던 것도 바로 큰 실패를 경험한 직후였습니다. 자신이 시장의 움직임을 정반대로 예측하고, 거기에 무모하게 베팅했던 건 그 이전에 비슷한 위기가 찾아왔을 때 정부와 중앙은행이 적절한 해법을 내놨고 덕분에 위기를 극복할 수 있었던 역사에 대해 모르고 있었기 때문이란 걸 깨달았던 건데요.

대부분의 사람들이 거대한 위기가 닥치면 그런 위기가 역사상 처음 찾아온 것처럼 패닉에 빠지지만 찬찬히 역사를 살펴보면 그 정도의 위기는 이미 과거에도 수차례 있었고, 그에 대한 해법도 이미 어느 정도는 마련돼 있다는 걸 발견할 수 있다는 거죠. 앞서 이야기했듯이 '지금 일어난 사건은 과거에 있었던 비슷한 사건 가운데 하나'라는 게 레이 달리오의 생각입니다.

역사 속에서 숱하게 나타났던 경제·금융위기를 유형별로 정리한 뒤 그 당시에 효과적이었던 대응책을 잘 익혀두면 어떤 위험이 찾아오더라도 침착하고 적절하게 대처할 수 있다는 뜻입니다. 한 마디로 '위기와 그에 대한 해법을 유형화해두라'는 말입니다.

그리고 이 같은 생각은 자신이 40여 년 동안 투자와 사업을 해오면서 겪은 모든 상황들을 유형별로 정리해 각각의 유형에 맞는 최선의 선택, 즉 '원칙'을 마련해두는 데까지 이어집니다.

앞으로 만나게 될 여러 문제들은 대부분 거기에 등장하는 등장 인물과 일이 벌어진 시간과 장소, 겉으로 드러나는 세부적인 양상은 다를지라도 이미 자신이 살아오면서 만나온 문제들과 큰 틀에서는 같은 유형에 속한다는 건데요. 그렇기 때문에 과거의 경험을 분석해 뚜렷한 행동 기준만 마련해둔다면 그리 어렵지 않게 대처할 수 있다는 것이죠. 문제 유형별로 자신이 생각하는 가장 적절한 해법, 원칙을 마련해두라는 말입니다. 이렇게 원칙만 잘 세워두면 업무에서든 일상에서든 문제가 생길 때마다 처음 겪는 문제인 것처럼 골머리를 싸매면서 고민할 필요 없이 문제를 발견하는 즉시 곧바로 해결책을 마련할 수 있으니까요.

마치 외국어를 배울 때 몇 개의 기본적인 문장 패턴만 외워두면 상황에 맞춰 주어와 동사를 바꿔가면서 이야기할 수 있는 것과 비슷한데요. 처음에는 어색하더라도 계속해서 같은 패턴의 문장을 말하다 보면 나중에는 머리를 거치지 않고 입에서 저절로 외국어가 나오는 것과 마찬가지죠.

다만 똑같은 상황에 처하더라도 사람마다 거기에 대응하는 원칙은 다를 수밖에 없는데요. 그렇기 때문에 레이 달리오는 "내가 말했던 원칙들 중에서 가장 중요한 원칙은 스스로 생각할 줄 아는 사람이 되라는 것이다"라고 말합니다.

기준을 만들었다면
실행하라

  레이 달리오는 역사, 즉 과거의 사례를 분석함으로써 최적의 해법을 얻을 수 있다는 자신의 생각을 브리지워터의 투자 전략에도 그대로 적용합니다. 앞서 이야기했듯이 그는 1970년대 후반부터 컴퓨터를 활용해 시장과 경제에 관련된 여러 데이터를 모으고 분석한 뒤 그 결과를 바탕으로 언제, 어디에, 얼마만큼 투자할지를 결정했는데요.

  이를 위해 그가 수집한 데이터는 단순히 당시의 현재 상황을 보여주는 것에 그치지 않았습니다. 그는 말 그대로 구할 수 있는 모든 관련 자료를 구하려고 노력했습니다. 100년 전까지 거슬러 올라가 과거의 여러 경제·금융 통계들을 수집하고 당시의 경제 상황이 어땠는지, 각각의 투자 상품들은 얼마에 거래됐는지를 조사해 컴퓨터에 입력했습니다.

  미국뿐만 아니라 전 세계 주요 국가들의 데이터를 최대한 많이 수집하려 했습니다. 이를 위해 브리지워터 직원들은 2차 세계대전 이전에 미국과 유럽에서 나온 신문들뿐 아니라 역사책들까지 뒤져야만 했죠.

  그가 이처럼 전 세계 주요 국가의 경제가 100여 년 동안 어떻게 흘러왔는지를 조사한 건 어느 시기, 어느 장소에서든 들어맞는 보편적인 경제와 투자의 원칙을 찾고 싶어서였습니다. 그리고 이런 노력을 통해 주식, 채권, 통화, 귀금속 등 투자 상품별로 체계화된 분석 시스템을 갖출 수 있었죠. 나중에는 개별 시스템을 하나로 합친 브리지워터만의 강력한 분석 시스템을 만들어냈습니다.

레이 달리오는 이 같은 분석 시스템을 크게 3가지 방식으로 사용했는데요. 우선은 시스템에 쌓아놓은 방대한 과거 데이터를 분석함으로써 효과적인 투자 전략을 찾아내려 했고요. 그런 뒤에는 자신이 만들어낸 투자 전략이 실제로 시장에 들어맞을지를 분석 시스템을 활용해 검증했습니다. 현재와 시장 상황이 비슷한 과거의 특정 시점에 자신의 전략을 대입해서 어떤 결과가 나오는지를 확인해본 겁니다.

그리고 실제로 자신의 전략대로 투자해서 수익을 올렸다면 이를 수학 공식, 즉 알고리즘으로 만들어 시스템에 입력했습니다. 효과가 검증된 투자 알고리즘을 시스템에 입력해둔 덕분에 시스템으로부터 그때그때 상황에 맞는 최적의 투자 전략을 제공받을 수 있었습니다. 이 같은 자동화된 시스템을 만들어둔 덕분에 투자를 결정할 때마다 모든 사안을 처음부터 다시 따져볼 필요가 없게 됐죠. 이렇게 절약한 시간과 노력으로 새로운 고객을 발굴하고, 기존에 없던 혁신적인 투자 상품을 설계했으며, 뛰어난 전략을 만드는 데 투자할 수 있었습니다.

'매일같이 마주치게 되는 상황을 그 특성에 따라 유형별로 나누고, 각 패턴마다 최적의 해법을 마련하라'는 자신의 원칙을 시스템을 활용해 실천했던 것이죠.

판단의 결과를
꼼꼼히 기록하라

　　레이 달리오처럼 업무와 일상에 적용할 수 있는 상황별 원칙을 만들기 위해서는 먼저 꼭 지켜야 할 일이 있는데요. 바로 자신이 어떤 근거와 기준을 갖고 판단을 내렸었는지, 그리고 자신의 판단이 어떤 결과를 불러왔는지를 반드시 기록해둬야 한다는 겁니다.

　　레이 달리오는 투자 상품에 투자를 할 때마다 자기가 왜 이 시점에 이 상품을 선택했는지 적어뒀고, 모든 거래를 마친 뒤에는 투자성과가 어땠는지 역시 기록해뒀습니다. 그리고 이 내용을 분석함으로써 원칙으로 삼을 만한 효과적인 기준은 무엇이고, 생각대로 작용하지 않았던 기준은 무엇인지를 선별할 수 있었습니다.

　　효과가 있었던 기준은 자신의 투자 원칙으로 삼은 뒤, 이를 컴퓨터 시스템에 입력해 투자 알고리즘으로 만들었죠. 이처럼 성공적인 결과를 불러왔던 판단 기준들만을 모아 원칙과 투자 알고리즘으로 만든 덕분에 그와 브리지워터는 더 크고 높은 성공을 향해 나아갈 수 있었습니다. 투자에 실패했을 때는 자신이 내렸던 결정에 어떤 문제가 있었는지, 자신이 무엇을 보지 못했는지 분석한 뒤에 이를 기록으로 남겨 다시는 같은 실수를 반복하려 하지 않았습니다.

　　레이 달리오는 "좋은 습관은 언어를 배우는 것처럼 원칙에 입각한 방식을 반복함으로써 익히게 된다. 좋은 사고방식은 원칙들을 만드는 근거를 분석하는 것에서부터 출발한다"고 말했습니다. 근거를 분석하기 위해서는 먼저 판단을 내릴 때마다 그 근거들을 꼼꼼하게 기록으로 남겨야만 하죠.

40여 년간 투자를 하고 회사를 이끌어오면서 자신이 내렸던 판단의 근거들을 철저히 분석하여 원칙을 만들고, 주변 환경의 변화에 맞춰 그 원칙을 끊임없이 고치고 보완해나갔던 것이 레이 달리오가 오늘날과 같은 성과를 거둘 수 있었던 비결입니다.

위험 요소는
커지기 전에 없애라

최근 언론을 보면 국내외 혁신적인 기업들과 이 기업을 세운 창업자들의 마치 신화 같은 사업 초창기 이야기들이 자주 나옵니다. 대략적으로 정리하면 다음과 같은 내용들인데요.

어린 시절부터 컴퓨터에 빠져 있던 한 젊은이가 대학을 중퇴하고 친구 몇 명과 함께 집 차고에 사무실을 차리고 회사를 만듭니다. 그리고 이 회사는 엄청나게 혁신적인 제품과 서비스를 개발하여 몇 년 안에 전 세계를 휩쓰는 글로벌 기업으로 성장합니다.

이런 사례를 대표하는 인물들이 바로 하버드대학을 중퇴하고 사업에 뛰어든 빌 게이츠 마이크로소프트 창업자와 역시나 하버드대학을 그만두고 사업을 시작한 마크 저커버그 페이스북 창업자, 역시나 대학을 중퇴하고 사업을 택한 스티브 잡스 애플 창업자입니다.

이런 이야기들을 듣다 보면 학교에서 공부하는 건 무의미하고 지금이라도 당장 학교나 다니던 직장을 때려치우고 창업을 해야만 성공할 수 있을 것 같습니다. 묵묵히 회사를 다니는 건 마치 비전이 없는 길 같고, 그렇게 해서는 결코 위대한 일을 할 수 없을 것만 같은 생각도 듭니다. 모든 걸 다 버리고 사업에 뛰어드는 열정 없이는 사업에서 성공할 수 없을 거란 생각도 들고요. 그런데 과연 그럴까요? 우리가 잘 알고 있는 유명한 기업인들은 모두 가진 걸 다 버리고 사업에 뛰어든, 위험을 두려워하지 않는 사람들인 걸까요?

애덤 그랜트 미국 와튼스쿨 교수가 쓴 책 《오리지널스》를 보면 사실은 그와 반대라는 사실을 알 수 있습니다. 성공한 창업가일수록 위험을 감수하기보다는 어떻게든 리스크를 줄이려고 노력했고, 사업에 실패해도 돌아갈 곳을 만들어두는 데 최선을 다했습니다. 일단 다니고 있는 학교나 회사를 계속 다니면서, 혹은 본업을 유지하면서 사업을 병행하는 전략을 사용하곤 했죠.

그들은 왜 구글을 팔려고 했을까

대학을 중퇴한 컴퓨터 천재형 창업자를 대표하는 빌 게이츠를 한번 살펴볼까요? 빌 게이츠가 처음 소프트웨어 프로그램을 판 것은 대학교 2학년 때였습니다. 하지만 빌 게이츠는 그때 바로 학교를 그만둔 것이 아닙니다. 학교를 그만둔 것은 그렇게 소프트웨어 판매를 시작하고 1년이 지난 다음이었죠. 그것도 학교를 아예 중퇴한 게 아니라 학교 측에 공식적으로 허락을 받고 휴학을 한 것이었습니다. 빌 게이츠가 하버드 중퇴생으로 남게 된 건 그 이후 사업이 워낙 잘 되면서 학교로 돌아갈 기회가 없었기 때문이죠.

구글 창업자 래리 페이지와 세르게이 브린 또한 1996년에 구글의 초기 모델을 개발했지만 그로부터 2년이 지난 1998년이 돼서야 스탠퍼드대학원을 휴학하고 사업에 뛰어듭니다. 이들은 1997년에 구글의 초기 모델을 약 200만 달러에 팔려고도 했습니다. 성공할지 실패할지도 모르는 검색 엔진 개발 때문에 박사과정 연구를 소홀히 하게 될까 봐 걱정됐기 때문이죠.

나이키 공동 창업자인 필 나이트 또한 1964년부터 자동차 트렁크에 운동화를 싣고 다니면서 팔기 시작했지만 1969년까지 본업인 회계사 일을 그만두지 않았습니다. 애플의 공동 창업자인 스티브 워즈니악 또한 1976년 스티브 잡스와 함께 애플을 창업했지만 1977년까지는 원래 다니던 휴렛팩커드에서 계속해서 엔지니어로 일했습니다.

유명한 사람들의 사례만 살펴보면 전반적인 현실과는 동떨어진 말을 하게 될 가능성도 있습니다. 최대한 위험을 회피하고 위험을 분산시키려 한 창업자들도 있는 반면 큰 위험을 무릅쓰는 것을 마다하지 않고 사업을 시작해서 좋은 결과를 얻은 창업자들의 사례도 적지 않기 때문입니다.

____ 그간의 전문 지식과 경험을 활용하라

그렇다면 진짜 현실은 어떨까요? 미국에서 성공한 IT 벤처 기업 창업자의 이력을 분석한 자료가 있습니다. 2015년에 나온 자료이긴 하지만 지금의 현실과도 그렇게 다르지는 않을 것 같은데요. 바로 〈뉴욕타임즈〉가 블룸버그의 기술투자 펀드인 '블룸버그 베타'의 자료를 분석해서 쓴 기사입니다.

블룸버그 베타는 UC버클리 하스경영대학원과 함께 2005년부터 2015년 사이 실리콘밸리와 뉴욕에서 창업한 IT 벤처사업가들의 창업 전 경력에 대해 조사했습니다. 투자자로부터 투자금을 유치하는데 성공한 사업이 어느 정도 궤도에 오른 기업들만을 대상으로 한 조사였습니다.

조사 결과를 살펴보면, 성공한 창업자들 중에서 빌 게이츠나 스티브 잡스, 마크 저커버그 같은 대학 중퇴 이력을 찾아보긴 힘들었는데요. 이들이 현재 운영하고 있는 회사를 창업한 평균 나이는 서른여덟 살이었습니다. 20대 초반의 어린 나이에 창업해야 성공할 수 있다는 통념과는 다른 결과였죠. 성공한 창업자들 열 명 중 네 명은 마흔 살이 넘은 후에야 창업한 것으로 나타났습니다. 또 이들의 평균 학력은 석사 이상인 것으로 나타났죠. 뿐만 아니라 이들은 평균적으로 16년 동안 다른 사람이 창업한 벤처회사에서 직원으로 일한 경험이 있었습니다. 평균 16년 동안 월급쟁이 생활을 하고나

서야 자신들의 회사를 차린 것이었죠.

　기사 내용을 좀 더 자세히 살펴보면, 성공한 창업자의 53퍼센트는 IT 기술 관련 경력을 갖고 있었습니다. 아무래도 조사 대상이 성공한 IT 벤처기업 창업자들이었기 때문에 기술 관련 경험을 갖춘 이들의 비중이 높을 수밖에 없을 것입니다. 그리고 창업자들 중에서 첫 번째 사업에 실패한 사람들이 두 번째 창업 때는 투자자로부터 돈을 모으는 데 성공할 가능성이 더 높은 것으로 나타났습니다.

　이 같은 결과를 보면 사람들이 성공한 창업자들에 대해 갖고 있는 일반적인 통념과는 달리 사업의 성공에는 패기와 열정뿐 아니라 전문적인 지식과 경험, 네트워크도 매우 중요한 영향을 끼친다는 걸 알 수 있습니다. 이에 대해 《오리지널스》에서는 "최고의 기업가들은 위험을 극대화하지 않는다" "세계 최고의 기업가들은 위험 요소를 아예 제거해버린다"고 말하고 있습니다.

　자신의 회사를 차린다는 건 매우 큰 불확실성에 자신의 몸을 맡기는 일일 수밖에 없는데요. 그렇게 큰 위험을 지는 만큼 성공할 수 있다는 확신이 들 때까지 신중하게 기다리며 자신의 능력을 키우고 사업에 실패했을 때도 자신의 삶이 뿌리째 흔들리지 않도록 안정망을 마련해둬야 한다는 이야기입니다.

　빌 게이츠는 과거 〈뉴욕타임즈〉와의 인터뷰에서 자신을 따라 하지 말라고 했는데요. 자신은 대학을 중퇴한 뒤에도 운이 좋아 소프트웨어를 개발하는 일을 계속 할 수 있었지만 대학 학위를 받는 게 성공으로 가는 더 확실한 길이라는 게 그 이유였습니다.

얼마 전 한 식품가공업체의 대표를 인터뷰한 적이 있습니다. 1980년대 후반부터 2000년대 중반까지 벤처투자업계에서 일하면서 자산운용사의 부사장까지 역임한 분인데요. 인터뷰 중 과거 자신이 벤처투자자로 일할 당시 어떤 기업들에 투자를 했는지 이야기해주셨습니다.

투자자들이 회사에 투자를 결정할 때는 그 회사의 사업 모델과 사업 역량, 그리고 창업자의 인성과 능력을 절반씩 같은 비중으로 평가한다고 합니다. 사업 모델 못지 않게 창업자의 역량이 중요하기 때문인데요.

만약에 회사의 사업 모델은 100점이지만 창업자는 0점인 회사와 사업 모델은 0점이지만 창업자는 100점인 회사 둘 중에 한 곳을 선택해야만 한다면 자신은 창업자를 보고 투자를 결정했다고 하셨죠. 창업자를 믿고 투자할 경우 최소한 사기나 횡령 같은 문제에 휘말릴 일은 없다는 게 그 이유였습니다. 또 사업 초기일수록 창업자의 인성과 능력이 사업의 성패에 미치는 영향이 그만큼 크기 때문이었습니다. 충분한 경험을 갖고 있는 창업자일수록 투자자들의 신뢰를 얻기 쉽다는 것을 다시 한 번 확인한 순간이었습니다.

의사결정은
꼼꼼하게 하라

세계 최강대국인 미국의 대통령은 언제나 이슈의 중심에 있을 수밖에 없는 자리입니다. 미국 45대 대통령인 도널드 트럼프 또한 마찬가지인데요. 특히 그는 대통령 후보일 때부터 과격한 언행으로 끊임없는 논란을 만들어내면서 지금의 자리에 올랐습니다. 대통령이 된 뒤에도 전임 버락 오바마 행정부가 수년 동안 공들여 이뤄낸 '파리 기후변화 협약'과 '환태평양경제동반자협정(TPP)'에서 단숨에 탈퇴하고 중국과 대대적인 무역전쟁을 시작하는 등 기존 국제 사회의 질서를 허물어뜨리는 모습을 보이고 있습니다.

언론이 내보내는 기사들은 주로 트럼프를 둘러싼 논란에 초점을 맞추고 있습니다. 그러다 보니 많은 사람들이 트럼프라고 하면 괴팍한 개성의 소유자나 트러블메이커 정도로만 여기고 있는데요. 그런 트러블메이커 이미지 뒤에 숨겨진 트럼프의 신념과 성공 비결에 대해 관심을 가질 필요가 있습니다. 서른네 살의 나이에 미국 뉴욕 한복판에 초호화 호텔을 지으면서 성공한 부동산 개발업자로 떠오른 그가 그로부터 약 40년 후 '미국을 다시 위대하게!'라는 구호를 내세워 미국 대통령이라는 자리를 거머쥘 수 있었던 배경은 무엇일까요?

1987년 트럼프는 마흔한 살의 나이에 《거래의 기술The Art of the Deal》이라는 책을 썼습니다. 대통령이 되기 전 트럼프는 '미국 뉴욕의 스카이라인을 바꾼 사나이'로 불렸는데요. 그 말처럼 그가 미국 뉴욕을 중심으로 초고층 빌딩 개발 프로젝트를 연달아 성공시키고 카지노 운영으로 사업 영역을 한창 확장하던 시기에 펴낸 책입니다.

출간된 이후 32주 연속 〈뉴욕타임스〉 베스트셀러 1위에 오를 정도로 인기를 끌었는데요. 그런 인기를 바탕으로 1988년에 한국에서도 번역이 되어 출판됐습니다. 당시 출판사에서는 '42세의 사업 천재, 미국의 대통령감으로 주목받는 도널드 트럼프'란 문구로 책을 홍보했습니다. 거의 예언가 수준의 홍보 문구였죠.

트럼프가 미국 대통령에 당선된 뒤 한국에서도 《거래의 기술》을 다룬 기사가 쏟아졌는데요. 하지만 많은 기사들이 《거래의 기술》 앞부분에 나와 있는 '11가지 거래 원칙'에만 초점을 맞춘 듯했습니다. 그런데 사실 이 11가지 거래 원칙을 다룬 내용은 전체 450쪽 중에서 20쪽밖에 되지 않습니다. 책의 대부분은 그의 젊은 시절에 대한 이야기와 그가 실제로 그랜드 하얏트 호텔과 트럼프 타워, 트럼프 플라자, 트럼프 파크 등 대형 부동산 프로젝트를 성공시킨 과정에 대한 내용으로 채워져 있습니다.

동전 한 푼까지
철저하게 챙기는 사업가

《거래의 기술》을 읽고 느낀 첫 번째 인상은 트럼프가 매우 꼼꼼하게 사소한 일까지 직접 챙기는 계획적이고 계산적인 인물이란 것이었습니다. 돌출 발언으로 구설수에 오르는 일이 많은 그와는 어울리지 않는 평가인데요. 하지만 그의 책 곳곳에는 사소한 것 하나까지 직접 챙기는 모습들이 계속해서 나옵니다.

예를 들어 그는 초고층 빌딩 개발 프로젝트를 연달아 성공시키고 카지노까지 운영하면서 돈방석에 앉았지만 본인이 생각하기에 공사 시공업체가 부당하게 공사비용을 높여서 청구했다고 생각하면 적은 액수라도 직접 전화를 걸어 따졌습니다. 그 액수가 5,000달러나 1만 달러, 지금 환율로 500만 원이나 1000만 원에 불과했다고 해도 말이죠. 그 무렵 트럼프가 힐튼 카지노를 인수할 때 투자한 돈이 3억 2000만 달러였는데 말입니다.

'당신과 같은 거물이 그런 푼돈 때문에 골치를 썩어야 하느냐'는 질문에 트럼프는 "만약 내가 1만 달러를 절약하기 위해 25센트짜리 전화를 하지 않는 그런 사람이 된다면 그때는 사업을 접어야 한다"고 대답합니다.

과감한 승부사 이미지와는 달리 트럼프가 이처럼 사소한 비용도 꼼꼼히 따지고 계산하는 건 그의 아버지에게 배운 태도입니다. 이 민자의 자손으로 스스로 자수성가한 트럼프의 아버지는 저소득층이 살만한 저렴한 주택을 지어서 판매하거나 월세를 받고 임차해주는 일로 돈을 벌었습니다. 비용에 민감한 저소득층이 주 고객이기에 최대한 건축비를 줄여서 싼값에 지어야만 이익을 남길 수 있는 사업이었습니다.

고객들의 선택을 받을 만한 품질의 주택을 지으면서도 비용을 줄여 이익을 남겨야 하기에 트럼프의 아버지는 항상 건축비를 생각할 수밖에 없었습니다. 트럼프는 그의 아버지가 걸레나 마루에 칠할 왁스의 공급업자와 상담할 때도 큰 금액의 물품을 공급하는 거래처와 거래할 때처럼 심혈을 기울였다고 말합니다.

트럼프 역시 걷기 시작할 무렵부터 아버지와 함께 공사현장을 따라다니며 그의 아버지가 하청업체나 부동산업자들과 거래하는 모습을 보고 배웠습니다. 아버지와 함께 집 한 채를 보러 가면 수도관부터 시작해서 보일러, 전기배선, 에어컨, 기둥 상태 등 집의 모든 걸 몇 시간에 걸쳐 하나하나 꼼꼼히 따져봤죠.

그가 사업을 성공시키기 위해서는 아무리 작은 비용이라도 나가는 돈은 꼼꼼히 따지고 불필요한 지출은 버려야 한다는 생각을 갖게 된 데는 이러한 배경이 있었습니다.

디테일과 비용에 대한 트럼프의 이러한 접근은 나이가 든 뒤에도 바뀌지 않은 듯합니다. 몇 년 전 신문사 부동산부에서 근무할 때 건

설사나 부동산 개발업체 임원들과 만날 일이 많았는데 그때 대형 건설회사 임원 출신의 부동산 개발업체 A대표가 트럼프와 관련된 일화를 들려준 적이 있습니다.

1999년 A대표가 일했던 건설사에서는 트럼프의 이름을 딴 주상복합빌딩 '트럼프 월드'를 한국에 짓겠다고 트럼프에게 제안했습니다. 그랬더니 트럼프는 우선 설계를 맡은 건축가를 미국으로 보내달라고 요청했습니다. 사업 전반을 담당할 건설회사 임원이 아니라 건설사 하청업체 소속 건축가부터 만나보겠다는 거였는데요. 트럼프는 설계를 맡은 건축가를 만나 디자인에 대한 설명을 들은 뒤 건물 색깔과 모양에 대해 구체적인 의견을 내놨다고 합니다. 건축 디자인에 따라 그 건물을 구매할 수요자들의 마음이 바뀌고, 건축 도면의 선 하나에 따라 건축비 수십억 원이 왔다갔다 하는 걸 경험을 통해 누구보다 잘 아는 트럼프였기에 디테일에 그만큼 신경을 썼다는 말이었습니다.

불확실한 리스크에 끌려가지 말라

그의 책을 통해 트럼프에 대해 알게 된 두 번째 모습은 그가 불확실한 리스크를 감내하는 걸 무엇보다 싫어한다는 것이었습니다. 이러한 점은 그가 미국 뉴저지 애틀랜틱시티에서 카지노 사업에 진출할 때의 일화를 통해서 잘 알 수 있습니다.

1975년 미국 애틀랜틱시티의 전망 좋은 해변가 땅값은 하늘 높은 줄 모르고 치솟고 있었습니다. 그 이듬해인 1976년 주민 투표에서 도박을 합법화하는 안건이 통과될 가능성이 높다는 전망이 나오면서 카지노가 들어설 만한 좋은 입지의 땅값이 크게 오른 것인데요.

트럼프 말에 따르면 대기업 직원부터 야간열차를 타고 온 사기꾼까지 온갖 투기꾼들이 까마귀 떼처럼 몰려들던 시기였습니다. 불과 1년 전이었다면 5,000달러도 못 받았을 가정집이 순식간에 30만 달러에서 50만 달러로 가격이 뛰었고, 나중에는 100만 달러까지 가격이 올랐습니다. 도박이 합법화될 거라는 믿음이 이 같은 투기 열풍을 이끌었는데요. 하지만 트럼프는 이 같은 투기 대열에는 동참하지 않기로 결정합니다. 불확실한 미래에 거금을 투자하는 건 자기 철학과는 맞지 않다는 이유였습니다.

도박 합법화 관련 주민 투표가 치러지기 전에 50만 달러를 주고 땅을 사두면 투표가 통과됐을 때 순식간에 투자금의 네 배인 200만 달러를 벌 수도 있지만 만약 투표 안건이 통과되지 않는다면 투자한 돈이 그 순간 바로 물거품처럼 날아가버릴 수도 있었죠. 트럼프는 조금 더 기다렸다가 도박 합법화가 확정되면 그 이후에 땅값으로 돈을 더 쓰더라도 그때 카지노 사업을 시작하는 게 낫다고 생각했습니다. 카지노 사업 자체가 수익성이 엄청난 사업이므로 일단 미래의 불확실성이 사라진 다음 뛰어들겠다는 판단이었습니다.

실제로 그는 1977년 애틀랜틱시티에서 도박이 합법화된 이후에도 3년 정도를 더 기다린 1980년이 돼서야 카지노 사업을 시작했습니다. 자신보다 먼저 카지노 사업에 뛰어든 여러 업체가 공사 지연, 공사비 부족, 카지노관리위원회의 허가 거부 등의 난관으로 어려움을 겪는 것을 충분히 관찰한 뒤였습니다.

카지노 사업에 뛰어들기로 결정한 뒤에도 트럼프는 신중하게 사업을 진행해나갔습니다. 그 당시 애틀랜틱시티에 카지노 호텔을 세운 업체들은 보통 일단 땅을 사면 호텔 공사와 카지노관리위원회의 허가 절차를 동시에 시작했습니다. 호텔 공사가 끝나는 대로 바로 카지노 영업을 시작해 더 빨리 돈을 벌기 위해서였습니다.

하지만 트럼프는 이 같은 방식을 거부했는데요. 허가를 받기 전까지는 카지노 영업을 할 수 있을지 없을지 확실한 보장도 없는데 덮어놓고 공사부터 시작할 수는 없다는 게 이유였죠. 그리고 일단 거액을 투자해 공사를 시작하게 되면 뒤로 물러날 곳이 없게 되고 이런 사정을 잘 아는 카지노관리위원회가 인허가 조건으로 무리한 요구를 해오더라도 거절할 수 없는 처지가 돼버리기 때문이었습니다.

일단 코가 꿰이면 상대방의 요구에 무조건 응할 수밖에 없는 생리를 누구보다 잘 아는 트럼프로서는 받아들일 수 없는 상황이었습니다. 그렇기에 트럼프는 카지노 영업이 다소 늦어지더라도 일단 확실하게 허가를 받아둔 상태에서 사업을 시작하기로 결정합니다. 또한 만약 인허가 작업이 지나치게 길어지면 그냥 땅을 팔고 카지노 사업을 접겠다는 의사를 분명히 했습니다. 이러한 그의 협상 전략 덕분에 약 6개월이라는 짧은 시간 안에 카지노 운영 허가를 받을 수 있었죠.

하기로 결정했으면 빨리 행동하라

트럼프의 책에서 엿볼 수 있는 그의 또 다른 특성은 비효율적인 관료제도에 대한 불신과 조롱이었습니다. 트럼프는 뉴욕 센트럴파크 안에 위치한 아이스링크 스케이트장인 울먼링크 리모델링 공사를 대표적인 사례로 꼽으며, 관료제도의 비효율성에 대한 불만을 강하게 털어놨습니다. 1980년 보수공사를 위해 2년 반가량 문을 닫은 울먼링크는 애초의 공사비보다 수백만 달러를 더 쓰고도 6년 동안이나 공사를 완료하지 못했습니다.

이 공사는 당시 뉴욕시가 직접 진행하던 공사였는데요. 처음 공사가 시작될 때부터 스케이트장 하나를 리모델링하는 데 2년 반이면 너무 길다고 생각했던 트럼프는 당시 뉴욕시장이던 에드 콕에게 공개서한을 보냅니다. 자신에게 공사를 맡겨주면 5개월 안에 공사를 마치고 울먼링크에서 뉴욕 시민들이 다시 스케이트를 탈 수 있게 하겠다는 내용이었습니다.

당시 뉴욕시는 이 같은 트럼프의 제안을 거절했지만 끊임없이 연기되는 공사에 진저리가 난 여론이 트럼프를 지지해준 덕분에 트럼프는 울먼링크 공사를 뉴욕시로부터 가져오는 데 성공합니다. 그리고 실제로 5개월 만에, 애초에 책정된 예산인 300만 달러보다 75만 달러가량을 덜 쓴 채 공사를 마쳤죠.

트럼프는 울먼링크 리모델링 공사 과정에 대해 이야기하면서 관료주의의 비효율성과 무책임에 대해 강한 어조로 비판합니다. 일이 잘못되어도 아무도 책임지는 사람이 없는 공무원 조직의 비효율성 때문에 추가 공사 비용만 크게 늘어난 채 공사가 몇 년이 지나도록 끝나지 않았다는 것입니다. 뉴욕시가 그동안 공사가 왜 잘못됐는지 알아보기 위한 보고서를 쓰는 데 걸린 시간이 5개월이었는데, 자신은 그 5개월 만에 공사를 마치고 스케이트장을 뉴욕 시민들에게 다시 돌려줬다고 말했습니다.

관료주의의 비효율성에 대한 그의 뿌리 깊은 불신은 대통령이 된 이후 그가 관료조직에서 논의해온 해법을 선택하는 대신 자신이 직접 뛰어들어 각종 현안과 문제를 해결하는 방식을 선호하는 이유를 이해할 수 있게 하는 배경입니다.

마치며

위대한 역전극의 주인공은 당신이다

"나는 어떤 원칙들이 알베르트 아인슈타인, 스티브 잡스, 윈스턴 처칠, 레오나르도 다빈치 같은 사람들을 성공으로 이끌었는지 정말로 알고 싶다."(레이 달리오, 《원칙》 중에서)

책을 읽다 보면 작가의 문장 한 줄에 정신이 번쩍 드는 순간이 찾아올 때가 있는데요. 평소 마음속 깊은 곳에 품고 있던 생각과 정확히 같은 내용을 다른 이가 명확하게 표현해놓은 문장을 읽을 때가 그렇습니다.

《내게 유리한 판을 만들라》를 쓰기 위해 읽었던 수십 권의 책, 수많은 글 중에서 제 마음속 가장 깊숙이 파고들었던 것은 바로 레이 달리오의 이 한 문장이었습니다.

본문에서도 레이 달리오의 유형화 전략을 소개했는데요. 그는 투자와 사업을 통해 막대한 부를 쌓은 이후에는 역사에 큰 이름을 남겼거나 지금 이 순간에도 세상을 바꿔가고 있는 큰 리더와 기업인들의 특성을 연구하는 데 집중했습니다. 위대한 업적을 남긴 인물들의 비결을 알아내고 싶다는 마음에서였습니다. 그들이 어떤 관점으로 세상을 바라봤고, 모두 극복하는 게 불가능하다고 여겼던 커다란 위기가 닥쳤을 때 어떻게 생각하고, 계획하고, 행동해 문제를 해결했는지 알아낸다면 자신은 물론 세상 사람들에게도 큰 도움이 될 거라고 생각했기 때문이죠.

사실 제가 위대한 리더, 뛰어난 창업자, 성공적인 기업들에 대해 다룬 책과 자료를 찾아 읽은 것도, 경영 현장에서 자신만의 원칙을 바탕으로 회사를 키워낸 국내 창업자들을 찾아 나선 것도 모두 레이 달리오와 같은 이유에서였습니다. 원하는 것을 손에 넣을 수 있게 한 그들만의 생각의 흐름을 배우고, 또 알리고 싶었습니다.

이런 생각으로 쓰기 시작했던 글들이 모여 한 권의 책이 만들어졌습니다. 덕분에 독자들과 함께 '고수들만이 아는 이기는 싸움의 비밀'을 찾아 꽤나 긴 여행을 떠날 수 있었습니다. 이제 여행을 마치고 다시 일상으로 돌아가야 할 때가 됐네요.

이번 여행을 통해 독자 분들이 위대한 리더와 뛰어난 창업자들로부터 생각하고, 판단하고, 행동하는 방식을 배울 수 있었다면 저자로서 더이상 바랄 게 없다는 생각이 듭니다.

《내게 유리한 판을 만들라》를 쓰면서 고난이 가득한 시기를 보냈던 여러 큰 인물들과 만날 수 있었던 건 저에게 큰 행운이었습니다.

처칠이 쓴 《제2차 세계대전》을 읽으며 2차 세계대전이 터진 직후 브랜디 한 병을 들고 내려간 런던 시내 방공호에서 다른 평범한 영국인들과 밤을 지새우던 그를 만날 수 있었고요. 손정의에 대한 여러 책을 읽으면서는 만성간염에 걸려 '앞으로 4~5년밖에 살지 못할 것'이라는 진단을 받은 후에도 손에서 책을 놓지 않으며 사업 계획을 세우던 젊은 시절의 그를 만날 수 있었습니다. 《료마가 간다》를 읽으면서는 손정의의 롤 모델이자 언제나 그에게 영감을 불어넣어 주는 사카모토 료마의 짧지만 불꽃 같았던 삶에 대해 알 수 있었습니다. 또 벤 호로위츠의 《하드씽》을 읽으면서는 회사가 가진 돈으로는 단 3주밖에 버틸 수 없는 절박한 처지에 몰린 창업자가 살아남기 위해 했던 필사적인 노력에 대해 배울 수 있었죠.

평일 저녁과 주말을 쏟아부으며 여러 위대한 리더와 뛰어난 창업자들과 대화를 나눌 수 있었던 지난 1년이었습니다. 쉽지는 않았지만 많은 것을 배울 수 있었던 귀중한 시간이었습니다.

"영웅과 겁쟁이는 둘 다 같은 감정을 느낀다. 사람들은 당신이 어떻게 느끼느냐가 아니라 당신이 어떻게 행동하는가를 보고 당신을 판단한다."

전설적인 복싱 트레이너였던 커스 다마토가 남긴 말인데요. 그는 마이크 타이슨을 비롯해 호세 토레스, 플로이드 패터슨 등 당대 최고의 복서들을 키워낸 인물로 유명합니다.

커스 다마토의 이 말은 '용기란 두려움을 느끼지 않는 게 아니라 공포를 겉으로 드러내지 않는 자세'라는 뜻을 담고 있는데요. 사람이라면 누구나 절망적인 현실 앞에서 공포와 두려움을 느낄 수밖에 없습니다. 이것은 우리가 지금까지 책에서 만났던 리더와 창업자들도 모두 마찬가지였습니다.

모두가 극복할 수 없을 거라고 체념했던 큰 위기를 그들이 헤쳐나갈 수 있었던 건 어떤 위기 앞에서도 두려움을 느끼지 않는 강철 심장을 갖고 있었기 때문이 아닙니다. 거칠게 요동치며 자신을 삼키려 드는 불안과 두려움을 이성으로 단단히 억누른 채, 침착하게 문제의 원인을 파악하고 해결법을 찾는 데 집중했기 때문입니다. 어떤 상황에 처했든 내게 유리한 판을 만드는 방법, 주도권을 손에 거머쥘 수 있는 방법을 찾는 데 집중했기 때문이죠.

이들은 자신이 두려움에 떠는 모습을 밖으로 드러낼 때 모든 게 끝난다는 걸 누구보다 잘 알고 있었습니다. 절망감에 압도된 나약함을 보이는 대신 끄떡없는 모습을 보였습니다. 그러면서 동료와 직원들을 이끌어나가야만 한다고 스스로를 끊임없이 깨우쳤죠. 덕분에 책에서 살펴본 사례와 같은 '위대한 역전극'을 만들어 낼 수 있었습니다.

앞으로 기회가 된다면 다음 책에서는 더욱 다양한 국가와 시대, 산업에서 더 많은 인물들과 기업들의 성공 전략에 대해 다뤄보겠습니다.

《내게 유리한 판을 만들라》에서 소개한 여러 리더와 창업자들의 전략이 일상과 업무에서 마주치는 수많은 선택의 순간에서 독자 분들이 항상 올바르고 용기 있는 선택을 내리는 데 도움이 되기를 진정으로 기원합니다. 감사합니다.

내게 유리한

검쟁의 낡은
원칙 깨기

판을
만들라

경쟁의 낡은 원칙 깨기
내게 유리한 판을 만들라

초판 1쇄 발행 | 2020년 2월 17일
초판 2쇄 발행 | 2020년 4월 16일

지은이 | 홍선표
펴낸이 | 전준석
펴낸곳 | 시크릿하우스
주소 | 서울특별시 마포구 독막로3길 51, 402호
대표전화 | 02-6339-0117
팩스 | 02-304-9122
이메일 | secret@jstone.biz
블로그 | blog.naver.com/jstone2018
페이스북 | @secrethouse2018
인스타그램 | @secrethouse_book
출판등록 | 2018년 10월 1일 제2019-000001호

ⓒ 홍선표, 2020

ISBN 979-11-90259-11-8 03320